# 在日朝鮮人史와 植民地 文化

김 인 덕

景仁文化社

# 책을 내며

2004년 지난 1년 동안 혼자가 아닌 가족이 '재일(在日)'을 경험한다는 것은 생각보다 쉬운 일은 아니었다. 단지 가장이 가보자고 하여 함께 재일을 경험해야 했던 식구들은 어떤 생각을 했을까. 그것도 일본 사회 속이 아닌 일본속의 한국, 大阪 鶴橋에서.

생각보다 大阪은 재미있는 곳이었다. 우선은 한국말을 쓰고 거리를 다녀도 일제시대 조선촌처럼 '불안'하지 않았다. 그래서 1940년대의 거리를 생각해 보면서 시간나는대로 혼자 다녔다. 먹거리만 해도 맛은 다르지만 김치도 있고, 지지미도 있어 쉽게 한국음식을 먹을 수 있었다. 더군다나 '욘사마' 덕분에 한류열풍으로 한국 물건을 접하는 것이 어렵지 않았다. 거리에서도 한국 사람을 쉽게 만날 수 있었다. 나 같은 한국 사람이 바로 서로를 알아 볼 수 있는 뉴커머도 많았다.

학교에 내 아이들이 다닌 것은 재일을 경험하고자 한 나에게는 큰 행운이었다. 자연스럽게 아이들을 통해 재일조선인에 대한 현재 우리 교육의 모습을 부분적이나마 알 수 있었다. 물론 조선학교가 아니어서 생각만큼은 민족교육을 직접 체험할 수는 없었다. 그래도 그 덕에 '민족교육'에 대해 관심을 갖게 되어 다음의 연구의 방향을 잡을 수 있게 되었다. 사실 재일조선인 연구자로서 과연 어떻게 '민족교육'을 연구해야 할지는 쉬운 일이 아니어서 고민이다.

필자는 짧은 1년 동안을 통해 재일의 사회를 좀 다르게 보고자 한다. 재일의 사회를 다양함 속에서 보면 어떨까 싶다. 최근의 재일조선인사에 대한 연구에서는 역사사회학적인 접근이 보다 강해지면서 여러 연구 성과가 나오고 있다. 그런 가운데 다양한 계층을 다각적으로 바라보려는 시도가 특히 주목된다. 그럼에도 불구하고 중요한 것은 대상으로서의 재일이 아니어야 한다는 사실이다.

지금까지 필자는 주로 재일의 역사를 운동사적인 관점에서 보아왔다. 최근에 와서 여러 연구자의 새로운 연구와 일본 내 재일하는 동포의 현실의 모습을 보면서 새롭게 재일의 역사를 생각해 본다. 이에 따라 다음과 같이 재일조선인사와 식민지 우리 문화를 정리하고자 한다.

첫째, 우리 역사속의 기념일 투쟁에 대해 주목했다. 특히 재일조선인의 기념일투쟁의 내용을 가장 운동이 활발했던 1920년대를 중심으로 정리해 보았다. 재일조선인은 국내와 달리 민족적 문제를 피부로 느끼며 살았던 존재였다. 따라서 어떤 계기가 주어지면 그 응집력이 국내보다 훨씬 강했다고 생각한다. 기념일은 바로 이런 조선인에게 투쟁의 날이었고, 1920년대 재일조선인은 단체를 중심으로 다수가 조직화되어 활동하면서 보다 강력하게 이 날을 기억했던 것이다.

둘째, 운동사의 이면인 반민족세력의 움직임에 주목했다. 그 대표적인 조직이었던 상애회는 한일합방을 합리화하는 사상, 이른바 천황에 대한 일시동인의 사상으로 일관하고 있었다. 상애회라는 이름은 인류상애의 정신, 공존공영의 본의에 입각한 일선융화를 위해서 만들어졌다고 하나 분명히 어용친일단체였다. 이 상애회의 최초의 출발은 상구회였고, 1921년 12월 23일 창립되었으며, 이기동과 박춘금이 중심적인 역할을 했던 사실은 잘 알려져 있다.

셋째, 재일조선인의 문화에 주목하고자 했다. 특히 재일조선인의 문화는 생활문화적인 요소가 강했는데, 재일의 생활은 기본적으로 이주민의 생활이었고, 따라서 각종 일본 문화와 충돌할 수밖에 없었다. 그리고 여기에서는 이질적인 생활문화와 접촉하면서 생기는 독특한 모습을 띠게 되었다. 결국 재일조선인의 문화는 정치·동화·예술적 내용을 동시에 배태하고 있었다. 물론 정치적 요소와 함께 생활속의 즐거움이 동시에 요구되었다. 따라서 조선에서 온 각종 공연은 내용과 무관하게 재일조선인의 관심을 집중시켰고, 경제적인 부담에도 불구하고 조선의 문화를 즐기는 것은 큰 기쁨이었다. 특히 조선어 연극은 예술성이나 사상과 무관하게 일본이라는 지역에서 표출되는 민족의식에 대한 정치·문화적인 표현이었다고 생각한다.

넷째, 식민지 문화의 구체적인 양태로 조선총독부박물관과 '이왕가박물관'에 대해 주목했다. 아직 연구의 초기 단계이지만 조선총독부박물관의 전체 상, 구체적으로 조직, 운영, 유물의 수집과 관리, 전시의 내용, 각종 사업, 학술 활동 등에 대한 연구를 전반적으로 분석하고 고적조사와의 연관성, 일본 내에서의 각종 문화 관련 정책과의 유기적인 관계의 파악이 절실함을 다시 한번 생각해 보았다. 나아가 조선총독부박물관이 생산한 1차 자료인 박물관 문서, 관련 간행물, 그리고 당시의 각종 신문 기록 등을 참고하면서 전면적인 연구가 진행될 필요성을 재차 강조하고 싶다.

아울러 근대 우리 박물관의 시작이 경제·교육적인 이유에서가 아닌 정치적인 의도에서 출발했다고 전제하고, 그 첫 출발을 완전 식민지가 아닌 상황에서 만들어진 '이왕가박물관'이라고 규정했다. 그리고 이 박물관의 다중성에 주목했고, 1910년 이후 본격적으로 식민지성이 진입해 들어간 공간이 되었다고 확인해 보았다.

<보론>에서는 大阪지역의 대표적인 재일조선인 민단활동가인 강계중의 삶에 대해 조명했다. 그는 우리 사회의 재일에 대한 상을 인식하는 데 큰 역할을 한 인물이었다고 생각한다.

21세기를 살아가는 현재 아직도 일제시대의 작은 주제에 매몰되어 공부하는 필자로서는 최근에 역사를 새롭게 논의하는 일이 다소 부담스럽기도 하다. 그럼에도 계속해서 공부라고 하는 작업을 하고 있는 것은 혹시 내가 아니면 누가 하나 하는 사명감, 아니 망상때문인지도 모르겠다. 일련의 작업을 이렇게 묶어 내는 일이 크게 의미있을지는 모르지만, 개

인적으로는 소중한 일이라 생각한다. 이를 도와주신 손승철 선생님께
감사드린다. 아울러 경인문화사의 한정희 사장님과 신학태 부장님을 비
롯한 여러 식구들에게도 고마움을 표하고 싶다.

2005년 9월

저자

# 목 차

# 1장

**일제시대 기념일투쟁사**

# Ⅰ. 일제시대 기념일투쟁사

## 1. 한국민족운동의 역사적 의의

일제시대 한국민족운동은 식민지 지배에 대한 부단한 투쟁의 역사이다. 우리 민족은 일본제국주의 통치에 맞서 어느 한 순간도 그들의 지배를 절대 수용하지 않았다. 그것은 배운 사람이나 배우지 않은 사람, 가진 자와 갖지 못한 자를 막론하고 한민족이라는 이름 아래 전개되었다.

이러한 일제시대 한국민족운동은 반제·반봉건적 성격을 띠며 전개되었고, 조선 민족이 사는 곳이면 어디에서나 일어났다. 조선이 일제에 식민통치를 받던 당시는 제국주의가 세계를 압도하던 시대로 조선은 식민지 종속국에서 보편적 모습을 띠고 전개되었던 반제투쟁을 수행하면서 동시에 민족·지역적 특수성을 띤 투쟁을 전개했다. 그 특성은 다음과 같다(김인덕, 「식민지시대 민족해방운동」 『한국사와 동아시아』, 동사, 1997 참조).

첫째, 우리 민족은 민족운동을 지속적으로 전개했다. 1984년 의병이 봉기하고 일본군의 침략으로 갑오농민전쟁이 다시 일어난 이후 1945년 해방에 이르기까지 50년 동안 민족운동은 끊임없이 지속되었다. 즉 의병전쟁, 애국계몽운동, 3·1운동, 대한민국 임시정부, 조선공산당, 신간회, 참의부, 정의부, 신민부, 국민부, 한족총연합회, 한국대일전선통일동맹, 민족혁명당, 한국국민당, 한국광복군, 조선의용군 등과 노동운동, 농민운동, 형평운동, 여성운동, 학생운동, 청년운동, 소년운동 등이 계속되었다.

둘째, 한국민족운동은 조선 민족이 사는 곳이면 어디에서나 전개되었다. 우리 민족의 민족운동은 초기부터 국내에 한정되지 않고, 연해주·중국·일본·미주 등 세계가 곧 무대였다. 운동의 무대가 세계적이었기 때문에 수난이 있기도 했지만 조선 민족의 의지를 세계에 떨친 것은 효과로 보면 수난 그 이상이었다.

셋째, 이념이 다양했고, 이에 따라 운동 방식도 다원적이었다. 3·1운동
의 기본 사상은 정의사회론과 인도주의였다. 그것은 3·1운동 전까지의
봉건사상이나 사회진화론을 극복하고 인도주의를 실현하기 위한 고민의
산물이었다. 이후 운동의 진영이 재편되면서 자유주의, 사회주의, 무정부
주의, 민족주의의 논리가 당시 조선 사회의 주류적 경향의 사조로 부침
을 거듭했다. 이에 따라 민족운동의 방식도 다양해졌다. 크게 보면, 독립
전쟁론·외교론·실력양성론으로 구분할 수 있고, 구체적으로는 의병전
쟁·실력양성운동·독립군 기지 설치운동·자치운동·망명정부와 임시
정부 수립운동 등이 전개되었다. 한국민족운동에 있어 가장 큰 힘이 실
렸던 운동 방식은 무장투쟁이었다. 격렬한 투쟁은 적국 일본·일본인에
게는 직접적인 충격이었고, 조선 민중에게는 큰 힘이 되었다.

넷째, 운동세력이 이합·집산을 거듭하였다. 반일투쟁 조직들이 비밀
지하조직이었기 때문에 연락도 용이하지 않았던 것을 고려한다면 분산
적이었던 것이 당연했을 수도 있고, 이 방법이 최선의 선택이었을지도
모른다. 특히 무장투쟁을 주로 전개했던 만주지역의 경우에는 무기를
소지한다는 것이 국제법상 용인될 수 없었으므로 남북 만주의 지하 무
장조직이 분산해서 활동했던 것은 이상할 것이 없는 일이었다. 그러나
혈연·지연주의에 기초한 조직의 이합·집산은 문제였다. 이와 함께 반
일투쟁 조직들은 공동의 적인 일본제국주의를 타도하기 위해 힘을 모으
고 연합을 모색했다. 그것의 선구적인 노력은 1919년 대한민국 임시정
부의 통합정부가 수립될 때 연립내각을 형성했던 사실과 국민대표회의
였다. 그리고 빼놓을 수 없는 것이 신간회의 결성이었다. 신간회는 통일
전선을 상정한 한 시기 반일운동의 전민족적 구심이었다. 연합을 모색
한 또 다른 사례로 한국대일전선통일동맹, 민족혁명당, 조국광복회, 한
국독립운동단체연합회, 조선민족전선연맹, 조선민족해방동맹, 무정부주
의연맹 등이 있었다.

다섯째, 양상이 격렬했고, 민중에 의해 주도된 경우가 많았다. 절대 다

수의 민중이 참가한 독립전쟁이나 의열투쟁 같은 무장투쟁은 말할 것도 없고, 국내에서 전개된 노동운동, 농민운동, 학생운동 등은 투쟁의 양상이 격렬했다.

한편 우리의 민족운동에는 지연주의, 혈연주의, 학연이 긍정적으로 작용하기도 했지만 부정적으로 작용하기도 했다. 부정적인 요인으로는 봉건적인 사고체계, 운동세력 내부의 내분 그리고 타자에 대한 불철저한 인식을 거론하지 않을 수 없다. 아울러 투쟁 방식에 있어 은밀성이 결여되었고, 친일파의 존재가 부정적으로 작동했다.

이상과 같은 한국민족운동은 근대사회로의 이행기에 있어 민족의식의 고양과 단일민족으로서의 새로운 상을 갖게 했고, 오랜 역사 속에서 배양된 민족정기를 선양하여 세계사 속의 위상을 정립해 내는데 결정적인 역할을 수행했다. 결국 우리 민족은 일본제국의 통치를 뚫고 강인하게 국내외에서 반일투쟁을 전개하여 민족해방을 맞이했던 것이다.

## 2. 한국민족운동사 속의 기념일투쟁

일제에 저항한 36년 동안 우리의 민족운동사에는 수많은 반일투쟁이 있었다. 이러한 반일투쟁 가운데 일회성 투쟁에서 멈추지 않고, 이후 투쟁의 계기가 된 사건들이 있었다.

대표적인 계기가 된 투쟁사건은 3·1운동, 6·10만세운동, 11월 3일 광주학생운동, 5·1 메이데이, 국치일, 국제청년데이 등이 있었고, 관동대진재, 순국선열기념일 등도 사건이 발생한 이후 투쟁의 주요 계기가 되었다(이밖에도 원산총파업날, 러시아혁명기념일, 레닌추도일 등 수많은 기념일투쟁이 있었다).

1) 식민통치에 끊임없이 저항한 조선 민족은 1919년 3월 1일 3·1운동을 일으켰다. 오후 2시 탑골공원에서 독립선언식을 거행하고 학생과 시민들은 태극기를 흔들며 만세시위를 시작하였다. 시위투쟁은 시작부터 비폭력원칙을 고수하지 않고 폭력적인 시위투쟁을 감행하는 경우가 많

았다. 우리 동포형제는 삼천리 강토를 탈환하기 위해, 죽음을 무릅쓰고 피어린 투쟁을 전개하였다.

2) 1926년 4월 말 순종의 사망은 일제의 착취 아래 신음하던 조선 민족의 반일 감정을 고양시켜 또 다른 투쟁의 계기가 되었다. 이때 6·10만세 투쟁 지도부가 만들어져, 각계 각층의 사람들을 견인하는 한편 조직화된 노동자와 청년학생들을 통해 시위투쟁을 준비하였다. 특히 조선학생과학연구회는 주도적인 활동을 수행하였다. 시위를 준비하는 과정에서는 민족주의계열의 진보적인 단체들과 보조를 함께 했는데 그 가운데 좌익적인 색채를 띤 천도교 지도부와 결합하였다. 이에 따라 행사위원회의 성격을 띤 연합본부가 만들어졌다.

6·10만세투쟁 지도부는 투쟁을 전국적으로 확산시키기 위해 전국의 주요 철도 간선의 중심지에 조직원을 파견하여 삐라와 격문의 광범위한 살포를 도모하였다. 이 가운데 6월 7일 뜻하지 않은 일이 일어났다. 인쇄해 두었던 격문 10만장이 일본 경찰에 압수되고 지도부에 대한 검거가 자행되었다. 그러나 시위투쟁은 차질에도 불구하고 청년과 학생이 동원되어, 1926년 6월 10일 순종의 장례일을 맞아 폭발하였다. 이것이 6·10만세운동이다.

3) 1929년 10월 30일 광주와 나주 사이의 기차에서 일본인 중학생이 조선인 여학생을 우롱한다. 평소 반일 감정을 갖고 있던 조선인 학생은 광주역에 하차하여 일본인 학생을 제재하였다. 이때 현장에 있던 일본 경찰은 전후 내용을 물어보지도 않고 조선인 학생만을 구타하고 체포, 구금하였다. 또 일제의 어용신문인 『광주일보』는 사건의 진상을 왜곡 보도하고 조선 민족에 대한 일제의 억압정책을 한층 강화할 것을 강조하였다. 결국 일제의 횡포는 학생, 청년 그리고 전 시민의 분노를 촉발시켰다. 이러한 가운데 일찌기 조직적인 역량을 준비하고 있던 성진회를 중심으로 한 광주지역의 청년 지도조직은 학생과 시민의 고양된 반일 감정을 대중적인 반일투쟁으로 전환시키기 위해 적극 활동하였다.

광주고등보통학교의 학생과 시내의 선진적인 학생들은 11월 3일 대중

적인 학생시위투쟁을 전개하기로 결의한다. 그리고 삐라를 준비하여 학
생을 동원하기 위해 비밀 통보망을 조직하였다. 11월 3일 광주 시내의
조선인 학생은 일제히 동맹휴교를 단행하고, 혁명가를 부르며 수만 명
의 시민이 집결해 있는 시내 중심가로 행진하면서 투쟁을 전개하였다.
이들은 일본인 학생을 습격하고 광주일보사를 포위하여 허위기사에 항
의하며 신문사의 윤전기를 파괴하였던 것이다. 이를 광주학생운동이라
고 한다.

  4) 5월 1일, 국제노동자의 날은 우리 노동운동에 있어 가장 중요한 투
쟁의 고리였다. 조선의 노동자들은 1920년부터 전 세계 노동자들의 명
절인 메이데이 기념 행사를 동맹 파업, 시위 행진 등의 형태로 산발적으
로 전개하기 시작하였다. 1923년 조선노동연맹회와 각 산하 단체는 메
이데이 기념행사를 조직하였다(구로역사연구소,『우리나라 메이데이의
역사』, 거름, 1990 참조). 이후 조선 노동자계급의 위력을 확인함으로써
노동자가 사회와 역사 발전의 주체임을 인식하고 노동 해방, 인간 해방
의 새 세상을 향해 힘차게 진군할 것을 다짐하고 결의며 투쟁하는 날이
되었다.

  5) 이와 함께 8월 29일 국치일과 9월 1일 관동대지진 날도 투쟁의 계
기가 되었다. 특히 일본지역의 경우 관동대지진이 있었던 9월 1일은 주
요한 투쟁의 날이었다. 1923년 9월 1일 정오 1분전에 관동대지진이 일어
났다. 東京·橫浜 일대를 혼란에 빠뜨렸으며 강도 7.9였다. 처음 10초는
항상 경험했던 지진과 다르지 않았으나 순식간에 도시를 강타하고 시간
이 지날수록 심해졌다. 이 사건으로 關東地方에 20만 명 이상의 이재민
이 발생하고, 10만의 사망자와 1백억원 이상의 재산피해를 입었다. 東
京·橫浜을 비롯한 시가지에서는 지진 직후부터 화재가 발생하여 피해
가 확대되었다. 문제는 이날 재일조선인 6천명 이상이 일본정부가 만들
어 낸 유언비어의 희생자가 되었다는 사실이다. 이후 일본 정부는 한번
도 공식적으로 조선인 희생자 수치를 발표하지 않고, 음폐만을 생각하
고 있다. 이후 이날은 투쟁의 피로 재일조선인에게 부활되었던 것이다.

본고에서는 1919년 우리 민족 최초의 거족적인 반일운동이었던 3·1운
동 기념일투쟁, 6·10만세 기념일투쟁, 메이데이투쟁을 통해 어떻게 기념
일투쟁이 전개되었는지 살펴보겠다.

## 3. 역사 속의 3·1기념일 투쟁

### 1) 글을 시작하며

"3월 초하루날 우리나라 다시 산 날
漢陽城 만세소리 삼천리에 울리던 날
강산아 입을 열어라 獨立萬歲
3월 초하루날 義人의 피흐르던 날
이 피가 흘러들어 金과 玉이 되옵거늘
삼천리 자유의 강산을 꾸미고져"
(「삼일절」『독립신문』(49), 1920년 3월 1일)

3·1운동은 민족운동에 참가한 모든 집단에게 소중하고, 대단히 인상
적인 사건이었다. 따라서 그 역사상은 빠른 속도로 정치적 영향력을 확
대해 갔는데, 대다수의 활동가들에게 있어 3·1운동에 참가했던 경험은
이후 투쟁을 수행함에 있어 큰 밑거름이 되었다. 따라서 활동가들이 남
겼던 주요한 문건에서는 나름대로의 3·1운동에 대한 상을 갖고 있었다.
공식적인 조선공산당의 '3·1운동사상'은 다음과 같다.

"조선 최초의 독립운동인 3·1운동은 실패로 끝나고 말았다. 그러나 그
것 자체는 조선의 민중들에게 수많은 귀중한 교훈을 주었다. 즉 이 운동을
통해서 조선 민중은 첫째로 누가, 어느 계급이 참으로 조선을 해방시킬 수
있을 것인가를 명확하게 이해할 수 있게 되었으며, 또 이러한 이해의 바탕
위에서 새로운 운동 …… 에 대한 시야가 열리게 되었다. 3·1운동은 조선
민중에게 있어 낡은 것과의 결별임과 동시에 새로운 것과의 악수였다."
(『社會科學大辭典』, 改造社, 1930.)

실제로 일제 하 공산주의자들이 기념일투쟁을 벌인 날은 다음과 같다. 1) 레닌기념일(1월 21일), 2) 삼일기념일(3월 1일), 3) 코민테른기념일(3월 2일), 4) 3·15사건기념일(1928년 3월 15일 2차 일본공산당 검거일), 5) 조선공산당 창립기념일(4월 17일), 6) 메이데이(5월 1일), 7) 5·30기념일(1925년 5월 30일 상해 인민운동 기념일), 8) 6·10만세기념일(6월 10일), 9) 반전데이(8월 1일), 10) 국치기념일(8월 29일), 11) 국제무산청년데이(9월 첫째 일요일), 12) 노농혁명기념일(11월 7일 소비에트혁명기념일, 『思想月報』(2-11) , 1933. 2). 이 가운데 공산주의자들은 메이데이, 국제무산청년데이, 노농혁명기념일 등을 중시하였다. 물론 삼일기념일이나 국치기념일 등을 기념하기도 했다.

그런가 하면 명천농조의 경우 1936년에 기념사업투쟁위원회를 결성하고, 출판부, 선전선동부, 조사연락부를 통해 기념일투쟁을 사고하였다. 이와 함께 국내 기념일투쟁을 통해 '일본제국주의에 대한 민족적 감정을 부식시키는 것'의 중요성을 강조하였다(지수걸, 『일제하 농민조합운동 연구』, 역사비평사, 1993 참조). 한편 추석, 단오, 동짓날 등도 투쟁의 중요한 계기가 되었던 사실은 부정하기 힘들 것이다.

## 2) 일제시대의 3·1기념일 투쟁

### (1) 1920년대 초 국내의 3·1기념일 투쟁

조선총독부는 3·1운동이 차지하는 의미를 알고 있었다. 따라서 3·1절이 가까워지면 엄중하게 경계하였다. 즉 해외로부터의 격문 반입을 차단하고, 청년·학생·단체들의 시위투쟁 및 격문 살포를 방지하기 위해 집회를 금지하고, 요시찰·요주의 인물에 대한 예비검속을 강행하였다. 그리고 은행, 회사, 관청의 건물과 장충단, 탑골공원 등지에 경찰관을 수시로 배차하여 감시하였고, 기마 경찰도 시내를 순찰하였다(『동아일보』 1927년 3월 1일).

국내의 경우 3월 1일 서울에서는 배재학교와 진명학교 부속 학생들은 시위투쟁을 벌렸고, 이와 함께 배화여학생, 성서학원 생도도 만세를 불렀다. 그리고 서대문감옥 태평동 출장소 수인 2백 여명이 만세투쟁을 전개하였다(『한국민족운동사료』(2), 한국인문과학원, 1998, 772쪽). 황해도의 경우 황주, 송목, 신천, 장연, 재령, 장련 등지에서 대략 50명 규모의 시위가 일어났다.

평안남도의 평양 및 선천기독학교 학생들의 시위투쟁도 있었다. 특히 3월 2일 오후 3시를 기해 대동문 내에 각 학교 학생들이 모여 운동을 개시할 계획이었다. 그리고 숭실학교, 광성고등보통학교, 숭덕학교 등이 3월 1일부터 15일까지 동맹휴교하기로 하는 취지의 권고문을 배포하기로 하였다(『한국민족운동사료』(2), 한국인문과학원, 1998, 772쪽).

3월 1일 평안북도 선천군의 신성학교 생도 약 30명과 공립보통학교 생도 약 20명, 여학생 50명이 수차례 읍내에서 시위투쟁을 일으켰다.

그런가 하면 경기도 경찰부에서는 1921년 2월 24일 비상 경계태세를 갖추면서, 요주의 인물에 대한 대대적인 검색을 단행했고 일주일 만에 1백 20여명을 체포하였다. 같은 해 3월 1일 당일에 조선총독부는 시내 각지에 군경을 배치하여 경계태세를 강화했으며, 각 학교에도 경찰들을 배치하여 학생들의 동태를 주시하는 등 시위투쟁에 민감하게 대처하였다.

1919년 이후 매년 3월 1일은 시위투쟁이 편차가 있으나 부단히 전개되어 갔다. 1920년 이후 주요 국내 기념일 시위투쟁 장소를 보면 다음과 같다(장석홍, 「3·1운동과 국내 민족주의 계열의 독립운동 - 1920년대를 중심으로 - 」, 『한국독립운동사연구』(13), 독립기념관 한국독립운동사연구소, 1999, 참조).

1921.3.1. 평양, 함흥/1922.2.2. 대전/1923.3.1. 원산/1924.3.1. 원산/1924.3.1. 평양/1926.2.18. 강원도 이원/1927.3.1. 원산/1927.3.1. 재령군/1928.2.29. 강원도 고성/1928.3.1. 강원도 통천/1928.3.10 전북 정읍

그런가 하면 3·1운동 발발 3주년인 1922년 3월 1일 이종일을 비롯한 보

성사 사람들은 제2독립선언식을 거행하고자 준비하였다. 이종일은 자주 독립선언문을 기초하여 김홍규가 인쇄하도록 하였다. 여기에는 3·1운동의 세계사적 의의를 천명하고 반일운동에 지속적인 참가를 선동하며, 동시에 민족운동의 자신감과 당위성 그리고 일제 식민통치의 기만성을 폭로하였다. 그러나 이러한 계획은 2월 27일 보성사에서 인쇄하는 도중에 선언서가 발각되어 압수당함으로 무위로 그치고 말았다(박걸순, 『이종일 생애와 민족운동』, 독립기념관 한국독립운동사연구소, 1997, 122~125쪽).

그런가 하면 국외에서의 3·1운동 관련 기념일 투쟁의 내용은 주로 동경, 상해, 북경, 남경, 천진, 블라디보스톡 등지에서 있었던 것은 신문자료 상 확인이 어렵지 않다.

### (2) 1920년대 중국지역의 3·1기념일 투쟁

대한민국 임시정부는 1919년 3월 1일 이후 매년 기념식을 어떠한 형식으로든지 거행하였다.

3·1절을 해외에서 맞는 우리 민족의 정서는 국경일이었다.

"그날 새벽에 인성소학교 생도들은 잠을 자지 아니하고 갈갈한 봄새벽에 얼이운 기운을 깨뜨리게 손에 국기를 쥐고 휘두르며 재류하는 인사의 주소로 향진하여 애국가를 높이 부르고 문에 이르러서는 만세를 부르더라. 그날 교민들이 사는 곳은 좁은 단칸방에 세들어 사는 사람도 각각 자기방 앞에 국기를 높이 달아 국경을 표시했다."
(『독립신문』(173), 1924년 3월 29일)

1920년 3월 1일 오후 2시 上海 靜安寺路 올림픽대극장에서 기념식이 열렸다. 이 자리에는 대한민국 임시정부 각료들과 거주 조선인들이 참석하여 그 뜻을 기리고 그 정신을 잊지 말자고 다짐하였다.

1921년 3월 1일 漢口에서 3·1운동 기념행사가 있었다. 이 날 식장은 한중 두 나라의 국기와 만국기가 걸리고, '慶祝三一節'이라는 휘장과 꽃으로 장식되었다. 이후 군악대의 주악 속에서 애국가 제창, 바이올린 독주, 마술 등의 순서로 진행되었다. 식이 끝난 뒤에는 한중 양국기로 장식한 자동차를 타고, 武漢 시내를 돌며 전단 천여장을 살포하였다(『독립신문』(98), 1921년 3월 12일).

1923년부터 1932년까지 3·1운동기념식에 참여한 김명수는 당시의 정서를 다음과 같이 묘사하고 있다(金明洙,『明水散文錄』, 삼형문화, 1985, 79~81쪽).

"우리 독립운동가 가족들에게는 3·1절이야말로 크리스마스보다도 설날보다도 가장 기쁜 날이었다. … 이날에는 상해에 거주하는 어떤 독립운동가라도 만나볼 수 있었고 … 이 날만은 한 사람도 빠지지 않고 일당에 회집하여 즐거운 낯으로 삼일절가를 부르는 것이었다. … 웃을 기회를 갖지 못하는 쓸쓸한 망명객들이 1년 동안 이날 밤의 오락을 기다리고 있었던 것 …"

실제로 상해에서는 매년 기념식이 거행되어 각종 집회와 시위가 있었다. 10주년, 20주년, 25주년 기념식이 지속되었다. 특히 1920년대 1930년대 초 상해지역의 3·1절 관련 행사 및 발간 문건은 대체로 다음과 같다. (한상도, 「독립운동세력의 3·1운동 인식과 계승의식-중국관내지역을 중심으로-」, 『한국독립운동사연구』(13), 독립기념관 한국독립운동사연구소, 1999.)

1921년 상해대한교민단 및 임시의정원의 기념행사
1922년 상해3·1청년구락부 명의의 '3·1혁명'이란 제목의 인쇄물 배포
1925년 임정, 청년동맹회, 상해대한교민단 주최 기념행사
1929년 재중국한인청년동맹 상해지부 '3·1절 10주년 기념선언'
       유일독립당상해촉성회 '선언서'
       중국본부한인청년동맹 상해지부 '3·1운동 10주년 기념선언'
       한국유일독립당남경촉성회 '한국독립선언 10주년기념 및 고중국동포서'
       상해한국여자구락부 '三·一運動十週年紀念을 마지하면서'
       三·一十週年紀念 上海各團體聯合會 '三·一運動 十週年 紀念宣言'
       의열단 '三·一十週年宣言-朝鮮勞農及一般被壓迫被搾取大衆及

그 代表者로서의朝鮮革命家에게-'
1931년 유호한국독립운동자동맹 '3·1기념 선전대강'
1932년 상해한인여자청년동맹, 상해한인청년당, 상해한인반제동맹,
　　중국혁명호제회 상해한인분회, 화랑사가 각각 '3·1운동 제13주년
　　기념선언'

이상과 같이 상해지역의 3·1절 행사는 매년 진행되었고, 특히 1929년
에는 가장 많은 행사가 있었다. 당시 문건의 내용을 정리해 보면 다음과
같다.

　　"재중국한인청년동맹 상해지부의 '3·1절 10주년 기념선언'은 우선 3월
　1일을 맞이하여 이날은 우리 민족의 재생기념일이요, 또 전세계 피압박 민
　족의 투쟁사상 획기선을 그을 만한 위대한 날로 강조하였다. 그리고 1929
　년에는 1925년 이래로 한민족의 투쟁이 보다 강화되었다면서, 민족운동의
　성과는 과거의 실패로부터 얻은 경험과 교훈에 의한 것, 그 특성으로 조선
　민중에게 자각을 가지게 한 것, 조직 노선이 한층 강화된 것, 무산계급이
　조직화된 것, 민족적 단일전선이 형성, 강화된 점 등을 들고 있다(『3·1운동
　과 민족통일』, 동아일보사, 1989, 이하 세문건도 자료편 참조)."

3·1십주년기념 상해각단체연합회의 '三·一運動 十週年 紀念宣言'은
3·1운동 후 10년이 지난 당시에 민족운동계가 혼란에 빠져있음은 그간
의 민족운동이 비조직적이고 통일되지 못했던 데에서 기인된 것임을 자
인하면서, 보수주의와 극좌주의, 민족진영과 사회·공산진영의 대립 및
영웅주의·파벌주의 등이 민족운동에 막대한 지장을 주었다고 한다. 아
울러 "전차의 전복은 후차의 감계가 되고, 기왕의 잘못으로부터 내일을
匡正할 것", "파벌관념의 핵실을 파쇄하고 사인감정의 근저를 근절하고,
오직 대국을 돌보며 대체를 살피어, 대당 결성의 기치 밑으로 일제히 귀
의하자."고 하였다.

　상해한국여자구락부의 문건 '三·一運動十週年紀念을 마지하면서'는
"우리끼리 싸우지 말자. 우리 민족의 힘은 적으나 크나 한 곳에 모아서
한 뭉치를 만들자. 우리 힘을 모으는데 방해하는 파벌을 박멸하자."면서

국권회복을 위해 진력하고, 세계여성의 해방을 주장하였다.

한편 의열단의 '三·一十週年宣言－朝鮮勞農及一般被壓迫被搾取大衆及 그 代表者로서의 朝鮮革命家에게－'은 3·1운동 이후 10년간 대중투쟁에서 얻어진 것이 무엇이냐고 반문하며, 3·1운동 이후 최대의 취약점 및 극복해야 할 원인을 운동이 노농 대중에 기반하지 못한 점, 대중투쟁을 조직화하지 못한 점에서 찾고 있다. 그리고 노농 대중을 기반으로 한 광범위하고 조직적인 투쟁으로써 운동전선의 통일을 이룩해야 한다고 하였다.

북경지역의 1929년도 3·1절 기념행사도 있었다. 1929년 대독립당조직 북경촉성회 집행위원회의 '3·1절 10주년기념'과 의열단 북경지부의 '제11회 3·1절을 맞이하여'라는 문건을 통해 그 내용을 확인할 수 있다.

그런가 하면 1944년 중경의 한국독립당은 '三·一節과 韓國獨立黨의 任務'에서 다음과 같이 3·1운동을 계승한 임무를 정리하였다. 1) 삼일절의 민족적 원동역량을 확대하고 집중할 책임, 2) 삼일절에 탄생한 최고기관과 정기를 계속할 책임, 3) 동맹군과 합작하여 삼일절의 혁명을 완성할 책임, 4) 세계민주국가 및 피압박민족과 함께 세계적 민주정치의 전형을 건립할 책임, 5) 한국 자신의 민주국가 및 삼균제도를 합리적으로 실현할 책임, 6) 원동 각국의 반일세력과 합류하여 동방민족으로 하여금 독립자유의 권리를 균활하게 할 책임, 7) 건국대강의 원칙 및 방안을 상당한 단계에서 축차 시행할 책임, 8) 무엇보다 먼저 적일본을 국경 이외로 구축하고 東京, 大阪, 대도시를 점령하여 우방의 공론에 입각해 결정한 적의 투항조건으로 하여금 하루라도 빨리 접수하게 할 책임.(추헌수, 『자료 한국독립운동』(제1권), 연세대학교출판부, 1971, 287~290쪽). 나아가 3·1운동의 의의를 정리하여, 국가지상의 운동, 세계개조의 운동, 반파시스트운동, 현대적 조직운동 등을 민족적 양심의 발동이라고 했다('三·一運動의 意義', 추헌수, 『자료 한국독립운동』(제1권), 연세대학교출판부, 1971, 294~296쪽).

그리고 25주년 3·1절, 즉 마지막 중국 땅에서의 기념일에 '제25주년 삼일절 기념선언'에서 역사적 의의를 다음과 같이 정리했다.

> "삼일절! 삼일절! 이날은 우리나라가 독립국이며 우리 민족이 자유민임을 세계만방에 선포한 날이다. … 우리는 그들을 몽상에도 잊지 아니하였다. 그리하여 우리는 마침내 파시스트의 생장을 미연에 방지하여 자유, 평등, 박애의 공존공영의 세계의 창조를 위하여 절규하였으며 공존공영의 세계를 창조하기 위하여는 세계를 구성한 매개 민족과 매개 국가의 이익을 존중하여야 할 것을 고조하였다. … 아아! 삼일운동이 어찌 한국민족사상에 있어서만 이채를 발휘하는 신기원이될 뿐이랴. 실로 전 인류사상에 있어서도 위대한존재인 것이다. … (추헌수, 『자료 한국독립운동』(제1권), 연세대학교출판부, 1971, 296~299쪽)"

한편 만주의 1920년대 말기 동만청년총동맹은 당시의 활발한 투쟁을 3·1운동이 뿌린 씨앗이 열매맺은 결실로 파악하였다. 즉 각 청년단체가 조직되고 조직화의 계기였다고 한다. 실제로 1920년의 경우 만주, 중국 관내의 한인 투쟁 조직은 조직화가 활발하였다.

3·1운동에 대한 계승적 인식은 1930년 화요파 조선공산당 및 조선공산청년동맹도 마찬가지였다. 그 근거는 「三一運動 11周年 기념을 맞이하여 全朝鮮民衆에 檄함」에서 볼 수 있다. 여기에서 조선공산주의자들은 3·1운동의 역사적 의미를 재건운동의 근거로 삼고 있다(「朝鮮共産黨再組織計劃」 『韓國共産主義運動史』 자료 Ⅱ, 636, 639쪽).

1932년 3월 1일을 전후하여 간도지역에는 '삼일절기념투쟁격문'이 있다(미촌수수·강덕상 편, 『현대사자료』(30), 151~154쪽). 여기에서는 3월 1일이 공장, 농촌, 가두, 학교와 각 군중들을 총동원하여 정기적으로 자산계급, 지주와 일전을 벌였던 날로 기억하며, 여기에서는 '일절의 애국주의를 타도하자,' '일본제국주의의 주구인 한국민족주의를 박멸하자'고 했다.

1930년대 전반기 중국공산당의 재만공산당동만특위 기관지 『3·1월간』은 3월 1일의 투쟁을 계승하기 위한 것이었고, 이후 조국광복회의 기관지로 계승되기도 하였다(반병률, 「3·1운동과 만주·노령지역의 민족운동」,『한국독립운동사연구』(13), 1999).

### (3) 1920년대 일본지역의 3·1기념일 투쟁

일본지역에서도 1919년 3월 1일 이후 3·1운동기념일을 맞이해서는 거의 매년 기념식이 열렸다. 1920년의 3월 1일 투쟁 이후, 1924년 2월 28일 오후 2시 20분에는 日華日鮮靑年會館에서 3·1운동기념식이라고 칭하는 연설회를 열었다(일본지역 3·1기념일투쟁의 내용은 「1920년대 후반 재일조선인 기념일투쟁」 3장과 중복된다).

이 자리에는 120명이 참가했고, 학우회, 조선노동동맹회, 북성회, 무산청년회, 형설회, 여자학흥회가 주체단체가 되어 한위건, 한재겸, 김송은, 서상국, 변희용, 박사직, 강훈, 이옥, 백무, 박형병, 조근영, 박명련 등이 참가했으며(독립운동사편찬위원회,『독립운동사자료집』(별집 3), 1978), 백무 등 7명 이상이 연설에 참가했다.

1925년 3월 1일 재일조선인 유학생들을 중심으로 本鄕 帝大佛敎靑年會館에서 기념식을 거행하였다. 이후 5백여명의 군중들은 九段下, 戶山原에 모여 경찰관, 군대와 충돌을 일으켰다(『동아일보』, 1925년 3월 3일). 제8회 기념식은 1926년에 동경조선기독교청년회관에서 학우회 주최로 열렸고, 上野공원 등지에서 소규모의 시위가 있었다.

이와 함께 재일조선인 사회 내부의 사회주의적 경향성이 강화되면서 기념식도 조직의 주체가 바뀌어 1927년의 경우는 동경조선인단체협의회(이하 조선인단체협의회로 칭한다)가 주도했다. 2월 27일 조선인단체협의회는 '3월 1일! 민족해방 데이는 왔다! 제9회 민족해방 데이는 왔다! 동포여 일어나 참가하자! 제국주의에 항쟁하기 위해 전민족적 협동전선을 구축하자!!'는 삐라를 東京에 있는 무산단체에 배포했다. 그러나 시위투쟁의 준비과정에서 조직원이 검거되어 당일 연설회장인 三岐會館에는 50명의 소수밖에 모이지 못했다.

1929년에는 조선인단체협의회와 재일본조선노동총동맹은 '굶주림과 박해 가운데 제10주년 3·1독립 민족해방의 날은 닥쳐 왔다', '전조선 피압박 민중에게 격함'이라는 제목의 격문을 배포했다. 1930년에는 재일본 조선노동총동맹이 전협으로 해소되는 과정에 있었기 때문에 3월 1일을 맞이해서는 신문과 단체가 조일공동투쟁과 지원투쟁을 선동하는 내용으로 일관하고 있다. 1931년에는 2월 하순부터 일본반제동맹, 일본노동조합전국협의회 등은 '3·1기념일을 간담회, 직장대회, 사보타지, 태업으로 싸우라'는 표어를 내걸고 선동했다. 大阪의 경우 浪速區의 吉川제화 공장에서는 2월 23일부터 쟁의가 진행 중이었는데 쟁의단에서는 3월 1일을 기념해 1백명의 노동자가 동원되어 공장을 습격하다가 주모자가 검속되기도 했던 것이다. 兵庫縣에서는 2월 28일 전해건이 우리협친회 간부들과 3·1기념 간담회라고 칭하고 투쟁을 모의하다가 검속되었다.

이밖에도 東京과 大阪 등지에서 일본반제동맹 서기국, 일본노동조합 전국협의회, 일본화학노동조합 大阪지부 등이 '3·1만세 사건 기념 투쟁에 즈음하여 격함', '3·1기념에 즈음하여 전국의 일본·조선 노동자 제군에게 격함', '3월 1일은 조선독립만세 사건 기념일이다', '3월 1일을 시위운동으로 싸우라', '3월 1일! 조선독립만세 기념일이다! 식민지 독립 제국주의 반대의 데모로 싸우라' 등을 배포하며 투쟁을 선동했다. 투쟁일을 맞이해서는 거의 매년 기념식이 열렸다.

### 3) 해방공간과 오늘날의 3·1절

1919년 3월 1일은 새롭게 해방과 함께 태어났다. 즉 3·1운동은 민족국가 건설의 이론적 토대가 되었다. 1946년 3월 1일 『해방일보』는 3·1운동의 역사적 교훈을 강조하며, 더 나아가 외세 의존적 자세의 불식과 전투적 투쟁의 중요성 그리고 나라를 가장 사랑하는 사람이 노동자, 농민, 학생, 소시민임을 천명하였다.

이러한 해방공간의 3·1절 기념은 정치적 성격이 강하게 작용하였다. 신국가를 건설해야 하는 당위적 과제 속에서 여러 정치 집단은 1919년 3월 1일을 정략적으로 이용하였다. 이러한 내용은 그대로 기념식에 반영되었다(지수걸, 「3·1운동과 국내 사회주의 계열의 독립운동」, 『한국독립운동사연구』(13), 독립기념관 한국독립운동사연구소, 1999 참조).

1946년의 3·1절 기념식은 기미독립선언기념국민대회준비회(이승만, 한민당, 국민당)와 삼일기념전국준비위원(조선공산당, 인민당, 독립동맹, 신한민주당, 조선민주당)이 주관했다. 전자는 동대문운동장에서 집회를 후자는 남산에서 집회를 개최하였다. 1947년에도 3·1절 집회는 남산 집회와 동대문운동장 집회로 나뉘었고, 양쪽 시위대의 가두행진의 과정에서 14명의 사상자가 발생하였다.

그런가 하면 1947년 8월 미소공동위원회가 결렬되자 미국측은 한국문제를 유엔을 통해 해결하려고 하였으나 소련측은 11월 18일 북한에 임시헌법제정위원회를 발족시켜 단독정부 수립을 추진함으로써 민족분단의 방향으로 고착되어 갔다. 여기에 천도교도들은 인구비례로 총선을 실시하여 통일정부를 수립한다는 유엔 결의에 대해 찬성하고 유엔 한국위원단의 내한을 환영하였다. 그러나 북한측의 거부로 남북분단이 확실해지자 천도교도 최린, 김광호, 최단봉, 전의찬, 이응진 등은 통일정부 수립을 위한 평화적인 민중시위운동을 북한지역에서 벌이기로 합의하였다. 그리고 이들은 선언문과 5개항의 공약을 만들어 천도교중앙총부 도령 김완규의 명의로 2월 14일 발표하였다. 5개항의 공약은 다음과 같다. 1) 우리의 자유의사에 의거하지 않는 어떠한 정치체제, 어떠한 경제구조도 단호히 배격한다. 2) 우리는 국내외를 막론하고 국토통일과 민족단결을 저해하는 모든 세력의 준동을 봉쇄한다. 3) 우리는 유엔의 결의를 성실히 준수하며, 유엔한국임시위원단 입국을 환영한다. 4) 우리는 남북 통일정부가 수립되는 최후의 일각까지 이 운동을 계속한다. 5) 우리는 이 운동을 비폭력 무저항주의로 일관한다(『한국민족문화대백과사전』, 한국정신문화연구원 참조).

한편 북한의 천도교 및 천도교 청우당의 이근섭, 김기전, 김달현, 김덕립 등은 결론을 얻지 못하였다가, 2월 17일 대중운동 불가로 귀결되었다. 그러나 천도교 연원회의 김덕립이 주동이 되어 각 연원에 비밀지령을 내려 계획을 강행하였으며, 2월 23일 일부 활동이 노출되어 북한당국은 3

월 1일 기념행사를 전면 중지시키는 한편, 24일부터 검거하기 시작하여 북한지역의 천도교도 1만 7천 여명이 체포, 수감되었다. 그러나 영변과 희천에서 2천 여명이 시가를 누비며 대대적인 시위를 벌였다. 천도교도는 '미소 양군 철수'와 '유엔감시 하의 남북총선거 실시'를 내세웠다.

### 4) 글을 정리하며

3·1운동은 이후 운동세력의 투쟁의 출발점으로 1920년대 대중운동의 주요 동력이 되었다. 따라서 모든 운동의 시원을 3·1운동에 찾고, 6·10운동, 광주학생운동, 원산총파업, 해외무장투쟁 등의 원점이었다(澄宇, 「紀念'三一'與我們的任務」『朝鮮義勇隊』41기, 1942. 3. 1, 11쪽).

3·1기념일 투쟁은 신문자료 상 확인하여 보면, 1929년에 가장 활발하였고 1930년대 중반 이후에는 사회운동의 침체와 함께 관련 기사가 줄어든다(지수걸, 「3·1운동과 국내 사회주의 계열의 독립운동」『한국독립운동사연구』(13), 독립기념관 한국독립운동사연구소, 1999 참조). 1930년을 전후에서는 기념식 보다는 기념투쟁이 선호되었다. 이와 함께 격문의 내용도 단순히 민족적 적개심을 부추기는 차원이 아니라 당면투쟁의 슬로건을 선전, 선동하는 차원의 것들이 늘어났다고 한다.

일제시대 민족운동세력은 3·1운동을 개항 이래 축적된 국권수호운동의 역사적 경험이 집결 표출된 것으로 인식하였다. 아울러 3·1운동의 의미를 자주적인 근대민족국가 수립운동의 새로운 출발을 알리는 신호탄으로 해석하였으며, 동시에 반침략·반파시즘을 표방한 동방피압박민족해방운동의 효시로 수용하였다. 그리고 대체로 3·1운동을 실패한 것으로 파악하였는데, 이는 3·1운동의 역사적 의미를 낮게 평가하였음을 의미하는 것이 아니었다. 이는 실패원인의 분석을 통해 3·1운동 이후 고양된 대중운동을 근대민족운동의 합법칙성이라는 측면에서 평가하려는 인식을 반영한 것이었다(한상도, 「독립운동세력의 3·1운동 인식과 계승의식－중국관내지역을 중심으로－」『한국독립운동사연구』(13), 독립기념관 독립운동사연구소, 1999 참조).

대한민국 정부는 3·1정신을 사상, 이념적 근거로 삼고 있다. 북한도 3·1
운동의 교훈에서 스스로의 혁명적 정통성의 당위성을 찾고 있다. 특히
1949년 '국경일에 관한 법률'을 제정, 공포하여 이날을 국경일로 정하였
다. 3월 1일 3부 요인을 비롯하여 각계 각층의 인사들은 모여서 기념식
을 거행하였으며, 조국 광복을 위하여 싸우다 순국한 선열의 유족 및 애
국운동가들로 구성된 광복회 회원들은 별도로 파고다공원에 모여 그날
의 뜻을 되새기는 의식을 거행하였다(『한국민족문화대백과사전』, 한국
정신문화연구원 참조).

## 4. '6·10만세'와 기념일 투쟁

### 1) '6·10만세'의 내용

6·10만세 시위투쟁이 일어난 이후 수많은 회고와 연구 논문들이 발표
되었다. 특히 일제시대 한국 민족해방운동사에서 6·10만세 시위투쟁의
혁명적 의의는 이미 발표된 선학의 연구로 일정하게 들어 났다고 생각
한다. 필자는 기존의 연구를 통해 파악한 6·10만세 시위투쟁을 조선공
산당의 주도로 전개된 객관적 사실에 주목하면서 내용을 정리해 보겠
다. 6·10만세 시위투쟁은 단순히 학생이 중심이 된 시위투쟁이 아니었
음은 이미 밝혀진 객관적 사실이다(이북만, 「육월십일을 마지면서」(『무
산자』(3-2), 1929, 7를 참조할 것). 물론 소위 '통동계'의 움직임이 별도
로 있었던 것도 부정할 수 없다).

3·1운동을 경험한 다수의 조선 인민이 혁명적 체험을 했던 것에 반해
일부의 지도급 인사들은 구국에 대한 열망이 격하되었다. 즉 1920년대
후반 민족주의운동은 저하되었고 앞장서서 친일을 하지는 않았지만 그
렇다고 발벗고 반일운동을 전개하지 못하는 풍조가 지배적이었다. 일제
는 세계열강으로 군림하고 있었다. 당시 조선에서는 우리가 나선다고
독립이 되는 것도 아니고, 관망이나 하면서 형편을 보자는 식의 비관적

이고 숙명론적인 생활풍조가 지배적인 현상이었다(박용규, 「인산에 모여든 민족의 통한」 『신동아』, 1969. 9, 302쪽).

현실의 어려움을 뚫고 대중운동은 고양되었고, 이러한 가운데 1926년 조선공산당은 5월 1일 노동절 행사를 준비했다. 이에 따라 대중단체를 견인하기 위해 조직적인 모임이 계속 있었다. 일제 당국으로서도 조심스럽게 움직일 수밖에 없는 처지였기에 노동절 행사를 승인했다. 그런데 1926년 4월 26일 순종이 서거했다. 조선총독부는 이와 연동하여 순종의 장례식 날에 행사를 거행해서는 안 된다는 단서 아래 행사의 실시 허가를 취소했다. 승인과 취소라는 일제의 기만적 책동 속에 조선공산당은 시위를 6월 10일로 재조정했다.

1926년 4월 말 순종의 사망은 일제의 착취 아래 신음하던 조선 민족의 반일 감정을 고양시켰다. 물론 이것은 조선 봉건왕조의 치적에 대한 연민의 정에서 발로된 것이 아님은 물론이다. 일본제국주의의 악날한 식민 통치가 한 세기가 지나고, 또 다른 세기로 넘어가는 시점에 폭발했다. 여기에 조선공산당은 줄기가 되어 거세어진 압제에도 불구하고 투쟁의 대열을 정비해 갔던 것이다.

조선공산당은 6·10만세 투쟁 지도부(보통 '6·10투쟁 특별위원회', '6·10 운동 투쟁지도특별위원회'라고 통칭하기도 한다)를 조직하여 각계각층의 사람들을 견인하는 한편 조직화된 노동자와 청년학생들을 통해 시위투쟁을 준비하게 된다. 조선공산당 2차 중앙집행위원회는 6·10만세 투쟁지도부를 설치했다. 그리고 그 산하의 조선학생과학연구회가 주도적인 활동을 수행한다.

조선공산당은 시위를 준비하는 과정에서 민족주의자들의 진보적인 단체들과 보조를 함께 했는데 그 가운데 좌익적인 색채를 띤 천도교 지도부와 결합했다. 이에 따라 행사위원회의 성격을 띤 연합본부가 만들어졌다. 당시의 천도교는 가장 광범위하게 대중성을 획득하여 조선의 185개 내지는 187개 군에서 활동하며, 1926년만에도 30만 이상의 교도를 갖고 있었다. 그리고 동조자는 2·3백만 명이라고 했다. 이와 함께 종교

단체들은 사회장을 사람들에게 널리 알렸고 장례의 전통적인 형태를 이용하여 '호곡단(呼哭團)', '애도단(哀悼團)'을 구성했다. 날마다 황제의 옥체가 누어있던 궁궐 앞에는 집단적인 호곡 절차가 시행되었으며, 산업박람회를 맞이하여 서울에 올라왔던 사람들도 여기에 합세했다.

특히 6·10만세투쟁 지도부는 투쟁을 전국적으로 확산시키기 위해 전국의 주요 철도 간선의 중심지에 조직원을 파견하여 삐라와 격문의 살포를 도모했던 것이다.

이 가운데 문제는 일본 경찰의 백색테러이다. 6월 7일 뜻하지 않은 일이 일어났다. 천도교회당 내의 손재기의 집에 인쇄해 두었던 격문 10만 장이 일본 경찰에 압수되고 지도부에 대한 검거가 자행되었다. 손틀 인쇄기 두 대도 압수당했다.

투쟁의 중심이었던 6·10만세투쟁 지도부는 일본 경찰의 검문, 검색으로 조직과 준비했던 사업을 지켜 내지 못했다.' 은밀성이 결여된 반일투쟁은 주요한 활동의 고비에서 조직이 단절되어 투쟁력이 현격히 떨어졌다. 그러나 시위투쟁은 6월 7일 사건에 의해 차질이 생겼음에도 불구하고 청년과 학생이 동원되어 수만 장의 격문이 인쇄되었다. 재차 준비된 시위투쟁은 1926년 6월 10일 순종의 장례일을 맞아 폭발되었다.

조직화된 청년 학생과 조선인민은 서울을 혁명적 열기로 들끓게 만들었다. 행로 주변은 10여만의 군중으로 인산인해였다. 격문과 삐라의 살포는 총과 칼로 돌아왔다. 가두에 나선 조선 민족의 절규하는 듯한 '대한독립만세' 소리는 경찰의 힘이 모자라 동원된 군대로서도 어쩔 수 없었다.

'조선은 조선의 것이다', '총독정치를 구축하라', '일제를 구축하라', '토지를 농민에게', '조선독립운동가는 단결하자', '재옥 혁명투사들을 석방하라', '교육과 산업은 조선인 본위로', '동척을 철폐하라', '납세를 거절하라', '8시간 노동제를 실시하라', '공과금은 지주가 부담하라', 이러한 요구가 삐라와 격문에 실렸다.

가상의 적이 아닌 실제의 적을 상대로 조선 민족은 전면적으로 반일

투쟁을 일으켰다. 체포와 구금, 투옥이 전국을 강타했다.

메이데이 투쟁을 준비하던 과정에서 새롭게 준비된 시위투쟁이 6·10만세 시위투쟁이다. 문제는 투쟁의 핵심이 검거된 상황에서 새롭게 조직을 재건하지도 못한 가운데 사업을 지속한 것은 어떻게 보면 한탕주의적인 발상에서 나온 결과이다. 이와 함께 대한독립당 명의의 격고문이 있기는 하나, 당시 대한독립당은 진정한 의미의 실체가 있는 통일전선은 아니었다. 통일전선을 구축하지 못한 가운데 전 조선민족을 견인할 방안을 갖지 못한 상태에서는 신중함이 필요했을지도 모른다.

왜 강도 높은 혁명적 슬로건을 6·10만세투쟁 지도부는 제기했을까. 20여종의 선전문에서 살펴보면 그 내용이 선도적 의미는 다분히 있으나 조선의 인민들의 정서를 반영해 정세에 부합한 내용으로 되어 있다고 반드시 볼 수는 없을 것이다. 조선 인민에게 순종의 장례가 다른 한편으로 중요하지는 않았을까. 아직도 봉건적 관습에서 벗어나지 못한 조선 인민에게 왕의 죽음은 그 자체로 의미가 있었다. 따라서 행로에 선 조선 인민에게는 순간적인 선택이 필요했을 것이다. 결과적으로 청년학생의 결정적인 역할로 시위투쟁은 서울 전역으로 확대될 수 있었으나 문제는 단순히 가두 시위로 끝난 부분도 없지 않았던 점이다.

마침내 6·10만세 시위투쟁의 제2차 계획은 피어슨성경학원에서 발각되었고 제3차 계획도 발각되어 이후의 시위투쟁은 실패로 귀결되었다.

그러면 일제시대 조선 민중의 마음 속에 6·10만세 시위투쟁은 어떻게 아로새겨져 있을까. 지금 우리의 시각에서 6·10만세 시위투쟁을 단순한 가두시위로만 평가해야 할까. 이러한 문제를 생각해 보자.

## 2) 한국 민족운동사에서 '6·10만세'의 의미

7차에 걸쳐 서울에서 청년학생들이 주도한 시위투쟁은 6월 10일을 전후로 지방에서도 분산적으로 일어났다. 인천, 원산, 개성, 평양, 이원, 순창, 고창, 전주, 구례, 병영, 강경, 통영, 공주, 마산, 하동 등지에서 계속 이어졌다.

6·10만세 시위투쟁은 일제시대 한국 민족운동에 있어 한 계기를 제공해 주었는데. 3·1운동과 함께 한국 민족운동사에서 민중봉기의 대표적인 사례로 이후 계기투쟁의 중요 항목이 되었다.

이북만은 3년 후 6·10만세 시위투쟁을 회상하여 1926년 6월 조선에서 처음으로 노동자와 농민을 해방전선의 제일 목표로 한 것, 공산주의자의 지도 밑에서 통일된 지도를 계획한 것, 구체적인 투쟁 목표를 세운 것을 잊어서는 안 된다고 했다.

일본지역에서도 6·10만세 시위투쟁을 기념한 계기투쟁의 사례를 확인할 수 있는데, 兵庫縣조선노동조합의 崔浩俊은 「전투적 조선노동자제군에게 격함」이라는 삐라에서 6월 10일의 의미를 다음과 같이 규정했다. 6·10만세 시위투쟁일은 2천 4백만 조선 백의민족이 세계제국주의의 극동의 지주인 일본제국주의의의 폭압 아래 참다가 분노가 폭발한 날로 반만년 역사를 갖은 우리 민족의 에너지가 분기한 날이라는 것이다. 당시 兵庫縣조선노동조합의 전해건은 「6월 10일이 왔다. 투쟁으로써 기념하자」는 삐라를 인쇄했다. 이로 인해 전해건은 경찰서에 끌려갔고 兵庫縣조선노동조합은 그를 대중의 힘으로 탈환코자 했다. 이렇게 6·10만세 시위투쟁은 1926년 이후 국내외에서 전개된 기념투쟁의 한 계기가 계속되었다.

해방된 서울에서는 1946년 6월 민전 주최로 '6·10운동 20주년기념 및 미소공동위원회 속개시민대회'(『조선인민보』, 1946. 6, 6-10, 『독립신보』, 1946. 6. 11)가 서울운동장에서 열렸다. 그리고 민청 주최의 각도 대항 기념축구대회, 농악대의 찬조 출연 등이 있었다.

이 시민대회의 모습을 그려보면, 10일 오전 11시 15만의 시민이 출석한 가운데 민전 사무국장 이강국의 사회로 시작되었다. 이후 임시집행부의 선거가 있어 명예의장에 허헌, 여운형, 박헌영, 유영준, 김철수씨 등 5명을 만장일치로 뽑았다. 이후 허헌의 개회사, 조두원의 '6·10운동 약사' 보고, 김원봉, 이주하의 기념사가 있었다. 그리고 시민대회 결의문을 박수로 가결시켰다.

이와 함께 다양한 정치적 입장을 갖은 혁명운동세력들은 수많은 회의
와 집회들을 통해 자신의 입장을 선전하기 위해 이 기념행사에 참가했다.
6·10만세 시위투쟁 20주년을 맞이하여 『조선인민보』(1946년 6월 10
일)는 임화의 시를 싣고 있다. 임화는 청년의 '6월 10일로 가자'는 제목
으로 6·10의 의미를 되새기고 있다.

　　"… 스무해 전 6월 10일/ 항일전선의 긴 대열로/ 묵묵히 걸어가던 청년
의 가슴 속엔/ 조국의 첫여름 하늘이/ 먼 바다처럼 푸르러/ 아아 죽음도/ 오
히려 황홀한 영광이었던/ 영원한 6월 10일을 위하여/ 남조선정부의 용상을
어루만지며/ 외국 상관의 늙은 머슴이/ 꿈꾸는 연화를 위해서가 아니라/ 또
다시 노예가 되려는/ 동포의 위태로운 자유를 위하여/ 젊은 동무여/ 또 한
번 죽어도 오히려 기꺼운/ 청년의 6월 10일로 가자."

## 3) '6·10만세'의 역사적 의의

6·10만세 시위투쟁을 1929년 5월 전영민은 다음과 같이 회상했다.

　　"… 운동은 그 결과로 보아서는 완전히 실패에 귀하고 말았었다. 경성지
방에 국한된 순간적 만세성이 결국 운동의 결과이었으며 근근히 소수의
학생이 투쟁에 참가할 수 있었을 뿐이다. … 운동의 치명상적 결함은 무엇
보다도 농민문제와 민족문제가 유기적으로 결합되지 못한 점에 있었다. 조
선의 민족해방투쟁은 말할 것도 없이 농민○○(혁명)의 문제이다. 프롤레
타리아트의 첨예한 농민강령과 이에 의한 우대한 농민층의 ○○(혁명)적
봉기없이는 제국주의와의 강력한 투쟁을 단행할 수는 결단코 없는 것이다.
… 그러나 六十만세운동은 이 가장 중요한 조건에 대한 하등의 관심도 보
이지 못하였었다. 다음에 간과할 수 없는 또 한가지의 결함은 이러한 가운
데 가장 고조된 대중적 시위운동에 있어서 가장 일반적으로 요구되는 근
본적 조건인 대중층에 대한 예비적 선전과 ○(선)동을 갖지 못하였다는 점
이다. … 소기일자를 수일 앞두고서 단행된 지도부의 검거는 운동을 완전
한 실패에 귀착되게 하기에 충분하였다. … 六十만세의 운동 그것은 조선
○○(혁명)의 주의자가 민족투쟁의 선두에 나서는 일보에서 경험하지 않
을 수 없었다. 계급적 시련이었으며 동시에 평화기의 수년을 통하여서도
얻기 어려운 幾多의 ○○(혁명)적 교훈을 그들에게 준 역사적 사건이었
다."

그렇다. 6·10만세 시위투쟁은 이후의 대중투쟁을 견인하여, 청년학생, 노동자, 농민 등의 항쟁이 지속적으로 전개되었다. 봉기 참가자의 수적인 증가와 함께 내용에 있어서도 조직성과 합목적성이 점차로 강화되어 갔다.

6·10만세 시위투쟁은 일제에게 큰 충격을 주었으며, 조선 인민의 반일 투쟁의식과 자유와 독립을 위한 혁명적 지향을 천명했다. 그러나 투쟁과 투쟁의 준비과정에서는 결함이 없지 않았다.

주요한 원인을 살펴보면 첫째로, 이 투쟁을 지도한 조선공산당이 갖고 있던 약점들에서 찾을 수 있다. 1926년 6월 시기 조선공산당은 진정한 의미의 노동계급을 대표한 전위 조직이라고 할 수 없었다. 파벌을 조직 내에서 인정하지 않았고 지도부에 있던 화요파 구성원들은 광범한 공산주의 역량들과 직·간접적인 연계를 맺으며 그들을 투쟁에 적극 인입하지 못했던 것이다. 따라서 조선공산당 중앙은 종파적 입장에서 투쟁의 성과를 독점할 것을 타산해 한탕주의식 만세시위를 일으켰고, 결국 조선공산당 외각인 서울파 공산주의자들은 6·10만세 시위투쟁을 반대하여 나섰다. 이러한 사정은 시위투쟁에서 공산주의 역량의 단결 결여와 운동 규모의 축소와 조직 상의 한계를 노정시켰다. 그리고 투쟁의 강력한 전개를 저해하기도 했다.

둘째, 6·10만세 시위투쟁에서는 조직 역량에 기초한 강력한 지도가 있었다고 볼 수 없으며, 지도부의 사전 발각이 아쉬움으로 남는다. 제국주의 경찰의 탄압이 혹심한 조건에서는 은밀성을 견지하면서 사업을 수행함이 우선적으로 요구되어짐에도 불구하고 지도부의 한시성과 사전 검거는 출발부터 한계를 띠고 있었다. 이에 따라 대중단체와의 조직적인 연계가 느슨해지고 지방과의 연계가 마비되어 시위투쟁의 계획적인 관철과 투쟁규모의 확대가 불가능하게 되었다.

셋째, 6·10만세 시위투쟁은 노동, 농민의 대중적 요구와는 일정하게 괴리되어 있어 그들의 정치적 요구가 전면화되지 않아 투쟁의 지속성과 강인성이 확보되지 못했다. 노동계급을 투쟁에 조직적으로 동원하지 못

한 것은 결국 학생청년들과 부르주아지들의 반일 감정에 호소하는 경향
성을 띠고 있었다.

넷째, 6·10만세 시위투쟁은 지도부의 조직상의 결합 때문에 대중적
시위투쟁에서 일반적으로 요구되는 예비적인 선전과 선동사업이 충분
하지 못했다. 지도부의 구성과 준비에 있어서 치밀성의 결여는 대중적
선동의 피상적인 양태로 나타났고 선전활동의 조직성을 확보하지 못하
고 말았다. 그리고 결과적으로 6·10만세 시위투쟁을 지역적인 반일투쟁
으로 귀결시켰다.

끝으로 이 투쟁 실패의 원인은 1920년대를 통해 조선에서 식민지 통
치체계를 완성해 가고 있던 일제의 야수적 탄압과 3·1운동을 통해 경험
한 일본의 지능적인 탄압과 경계가 주요하게 작용했다.

이상과 같은 6·10만세 시위 투쟁은 일련의 제한성에도 불구하고 한국
민족운동사에서 큰 의의를 가지고 있다.

첫째, 6·10만세 시위투쟁은 조선민족의 투쟁 대상이 일본제국주의라
는 것을 명확히 규정하고 민족적 임무가 일본제국주의를 타도하고 조선
민족의 독립을 성취함에 있다는 것을 대중에게 제시한 실천적 의의를
갖고 있었다.

둘째, 6·10만세 시위투쟁을 통해 조선 민족은 민족의 독립과 자유와 권
리에 대한 열망을 다시 한번 세계에 시위했다. 6·10만세 시위투쟁은 3·1
운동과 달랐다. 3·1운동이 진일보한 것이었다. 3·1운동 이후 조선의 민
족해방운동은 노동자·농민운동에 대중적 기초를 두고 전개되어 전국
적인 통합을 부분운동 별로 이룩하고 마침내 조선공산당을 조직하여 통
일적 민족운동을 전개하기 시작했던 것이다. 1920년대 한국 민족운동사
에서 조선공산당의 지도 아래 대중투쟁의 형태로 가두에서 반일투쟁을
전개한 본격적인 시위투쟁이 바로 6·10만세였다.

셋째, 시위를 통해 조선 인민은 적극 참여했다. 투쟁 속에서 성장한다
는 말과 같이 3·1과 6·10 시위투쟁을 통해 조선 인민은 반일의식을 굳
혀 갔다. 특히 6·10만세 시위투쟁은 한국 민족해방운동사에서 볼 때 시

위투쟁의 양태가 기존의 일시적, 자연발생적인 데부터 통일적이고 조직적인 틀로 변해 갔다.

넷째, 6·10 만세 시위투쟁은 조선공산당의 지도 아래 전개된 반제투쟁으로 반일민족통일전선에 대한 조선공산당의 정치노선을 실제 투쟁을 통해 수행해 가기 시작했다. 결국 반일민족통일전선의 결성을 위해 노력하던 조선공산당은 1927년 2월 신간회를 조직했다. 그러나 문제가 없지는 않았다. 진정한 의미의 통일전선이었는지 의심스러운 신간회는 조직 초에서부터 배태하고 있던 조직상의 결함과 신간회에 대한 전술적인 한계로 변화되는 정세에 주동적으로 대응하지 못한 부분도 없지는 않다.

다섯째, 6·10만세 시위투쟁을 통해 조선의 학생, 청년운동은 직접 전위조직인 조선공산당과 결합하게 되었다. 기존의 학생, 청년운동은 공산주의자들과 조직적인 연결이 활발하지 못했는데 이후에는 그의 직접적 지도를 받게 되어 학생, 청년운동의 조직적인 발전이 보다 강화되었다. 이와 함께 6·10만세 시위투쟁을 통해 노동계급의 역할을 재확인하게 되었고 학생운동의 방향이 새롭게 이해되기 시작했다.

조선 인민들은 일제의 총과 칼에 굴하지 않고 투쟁을 통해 단련되어 더욱 계급, 민족적 각성이 제고되었다. 그리고 정치적으로 성숙해져 갔다. 이러한 조선 민족의 각성은 이후 일제시대 전기간 동안 투쟁을 조직으로 전개함에 결정적 계기가 되었다. 6·10만세 시위투쟁 이후 일제의 탄압은 더욱 강화되었으나 노동운동을 비롯한 노동자·농민들의 반일투쟁은 계속 성장해 갔던 것이다.

## 5. 5월 1일 메이데이 기념일투쟁

"전세계 프롤레타리아가 착취와 억압을 반대하고 … 투쟁력과 전투 의지를 총동원해서 시위하는 날, 메이데이는 왔다. … 일본제국주의 아래에서 신음하는 전 조선 피압박 근로 대중 제군은 분기하라! 일본제국주의자,

조선의 토착 착취계급과 함께 일체 반동분자들은 대항하여 싸우자!(1934년
5월 1일 서울에 살포된 격문)"

## 1) 메이데이란

메이데이는 매년 5월 1일 노동자들이 파업과 집회 및 시위를 통해 노
동자들의 힘을 과시하고 노동자들 앞에 놓여 있는 문제들을 해결해 가
는 단결의 날, 투쟁의 날, 국제연대의 날이다(이하의 내용에 특별한 주가
없으면 다음의 책을 참조한다. 구로역사연구소, 『우리나라 메이데이의
역사』, 거름, 1990).

이날은 1889년 7월에 세계 여러나라 노동운동의 지도자들이 파리에
모여 결성한 제2인터내셔널의 창립대회에서 메이데이가 결정되어 1890
년에 제1회 대회를 치른 후, 지금까지 세계 여러 나라에서 이날을 기념
하고 있는데, 그 연원을 보면 다음과 같다.

1884년 미국의 노동총동맹은 연차 총회를 열고 하루 노동시간을 8시
간으로 하고 노동일을 줄이기 위해 1886년 5월 1일에 총파업을 단행하
기로 결의했다. 5월 1일이 가까워지면서 노동쟁의가 자주 발생했고 집
회와 시위가 줄을 이었다. 5월 1일에 파업을 결의하는 노동자의 수는 날
마다 수천 명씩 늘어났다.

약속의 날 1886년 5월 1일 전국에서 34만 명의 노동자가 시가행진에
참가했으며 19만 명이 파업투쟁에 참가했다. 이런 가운데 5월 4일 '헤이
마케광장'에서는 경찰의 만행을 규탄하는 항의집회가 열렸다. 밤이 깊
어지고 집회가 끝나자 군중들은 자리를 많이 떴다. 날씨는 음산했다. 호
수 쪽에서 불어오는 찬바람에 섞여 빗방울이 떨어지기 시작했다.

노동운동 지도자 가운데 한사람이 마지막 열변을 토했다. 그때 광장
옆으로부터 180여 명의 기동대원들이 군대식으로 대오를 짓고 방망이를
들고 다가왔다. 몇몇 청중은 달아나기 시작했다. 경찰서장이 해산을 명
령하자, 노동자들은 이것은 '평화적 집회'라고 항의했다. 잠시 긴장이 흐
르고, 섬광과 함께 폭음이 울렸다. 누군가가 폭탄을 던진 것이다. 경찰은

몽둥이를 휘둘렀다. 이날 밤 몇 명의 경찰과 상당수의 노동자가 죽거나 부상을 당했다. 이후 주모자들은 교수형이나 장기형을 당해야만 했다.

마침내 미국의 노동총동맹은 1890년 5월 1일 8시간 노동제를 위한 전면투쟁에 나갔고, 이를 제2인터내셔널이 지지하는 형식으로 하여 5월 1일은 국제적인 시위투쟁의 날이 되었다.

첫 메이데이 투쟁은 노동자들의 국제적인 단합을 과시하기 위해 모든 나라에서 동시에 집회를 열기로 한 결의에 따라 치러지지는 않았다. 그러나 인터내셔널 총회의 결의가 수백만의 노동자를 움직이게 만들었던 것은 사실이다.

1890년 5월 1일 헝가리의 수도 부다페스트에서는 5만 명의 노동자가 시위에 참가했다. 폴란드의 수도 바르샤바에서는 80만 명의 노동자가 동맹파업을 결행했다. 벨기에에서는 34만 명이 행사에 참가했다. 독일에서도 노동자들은 메이데이 행사를 통해 자본가들과 싸웠다. 이탈리아에서는 메이랜드, 토리노 등지에서 수십만 노동자들이 빽빽하게 대오를 짜고 거리를 행진했다.

러시아에서도 전국 각지에서 대규모의 정치투쟁이 벌어졌다. 프랑스에서는 노동자들이 전국 138개 도시와 곳곳의 광산지역에서 일손을 놓고, 1871년 파리코뮌의 전통과 경험을 이어받은 파업, 집회, 시위를 감행했다.

이후의 메이데이 때 개별 국가의 노동자들은 자기 나라의 형편에 따라 대규모 행사를 벌였다. 프랑스와 오스트리아에서는 1일 총파업의 형태로 5월 1일을 기념하기로 결의했고, 독일과 영국에서는 5월 첫째 일요일에 메이데이를 기념하기로 했으며, 다른 나라에서는 5월 1일 저녁에 대중집회를 열었다.

### 2) 일제시대 메이데이 기념투쟁

#### (1) 1920년대의 메이데이 기념투쟁

우리나라에서 노동자계급이 처음으로 형성된 것은 조선 말까지 거슬러 올라가지만, 근대적 계급으로 형성된 것은 1920년대로 보는 것이 일반적이다.

1920년대 일제의 조선에 대한 경제정책은 이전의 토지와 농업지배에서 한발 더 나아가 회사령 폐지로 일본 독점자본의 진출을 용이하게 했다. 이에 따라 조선의 경·중공업분야에서도 식민지 수탈체제가 확립되었고, 조선의 노동운동은 자본주의적 관계의 정착과 함께 민족운동의 골간으로 자리잡았다.

특히 3·1운동을 계기로 노동자들이 민족운동의 견고한 대열로 나섬과 동시에 노동계급을 비롯한 하층민중들 사이에서 광범위한 의식의 자각과 고양이 있었다. 또 러시아혁명을 배경으로 세계 각국의 노동운동이 현대사에서 중요한 역할을 한다는 사실을 인식한 선각적, 진보적인 지식인들은 노동운동에 보다 많은 관심을 경주하였다. 이러한 점에서 자연발생적인 성격 보다는 진보적인 성격의 노동운동이 민족운동의 일환으로 1920년대 전개되었다.

1920년대에는 전국 각지에서 많은 노동조합들이 조직되었다. 이 시기에는 합법적인 영역에서 대중단체들이 조직되었던 시기로 1920년에 조선노동공제회가 조직되고, 이어 1922년에 조선노동연맹회가 결성되면서 본격적으로 투쟁이 전개되었다.

1921년부터 1922년까지는 82건의 파업이 발생했고, 총파업의 형태로 한 개의 도시가 휩싸인 경우도 있었다. 1921년 9월의 부산 부두 노동자의 총파업은 다양한 투쟁의 내용을 다 담아냈다. 부산 부두 노동자는 어려운 경제상황에서 스트라이크를 일으켰는데, 제1차 세계대전 후 경제공황으로 실업자는 급증하였고 임금은 1921년도 상반기에 전년에 비해 50%로 인하되었다. 이와 함께 노동자에 대한 경찰의 탄압과 감시가 한층 강화되었다.

투쟁은 1921년 9월 12일 부산 부두의 석탄 운반부 1,000여명의 노동자가 임금 40% 인상 요구조건을 고용주에게 내건 것으로 시작되었다. 고용주는 노동자의 요구조건에 대해 귀를 기울이지 않고, 노동자의 회답 요구 기간인 19일까지 아무런 회답을 주지 않았다. 노동자들은 자신들의 단결된 힘을 보여주기 위해 16일부터 이틀 동안 스트라이크를 단행했다.

이에 당황한 고용주는 어쩔 수 없이 노동자의 요구 조건에 대해 25일까지 회답할 것을 요구하였다. 그러나 이것은 거짓이었다. 마침내 부산의 전 부두 노동자는 26일 총파업을 선언하였다. 여기에는 5,000여명의 노동자가 참가하여 부산항의 기능을 완전히 마비시켰다. 총파업에 참가한 노동자는 일본 경찰의 탄압을 뿌리치고 완강하게 투쟁을 계속했고, 부산 주변의 농민은 스트라이크를 파괴시킬 사람을 모집하는 자본가들의 책동을 방해함으로 노동자들을 지지, 성원하였다. 9월 30일 노동자는 임금 10~15% 인상을 획득함으로 스트라이크를 성공적으로 일단락지었다.

산업의 발전에 따라 1920년에는 노동자의 수적 증가가 가속화되었고, 1920년대 말에 가면 그 수가 광산, 철도, 운수, 해운 부문 노동자까지 합하면 100만 명에 이르렀다. 이러한 조선인 노동자는 평균 12시간 이상의 장시간 노동에 혹사당했고, 어린 소년들이 많았던 방직공업부문에서는 노동자의 80% 이상이 12시간 이상의 살인적인 장시간 노동에 시달렸다. 그럼에도 불구하고 임금은 일본인 노동자의 절반에도 미치지 못하는 가혹한 저임금이었다. 나이 어린 조선인 여공들은 일본인 성년 남성 노동자보다 두 시간 이상이나 노동을 더하고도 임금은 1/5 정도밖에 받지 못했다.

1920년, 조선의 노동자들은 전세계 노동자들의 명절인 메이데이 기념행사를 동맹파업, 시위행진 등의 형태로 산발적으로 전개하기 시작하였다.

우리나라 최초의 메이데이 행사는 과연 언제였을까. 그것은 1923년 5

월 1일이었다. 1923년 조선노동연맹회는 메이데이 운동을 기획하고, 4월 23일 준비회를 열었다. 회의에서는 5월 1일날 서울지역 노동자들은 전부 휴업하고 장충단에서 육상경기회를 개최하기로 하며, 서울은 인쇄직공과 양화직공, 고무직공, 이발직공 등의 각 조합과 노동대회, 지방은 정읍, 진주, 영주, 청주 등지의 각 지부에 주최단체로 가입을 권유하는 권유장을 발송하였다(『한국사』(15), 한길사, 1994, 264쪽).

당시 일본에서 활동하던 일부의 공산주의자들이 조선노동연맹회와 연락하여 5월 1일을 기하여 시위운동을 결행하기로 하고 선전문 등을 일본에서 인쇄하여 서울로 우송하였으나 경찰의 압수로 살포되지 못하였다. 일본 경찰은 4월 25일 조선노동연맹회에서 기획한 장충단의 육상경기대회 행사에 대해 금지하고 그 내용을 통보하였다. 이에 따라 4월 27일 열린 조선노동연맹회 제2회 정기총회에서는 이 문제가 집중 토론되었다.

조선노동연맹회에서는 메이데이에 대한 일반 여론이 조성되지 않았고, 단체들 사이에 충분한 연락이 없었기 때문에 목적한 바의 성과를 거두기가 힘들다고 판단하여 육상경기대회를 중단시키고 강연회를 개최하며, 다음 해부터 대대적인 운동을 전개하기로 하였다. 결국 5월 1일 서울에서는 양화직공과 양복직공 등이 휴업을 하였고, 밤에 종로 중앙기독교청년회관에서 2천 여명이 참석한 강연회가 열렸다. 이 자리에서는 박일병의 강연('노동제 기념에 대하여')이 있었다. 이후 마산, 진주 등지에서는 메이데이 행사가 열렸다.

1924년, 메이데이를 앞두고 일제는 강경 단속 망침을 천명하고 철저히 탄압하였다. 그럼에도 불구하고 노동자들은 서울을 비롯한 전국 곳곳에서 메이데이 기념행사를 과감히 거행했다. 조선노동총동맹이 오후 1시에 서울의 시천교당에서 열려던 기념 강연회는 일제의 금지로 무산되었으나, 반면에 신생활사의 인쇄 직공, 서울 시내의 9개 양말공장 직공들은 1일 동맹파업을 전개하여 이날을 기념했다. 지방의 마산, 함흥 등지에서는 옥외집회가 일체 봉쇄된 상태에서 기념 강연회로 행사가 대신되었다.

1925년 하반기부터 조선의 노동운동은 지역연맹체들이 집중적으로 출현하였다. 이와 함께 도연맹체의 결성도 있었는데, 최초의 도연맹체는 1920년대 전반기 가장 활발한 운동 양상을 보였던 전남지방에서 출현하였다.

특히 1925년에는 노동자의 파업투쟁이 보다 가열차게 전개되었다. 1925년 1월 28일 경성 전기회사 전차 종업원은 임금인상, 대우개선, 인권 유린 반대, 8시간 노동제 실시 등의 13개조의 요구조건을 회사에 내걸고 일어났다.

이어 노동자는 투쟁지도부를 선정하고 자신의 대표를 회사에 파견하여 담판을 짓게 했다. 대표는 노동자가 제출한 요구 조건의 정당성을 논증하는 한편 회사의 불법 약탈 행위를 폭로·규탄하면서 담판을 계속했다. 궁지에 몰린 회사는 경찰을 불러 노동자를 위협했고, 한층 노골적으로 압박을 가하기 시작했다. 2월 12일 노동자의 스트라이크가 단행되자 서울 시내 전차운행은 완전히 중단되고 교통이 대혼란에 빠지게 되었다.

30만 시민의 항의가 일본 경찰에 집중되었다. 여기에 놀란 경찰은 스트라이크에 참가한 노동자에게 야만적인 탄압을 가하기 시작했다. 그러나 투쟁은 계속되었다. 파업투쟁에 참가한 노동자는 일제 경찰의 탄압에 직면하여 반일 선동연설, 가두 데모 등 각종 투쟁을 조직했다. 노동자들은 3개월 동안 스트라이크를 통해 일본 독점자본과의 투쟁에서 승리하기 위해서는 투쟁 지도부의 전투력을 강화해야 할 필요성을 절감하게 되었다.

같은 해인 1925년 3월 평양에서도 인쇄직공 노동자가 총파업을 단행하였다. 인쇄직공조합에서는 총파업을 선언함과 동시에 전국 각지의 노동 단체는 파업 후원단을 조직하고, 노동자의 투쟁을 적극 지지, 성원하였다. 선진 노동자는 투쟁의 선두에서 일본인 기업가를 향해 진격하였다.

이런 가운데 1925년 메이데이는 더욱 힘차게 기념되었다. 조선노동총동맹에서는 투쟁 슬로건을 내걸고 노동자, 농민의 기념일 투쟁을 선도

했다(투쟁 슬로건은 다음과 같다. 1. 8시간 노동과 최저 임금의 확정, 2. 4할 소작료와 지세의 지주 부담, 3. 일제의 식민지 착취 기관인 동척에 의한 일반 농민의 조선 이민 반대, 4. 언론 집회의 자유 개방, 5. 노농 민중의 문맹 퇴치).

1926년 모스크바의 국제농민당에서는 5월 1일을 맞이하여, 전세계 농민의 단결을 촉진하자는 뜻을 조선농민에게 동아일보사를 통해 보내왔다(『동아일보』 1926년 4월 24일). 5월이 다가오자 서울을 비롯한 전국의 공장지대는 메이데이 기념행사를 봉쇄하려는 일제의 감시와 탄압으로 삼엄했다.

서울의 경우, 일제는 4월 27일부터 비상경계를 펴고 무장 경관, 정사복 경관만도 무려 1600여 명을 동원했고, 27일부터 29일까지 사흘 동안 검속된 사람이 40여 명, 그밖에 26일부터 28일까지 일제가 메이데이와 관련해 단속한 건수는 무려 1만 2천 여건이었다.

4월 22일 조선노동총동맹은 상무위원회를 열고, 메이데이 행사를 벌이기 위한 준비를 진행했다. 이 회의에서는 준비 위원으로 박래원, 이승엽, 이홍모를 임명하고, 5월 1일 메이데이 기념행사를 조선노동총동맹의 주관 아래 각 단체 연합으로 거행하기로 했다. 문제는 기념행사를 일체 금지한 일제 당국이 조선청년총동맹의 계획을 온전히 허락할 리가 없었다는 사실이다. 결국 조선노동총동맹의 계획대로 메이데이 행사가 이루어지지는 못했지만, 전국 각지의 노동자들은 일제의 탄압과 검속의 포위망을 뚫고 연설회를 개최하며 표어를 부착하고 가두에서 전단을 살포하는 등 여러 가지 방식으로 이날을 기념했다.

1926년의 메이데이 행사는 조선노동총동맹 이외에 해주노동연맹회, 경성양말직공조합, 북청노동연맹, 진주노동청년회, 광주철공조합 등이 선도하기도 했다.

1927년, 메이데이를 기념하기 위한 준비 모임마저 일제로부터 탄압을 받았지만 노동자들은 각 지역의 다양한 사회운동 세력과 연대하여 치열하게 기념행사를 거행했다.

전주에서는 청년동맹, 배달인조합, 양화직공조합, 철공조합, 인쇄직공조합 등이 연합하여 동맹파업을 단행했는데, 집회에서는 일제와 자본에 맞서 싸울 것을 결의하였다. 그런가 하면 단위 노동조합의 투쟁으로는 평양의 대동선운노동조합의 경우를 거론할 수 있는데, 이 조합은 4월 22일부터 메이데이 행사를 준비했다.

대동선운노동조합은 5월 1일 11시에 모든 조합원들이 10여 척의 배에 나누어 타고 대동강에서 시위를 벌리며, 기념 촬영을 계획하기도 했던 것이다.

이밖에도 김제와 공주 등지에서도 메이데이 행사를 치렀고, 이 자리에서 노동자들은 자신의 해방을 위해서는 반드시 일제의 축출을 자각하기 시작했다.

1928년, 5월 1일 메이데이를 앞두고 여전히 예비검속이 일제에 의해 자행되었다. 특히 주요 인사에 대한 사전 감시와 검속이 심해졌다. 그럼에도 불구하고 이제는 전국적인 규모로 메이데이 행사가 다양하게 전개되기 시작하였다. 전남의 김제, 평남의 법성포 등. 전국에서 행사는 준비되었다.

이해의 행사 가운데 주목되는 것은 원산 노동자들의 투쟁이었다. 원산노동연합회 산하 42개 가맹 단체의 2천여 노동자들은 1일 총파업을 단행하고 투쟁에 나섰다. 연합회관을 중심으로 만국 노동자의 단결과 8시간 노동쟁취를 소리치며 일제의 경찰과 맞서 싸웠다. 이 행사는 1929년 원산지역 총파업의 전주곡으로 충분했다.

이상과 같이 1920년대 노동자들은 일제의 탄압에 정면으로 메이데이 투쟁을 통해 저항하였다. 그들은 민족해방의 중요한 부대로 일상적인 요구를 메이데이 행사를 통해 집적해 냈고, 국제 노동운동의 보편적인 흐름과도 함께 했다.

## (2) 1930년대의 메이데이 기념투쟁

1920년대 말부터 세계 경제는 전반적으로 공황의 국면에 직면하게 되었다. 미국에서 시작된 경제공황은 자본주의의 고유한 모순을 격화시켰고, 세계노동운동과 식민지 또는 반식민지의 민족해방운동을 고양시키는데 큰 영향을 끼치게 되었다.

이러한 모습은 식민지로 전락한 우리에게도 마찬가지였다. 식민지 조선은 토지의 집적과 집중이 가속화되어 농민은 보다 가난해졌고, 결국 이농화되어 갔으며, 많은 공장이 휴업과 폐업의 바람에 휩싸여 노동자가 된 조선 사람들의 살길은 점점 축소되었다. 이에 따라 임금은 하락하고 노동시간은 늘어나게 되었다. 이런 가운데 노동자들의 파업은 보다 강력해지고, 투쟁을 통해 조선인 노동자들은 강인해졌다.

1930년 5월 1일, 전국 각지에서 메이데이 기념투쟁이 있었다. 서울, 부산, 인천, 대구, 원산, 청진, 흥남, 전주, 마산, 김해 등 도시와 농촌을 불문하고 투쟁이 일어났다.

흥남에서는 다음과 같은 삐라가 배포되었다.

> <5·1메이데이에 즈음하여 전 무산 대중에게 고함!>
> "친애하는 노동자 여러분, 자본가의 착취에 대항하여 싸우는 계급투쟁에 있어서 단결의 깃발인 5·1 메이데이가 왔다. 메이데이 행사에 참가하자! 정치적 총파업으로 5·1 메이데이를 맞이하자! 노동자 농민 정부를 수립하자! 소비에트를 끝까지 사수하자!"

이렇게 노동자들의 기념투쟁은 보다 정치적인 색채를 분명히 했다. 이와 함께 일제에 대항하여 정면해서 대결하는 양상을 띠게 되는데, 전주합동노동조합의 5백 여명의 노동자들은 붉은 깃발을 내걸고, 기념 집회와 시위를 감행했다. 여기에 일제가 탄압하자 1년에 단 하루 노는 날도 못 놀게 한다면서 격렬히 항의하며, 주재소로 달려가서 유리창을 부셔버렸다.

한편 노동자들뿐만 아니라 농민들도 메이데이를 기념했다. 경남 김해의 농민조합원들은 기념행사를 준비하고 가두투쟁을 벌였다. 아울러 청 년학생들의 적극적인 참가와 지지가 있었던 것은 두말할 것도 없다. 5월 1일 새벽에 서울 시내에는 격문이 살포되고 전신주에 격문이 부착되어 투쟁의 분위기를 고양시켰고, 남녀학교에 격문이 뿌려졌다(당시에는 '친 애하는 조선 학생 제군에게 격함', '무산 대중에게 고하노라' 등이 살포 되었다).

1931년 4월 30일, 서울의 종연방직 앞에서는 격문 살포가 있었다. 직 공 5백 여명은 일과를 마치고 귀가하고 있다가 이들과 조우했는데, 이날 격문에서는 '8시간 노동제 실시', '해고 반대', '○○(혁명)적 조합과 자 위단 조직', '○○(개량)주의 박멸' 등의 구호가 적혀 있었다. 같은 시간 용산철도국 공장 등지에서도 같은 내용의 격문이 살포되었다.

이 사건을 통해 검거자들을 신문하는 과정에서 선진노동자들이 5·1 공동투쟁위원회를 조직하고 메이데이 투쟁을 지도해왔다는 사실이 밝 혀졌다. 그들은 위의 두가지 말고도 장충단에 모여 시내로 들어오면서 시위운동을 전개하려는 계획을 세웠다고 한다. 실제로 이러한 투쟁위원 회가 나올 수 있었던 것은 당재건운동과 함께 혁명적 노동조합이 적극 적으로 조직되었기 때문이었다.

1931년 5월 1일에는 마산 부두노동자, 원산 인쇄노동자들이 동맹파업을 단행했고, 청주, 밀양, 북청, 김해, 함흥 등지에서 시위운동이 일어났다.

1932년 5월 1일, 많은 격문이 살포되었다. 함흥, 흥남, 광주, 평양, 원 산, 군산, 진남포, 북청, 인천, 울산, 왜관, 거창, 안동, 주을, 김해 등지에 서 격문이 뿌려졌다. 이러한 지역들은 대부분 당재건운동이나 혁명적 노동조합, 농민조합운동이 활발히 전개되었던 곳으로 함흥지역의 경우 만해도 이날 3백 여명이 구속되었다.

당시의 격문에서 특기할 만한 것은 '붉은 5·1절', '제국주의를 타도하 자' 등의 제목이 시사하듯이 제국주의와 이들의 침략전쟁을 반대하는 반제반전의 내용이 포함되어 있는 사실이다.

1933년 메이데이, 이날은 사상범의 메이데이 준비 투쟁이 있었던 것으로 기억할 수 있다. 개성의 소년 형무소에서는 수감 중인 소년수 한 명이 메이데이를 앞두고, 며칠 전부터 동료 수감자들에게 단식 투쟁을 선동하다가 발각되었던 일이 있었다. 또한 서울의 서대문형무소에서는 사상범 한 명이 혈서를 써서 메이데이 기념을 선동하다가 저지 당했다. 이해에도 흥남, 함흥, 원산, 서울, 평양, 인천, 청진, 부산 등지에서 혁명적 격문이 살포된 것은 일상적이었고, 동시에 청진 등지에서는 항일유격대원이 뿌린 격문이 확인되었다.

1934년 4월 30일, 5월 1일, 함흥경찰서에 수용되어 있던 활동가 64명이 메이데이 노래를 부르며, 투쟁을 선동했다. 이렇게 대량검거 속의 투쟁을 통해 메이데이를 기념하자 일제는 당황하지 않을 수 없었고 경계를 강화하였다.

1934년 5월 1일을 전후하여 서울, 함흥, 흥남, 평양, 청진, 고흥 등지에서 혁명적 내용을 담은 격문이 살포되어 투쟁을 선도했다. 이 가운데 서울에는 다음과 같은 내용의 격문이 뿌려졌다.

> <노동자 농민 전체 피압박 근로 대중 제군!>
> "전세계 프롤레타리아가 착취와 억압을 반대하고 사회주의 건설에 매진하기 위한 투쟁력과 전투 의지를 총동원해서 시위하는 날, 메이데이는 왔다. …… 일본제국주의 아래에서 신음하는 전 조선 피압박 근로 대중 제군은 분기하라! 일본제국주의자, 조선의 토착 착취계급과 함께 일체 반동분자들은 대항하여 싸우자!"

1935년 메이데이, 이날 순천에서는 격문을 가정집에 배달하는 것에서부터 나중에는 가두에서 직접 나누어 주기까지 하는 과감한 투쟁이 전개되었다. 그리고 일제 경찰은 수업 중인 중학교를 습격하여 학생을 검속하는 만행을 저질렀다.

이해에도 역시 서울, 연포, 울산, 원산, 정평, 청진 등지에서 격문이 어김없이 살포되어 투쟁을 선동하였다. 이 가운데 청진의 방직노동자들에게 뿌려진 격문은 만주에서 치열하게 전개된 항일 무장투쟁의 적극적인 연대와 프롤레타리아 국제주의를 명확히 천명하고 있다.

1936년 4월 30일 밤, 함흥형무소에 수감되어 있던 노동자 370 여명이 일제히 만세 삼창을 하고 메이데이 노래를 부르면서 메이데이를 기념했다. 그리고 메이데이, 서울 자동차회사 운전사들의 지구적 파업이 있었다. 계속해서 흥남질소 비료공장 노동자들의 파업과 함흥 철공장 노동자들의 파업이 전개되었다.

1937년 중일전쟁이 일어났고, 조선은 마음놓고 숨도 쉴 수 없었다. 이런 가운데 메이데이 기념투쟁은 현실적으로 어려웠다. 그리고 1938년 메이데이는 근로일로 바뀌었다(한편 지속된 반일투쟁 속에서 메이데이는 어떤 식으로든지 기념되었고, 이 부분은 계속되는 연구에서 밝혀져야 할 것이다).

이상과 같은 1930년대 이후 메이데이 기념투쟁은 폭압 아래에서 치러졌다. 이런 가운데 조선의 활동가들은 메이데이를 일제 축출과 민족해방을 위해 전열을 정비하는 기회로 삼았다. 메이데이는 이 시기에 와서 보다 정치적 내용을 풍부하게 하며 전면적인 반일투쟁을 일으키는 계기가 되었다.

### 3) 1946년 메이데이 기념투쟁

1945년 8월 15일. 우리 민족은 일제의 압제에서 해방을 맞이했다. 36년 동안 고통과 수탈을 당했던 노동자, 농민들은 새로운 나라를 만들기 위해 활발히 움직이기 시작했다. 자주적 정부를 구상하던 수많은 민주세력은 신국가 건설을 위해 치열하게 싸웠다. 이 가운데 노동자들은 투쟁의 한 가운데 있었다.

이런 가운데 해방 이후 최초의 메이데이 기념투쟁이 준비되었다. 1946년 5월 1일, 메이데이기념식이 거행되었다. 서울에서는 조선노동조합전국평의회, 조선공산당, 경성지방평의회의 공동 주최로 서울운동장 야구장에서 20만 명의 노동자가 참가하여 메이데이 60주년 기념식이 열

렸다. 식은 박세영의 개회선언으로 시작되어 국기 게양, 애국가 제창 이
어서 메이데이 노래가 불렸다.

> 1절: 들어라 만국의 노동자들아/우렁차게 들려오는 메이데이의/시위대가
>     행진하는 발자국 소리/미래를 고하는 고함 소리를.
> 2절: 오랜 압박과 착취 밑에서/신음하던 조선의 노동자들아/오늘은 만국의
>     노동자의 날/세계의 동무들과 발을 맞추자.
> 3절: 압제 없는 세상을 건설키 위해/착취 없는 사회를 건설키 위해/강철같
>     이 단결한 우리 노동자/붉은 깃발 진두에 나부낀다.
> 4절: 완전 해방과 자주 독립도/인민의 새 나라 세우는 데도/정의로 싸우라
>     우리노동자/정의로 싸우리라 삼천리 강산.
> 5절: 인민의 적 물리치고 나아가는 곳/자유의 새 세상 동터 온다/지키자 메
>     이데 이 노동자들아/지키자 메이데이 노동자들아

그리고 희생된 동지들에 대한 묵념이 있었다.

이 자리에서 허성택, 당시 조선노동조합전국평의회 위원장은 개회사
를 통해 메이데이투쟁의 역사를 회상하고 해방 첫해에 메이데이를 맞이
하는 기쁨을 피력했다(그는 "노동자, 농민, 학생 인텔리겐차 등은 지하
운동으로 반일 민족해방운동을 계속하여 오면서 매년 공장, 농촌, 광산
에서 이 성스러운 5·1절을 강도 일제 경찰의 눈살을 피하여 비밀리에서
분산적으로 맞이하여 왔던 것입니다."고 하고 "조선 민족의 오천 년 역
사에 찬란한 민족적 문화의 전통과 그의 정신을 옳게 살려 온 자는 오직
조선 공산주의자와 양심적 민족주의자이며 노동운동자와 농민, 학생, 소
시민 형제자매들이라는 것을 확언할 수 있고 또 8·15 이후 파괴된 공장
을 다시 살려 온 것은 우리 노동자였다"고 했다). 이어서 이주하, 여운형,
허헌 등 각 정당 및 사회 단체 대표가 축하연설을 했다. 그리고 기념문
낭독, 노동조합 분회와 개인에 대한 표창장 수여, 국제노동조합연맹과
미국, 소련, 중국, 영국의 각국 노동조합과 미소 공동위원회에 보내는 메
시지 채택이 있었다. 만세와 메이데이 노래 제창의 순서로 기념식이 진
행되었다. 이후 여흥시간을 갖기도 했다. 이렇게 해방 후 첫번째 메이데

이는 기쁨의 날이었다.

　이밖에도 메이데이 기념투쟁이 인천, 제천, 대구, 대전, 삼척, 논산, 백천, 장성 등지에서 노동자 대중 조직 중심으로 치밀하게 조직되었다. 이후 1947, 48년에도 조선노동조합전국평의회의 주도로 메이데이 기념투쟁이 전개되었다.

　조선노동조합전국평의회는 메이데이의 의의를 다음과 같이 강조했다.

　　"3·1 기념을 전후하여 국내의 반동파들은 노골적인 외래 제국주의의 부축 밑에 우리 전평과 전 민주 진영에 대해 발악적 공세를 취하고 해고와 야만적 테러 폭압으로 전인민을 압살하려 하였으므로 남조선 전노동자 사무원은 이에 견디다 못해 지난 3월 22일 인민의 생존과 자유와 조국의 민주 건설을 부르짖고 해고 테러 폭압에 반대하는 24시간 총파업을 단행하였던 것이다. … 세계 노련의 일원인 우리 전평은 일찍이 작년 8월에 세계 노련의 지도하에 전세계적으로 전개된 프랑코정권 타도운동에 참가하였으며 지난 9월 총파업 때에는 미국, 일본의 해원과 공동투쟁을 해 왔으나 … 우리는 금년의 메이데이가 우리 조선 노동계급의 당면한 요구와 민주 과업을 달성하기 위하여 국제 민주주의 여론의 지지와 전세계 노동자 대중의 강철같은 단결과 연대성 밑에 공동투쟁하는 메이데이라는 것을 알아야 할 것이다(『전국노동자신문』(37), 1947. 4. 15)."

# Ⅱ. 1920년대 후반 재일조선인 기념일 투쟁

## 1. 머리말

일제에 저항한 36년 동안의 우리의 민족운동사에는 수많은 반일투쟁
이 있었다. 이러한 반일투쟁 가운데 일회성 투쟁에서 그치지 않고, 이후
각종 투쟁의 계기가 된 사건들이 있었다. 대표적인 계기가 된 투쟁사건
은 3·1운동, 6·10만세운동, 11월 3일 광주학생운동, 5·1 메이데이, 국치
일, 국제청년데이 등이 있었고, 관동대지진, 순국선열기념일 등도 사건
이 발생한 이후 기념일로 기억되었다. 이밖에도 원산 총파업날, 러시아
혁명기념일, 레닌추도일 등 수많은 기념일투쟁이 있었다.

여러 관련 자료와 선행연구를 통해 일제시대 민족운동 세력이 기념일
투쟁을 벌인 날은 다음과 같다고 할 수 있다. 1) 레닌기념일(1월 21일),
2) 삼일기념일(3월 1일), 3) 코민테른기념일(3월 2일), 4) 3·15사건기념일
(1928년 3월 15일 2차 일본공산당 검거일), 5) 조선공산당 창립기념일(4
월 17일), 6) 메이데이(5월 1일), 7) 5·30기념일(1925년 5월 30일 상해 인
민운동 기념일), 8) 6·10만세기념일(6월 10일), 9) 반전데이(8월 1일), 10)
국치기념일(8월 29일), 11) 국제무산청년데이(9월 첫째 일요일), 12) 노농
혁명기념일(11월 7일 소비에트혁명기념일)[1], 13) 소년데이.[2] 이 가운데
공산주의자들은 메이데이, 국제무산청년데이, 노농혁명기념일 등을 중
시하였다. 이렇게 일제시대 민족운동 세력은 주요한 기념일을 통해 계
기투쟁을 전개했다.

1925년 이후 국내 대중운동의 고양과 함께 일본지역 조선인 민족운동
도 활발해졌다. 이에 따라 지역 단위에서의 조직적 성과에 기초해 전국
적인 대중 조직들이 나타나기 시작했다. 그것은 노동·청년운동 조직이

---

1) 『思想月報』(2-11), 1933. 2 참조.
2) 『경무국장 정보』, (1932) 참조.

중심이었다. 이 조직들은 내용적으로 사상단체와 조선공산당 일본지역 조직의 지도를 받았다.

1920년대 후반 재일 조선인 민족운동은 재일본조선노동총동맹과 함께 재일본조선청년동맹, 조선공산당 일본총국, 고려공산청년회, 신간회지회 등을 중심으로 전개되었다. 1920년대 재일 조선인 민족운동의 가장 중요한 대중적 기반은 노동운동이었고, 일본지역의 노동운동 단체도 초기의 상호부조와 친목을 목적으로 하는 경향에서 노동자계급의 성장과 함께 계급해방을 내건 조직으로 성장해 갔는데, 가시적 산물이 재일본조선노동총동맹이었다. 재일본조선노동총동맹은 창립되어 기존의 각종 조선인단체를 통일하여 대중을 단결시켰는데, 단체 가입의 원칙 아래 12개 단체 800명으로 출발한 재일본조선노동총동맹은 조직 확대가 계속되어 1925년 10월 1,220명의 조합원을 가진 단체로 성장했다.[3]

이러한 재일조선인의 민족운동은 다양한 내용을 갖고 일본전역에서 광범위하게 전개되었다. 이들 운동세력은 적극적으로 기념일을 투쟁의 중요한 계기로 삼아 갔다. 본고에서는 1920년대 후반 일본지역 조선인의 기념일 투쟁을 살펴보고자 한다. 대중 중심의 시위 투쟁적인 성격을 띤 기념일투쟁은 당시로써는 다수의 사람들을 모을 수 있는 적극적인 투쟁 방법이었다. 특히 일본과 같이 대중집회가 국내보다 용이하게 열렸던 곳에서는 그 효용성이 절대로 적지 않다. 이에 주요한 단체를 중심으로 투쟁의 양상을 살펴보고, 특히 절대적인 역할을 했던 3·1운동, 메이데이에 주목해 보겠다.

---

3) 자세한 내용은 필자의 책을 참조. 김인덕, 『식민지시대 재일조선인운동 연구』, 국학자료원, 1996.

## 2. 주요 단체의 기념일 투쟁

### 1) 재일본조선노동총동맹

재일본조선노동총동맹은 1925년 창립되었다. 특히 이 조직은 재일 조선인 민족운동 속에서 1926, 27년 투쟁의 중심에 있었다.

이러한 재일본조선노동총동맹의 경우 1927년은 본격적으로 공동투쟁으로 나아간 해였다. 재일 조선인은 3·1운동 기념투쟁, 메이데이 투쟁, 국치일 투쟁, 관동대지진 기념투쟁과 조선총독 폭압정치 반대운동, 조선공산당 비공개 공판 반대운동, 치안유지법 철폐운동, 삼총해금운동, 조선증병, 대지간섭 반대운동, 상애회 박멸운동, 일본좌익 단체지지 운동 등을 주로 전개했다.

계속해서 1928년에도 재일본조선노동총동맹은 관동대지진 학살 반대투쟁, 국치일 기념투쟁, 어대전 탄압 반대투쟁, 치안유지법 철폐운동, 중국 주둔병 즉시 철수, 조선 증병 반대, 신노농당 조직준비회 응원 등 투쟁을 전개했다. 그리고 실업반대운동, 러시아혁명 기념투쟁, 관북 이재민 구제운동도 수행했다. 특히 국제연대에 기초하여 1928년 3월 15일 일본공산당 탄압, 노동농민당, 일본노동조합평의회, 일본무산청년동맹 해산에 대해서도 적극 투쟁으로 맞섰다.

재일본조선노동총동맹 산하의 동경조선노동조합은 1928년 7월 대규모의 선전, 선동활동으로 조선증병과 치안유지법 반대 주간을 맞이하여 일제의 침략성을 폭로했다. 동경조선노동조합은 「朝鮮增兵, 治安維特法 反對週間을 際하야 全朝鮮勞動者諸君의게 檄함」[4]에서, 4·5만의 무장한 군대와 경찰이 주둔하고 있음에도 불구하고 일제가 군비를 증설하는 것은 수천 명의 노동자, 농민을 감금, 투옥, 고문 치사한 전례에 따라서 볼 때, 전면적 탄압을 보다 강화하기 위한 것이라고 했다.

1928년 8월에는 국치일 기념투쟁과 간도공산당 공판투쟁이 대중투쟁

---

4) 早稻田大學 마이크로필름실 소장.

의 핵이었다. 제19회 국치기념일에 즈음해서 三多摩조선노동조합은 다음과 같이 주장했다.

"제군은 지금부터 19년 전 강도 일본정부와 국적 이완용, 송병준 등이 반만년 역사와 2천만 민족과 3천리 강토를 가진 우리 나라를 물건 매매하듯이 독단적 계약을 체결하고 소위 동양평화와 조선민족의 발전을 향상하야라는 미명 하에 전 2천만 민중을 아지도 못하게 일한합병"[5]

여기에 대해 견디다 못하여 자유와 밥과 옷을 달라 하는 자가 있으면 구타, 검속, 구류, 고문 또는 사형을 일제가 자행했다면서, 투쟁으로 일제에 대항하자고 했다. 아울러 3·1운동, 6·10만세 사건, 조선공산당 사건으로 조선의 선진 활동가들이 사상범, 정치범이 되어 탄압을 받았다면서 그 계기가 된 국치일을 피로 기념하자는 것을 잊지 않았다.

특히 1928년 8월 시기 간도공산당 공판사건이 임박하자 대중투쟁을 선전·선동했다. 즉 「간도공산당원을 탈환하자!」[6]는 다음과 같이 적극적인 탈환 투쟁을 선도했다.

"간도공산당은 조선 피억압 민족해방전선의 기관차이다. … 우리는 그들을 구원해야 한다. 우리들은 대중투쟁을 전개하여 지배계급에 항의운동을 일으켜 우리들의 전위를 탈환해야 한다."

나아가 식민지시대 조선인은 고향에서 쫓겨나서 부모형제를 두고 만주·일본의 노동시장으로 들어가게 되었는데, 제국주의 일본의 수탈에 대항하여 농부는 농민대회로, 노동자는 노동자대회로, 학생은 학생대회로 부인은 부인대회로 힘을 모아 투쟁할 것을 선동했다.

1928년 국제청년데이인 9월 1일을 맞이해서 『東橫濱戰線』은 이날을 피로서 기념하자고 하면서, 노동자의 단결과 노동조합과 재일본조선노

---

5) 三多摩朝鮮勞動組合 本部, 「제19회 국치기념일을 際하야 전조선노동자 제군의게 檄함」(1928. 8, 早稻田大學 마이크로필름실 소장).
6) 早稻田大學 마이크로필름실 소장.

동총동맹으로의 결속을 강조했다.[7]

"우리는 자본주의 세상에서는 아모리 부즈런히 하야도 헛수작이다. 우리의 살님살이는 갈사록 구차하고 살사록 가난하여 간다. 밋을 것은 오직 우리의 힘밧게 업다(원문 그대로 :필자)"

또한 동경조선노동조합 북부지부는 로자룩셈부르크를 기념하여 로자룩셈부르크의 날인 1월 15일을 맞이하여 반전의 대시위 즉 '제국주의 전쟁반대집회'를 열자고 선동했다. 또한 동경조선노동조합 북부지부는 「露西亞革命 11周年記念에 際하야 朝鮮勞動者 農民에 檄함」[8]에서, 국제연대를 강조하면서 11주년 러시아혁명을 맞이하여 러시아 사회주의의 전도를 방해하는 모든 제국주의 열강에 대항하여 세계의 노동자·농민과 함께 힘있게 싸울 것을 선동하고 극동 피억압 민족은 단결하자, 전세계무산계급은 단결하자고 국제연대를 강조했다.

한편 재일본조선노동총동맹 산하의 대판조선노동조합도 「간도공산당 공판은 임박하엿다!!」[9]에서, 1928년 11월 26일 간도공산당 공판일이 다가오자 지난 해의 1차 조선공산당에 대한 잔학한 비공개 공판을 기억하면서, 대중의 해방운동을 압살하는 여러 악법 가운데 '제령7호'와 '치안유지법'을 철폐해야 하고, 악법으로 위협당하며 악형으로 폭압한다고 피폭압자의 해방전선이 일보라도 퇴각할 수 없다고 했다.

재일본조선노동총동맹은 기념일 투쟁을 1929년에도 지속적으로 전개해 나갔다. 동경조선노동조합 북부지부는 1929년 3월 1일 기념투쟁을 주도하여, 기념 투쟁을 위해 특별히 제작된 삐라 「1919年의 3月 1日을 銘記하라!!」[10]에서, 북부지부는 다시금 우리의 해방을 위하여 결사적으로 싸울 것을 맹서하고, 단결을 선동하며, 재일본 조선노동자는 이날을

---

맞이하여 전부 재일본조선노동총동맹의 깃발 아래 단결하여 일본제국
주의를 타도하고 조선 민족의 철저한 해방을 얻고자 했다.

1929년 5월 1일 메이데이 때 재일본조선노동총동맹은 「자본가놈들에
게 우리들의 힘을 과시하자」라는 격문을 배포하고 주간 강좌를 열었다.
여기에는 전국 각지에서 약 2천 5백명에 달하는 사람들이 참가했다. 동
경조선노동조합은 5월 1일 메이데이를 투쟁의 날로 그 의미를 다음과
같이 부각시키고 있다.[11]

"우리 조선노동자들은 조선을 해방식힐 사람도 우리 노동자들이라는 것
을 쌔닷고 우리의 적! 자본가놈들을 째려부시고 우리 노동자들의 세상을
만들기 위하야는 모도 불근 기를 압세우고 일거리를 내던지고 거리로 쒸
여나가 자본가놈들의게 우리들의 큰 힘을 보혀야 할 날! 메데가 왔다"(원
문 그대로 : 필자)

그리고 슬로건으로 18개조를 들고 있다.

1) 7시간노동제의 확립! 2) 실업절대 반대! 3) 자유노동자 상해보증의 확립!
4) 중간착취 철폐! 5) 민족적 임금차별 절대반대! 6) 조선인도항 자유! 7) 단
결권, 파업권 확립! 8) 치안유지법 및 제약법 즉시 철폐! 9) 반동단체 박멸!
10) 언론, 집회, 출판, 결사의 자유! 11) ○○(공산:필자)당 및 ○○(공산:필
자) 청년동맹원 검거 반대! 12) 해방운동희생자 구원! 13) 쏘비에트 러시아
의 사수! 14) 제국주의 전쟁 절대 반대! 15) 타도○○(일본:필자) 제국주의!
16) 조선 민족해방! 17) 노동자 농민정부 수립! 18) 만국노동자 단결하라! 등

兵庫縣조선노동조합 전해건은 1929년 6월에 6월 10일이 왔다면서, 6·10
만세운동을 투쟁으로써 기념하자는 삐라를 20여장 인쇄했다. 이러한 전
해건의 활동은 일제에 대항하여 무산계급의 해방과 피억압 민족 해방운
동을 위한 투쟁이었으며, 兵庫縣조선노동조합은 이 전해건을 대중적으
로 탈환할 것을 선동했다.[12]

---

11) 재일본조선로동총동맹 동경조선로동조합 본부, 「우리 노동자들의 명절날!
메데가 왔다!!」(1929. 5. 1, 早稻田大學 마이크로필름실 소장).

국치일 투쟁도 계속되었는데, 동경조선노동조합에서 활동한 손수진은
「怨恨깁흔 國恥의 날 8月 29日은 왓다 스트라키와 데모로 記念하자!」와
「國恥紀念 20周年을 際하야 全勞動者農民의게 檄함 !」13)에서, 1910년 8
월 29일은 천년 동안 면면히 이어져 온 전조선 민중의 생명을 일본제국
주의에게 매도한 날이라고 규정했다. 그리고 조선 사람은 '쌍놈'이라고
규정되어 노예적 생활을 감수했으며, 일본 제국주의가 조선을 침략한
이후에는 '요보'란 이름 아래 억압과 착취를 당하고 있다면서, 투쟁의
의미를 다음과 같이 분명히 했다.

"우리 농민이 경작하든 전답을 탈취한 자가 누구며 만주 혹은 일본으로
유리, 분산적 생활을 시키는 자, 그 역시 일본제국주의가 아니고 누구인가.
그럼으로 우리는 이 일본제국주의와 철저히 투쟁하는 일이 없이는 우리
자신과 전조선 민족이 완전히 해방하지 못할 것을 잘 알고 있다."14)

이와 함께 국치일을 스트라이크와 데모로 기념하고 조·일 노동자가
공동으로 투쟁해 나설 것을 제기했다.

동경조선노동조합 북부지부는 계급적 입장을 명확히 하는 기념투쟁
을 선도했다. 1929년 리프크네히트·로자룩셈부르크의 날인 1월 15일을
맞이하여 이들을 기념하기 위해 반전의 대시위로 '제국주의전쟁 반대집
회'를 열자고 선동했다.15) 그리고 「동지 레닌을 배호자」는 문건에서는
그의 죽음을 애도하며 투쟁에 나아갈 것을 선전하며, 동지 레닌이 1924
년 1월 25일 오후 6시 30분 죽었어도 그 정신은 전세계 피억압 민중의
가슴 속에 살아 있다는 것이다. 특히 폭압한 알렉산더 3세에 의해 죽은
형을 가진 레닌은 혁명에 대한 명확한 해답을 갖고 사회 민주주의자와

---

12) 兵庫縣朝鮮勞動組合 本部 崔浩俊, 「전투적 조선노동자 제군의게 격함」
   (1929. 6. 14, 早稻田大學 마이크로필름실 소장).
13) 早稻田大學 마이크로필름실 소장.
14) 「怨恨깁흔 國恥의 날 8月 29日은 왓다 스트라키와 데모로 記念하자!」.
15) 東京勞動組合 北部支部, 『활동뉴쓰』(1)(1929. 1. 15, 早稻田大學 마이크로
   필름실 소장).

결정적으로 싸워 낼 것을 표명했고, 이와 함께 '조국옹호'를 위해 '제국
주의전쟁 절대반대', '제국주의 전쟁을 혁명으로' 등의 슬로건 아래 반
동에 대항해 결사적으로 싸웠다고 평가했다.[16]

　이와 함께 대판조선노동조합도 1929년 11월 7일이 다가오자 「러시아
혁명 기념일은 도라왔다 11월 7일!」[17]이라는 문건에서는 러시아혁명일
을 투쟁으로 맞이하자고 했다.

　　"데모? 스트라이크로서 노동자 농민 정부를 사수하자! 제국주의 전쟁 절
　　대 반대다! 일선공산당 피고 즉시 석방하라! 치유법 기타 일체의 악법을 즉
　　시 철폐하라! 타도 조선 총독폭압 정치! 노동자 농민의 정부를 수립하자!"

　그런가 하면 1929년 국내에서 광주학생운동이 일어나자 동경조선노
동조합은 「재일본조선학생제군에게 조직적 투기(쟁의 오자 : 필자)를 촉
진한다」[18]는 격문을 발송하고 간담회, 규탄연설회를 열어 시위투쟁에
대해 공개적인 선전, 선동을 수행했다.

　　"혁명적 제군이여! 속히 일어나라! … 제군은 굳게 단결하여 봉기하자!
　　조선의 노동자, 농민은 물론 동일한 적을 갖고 있는 일본의 노동자, 농민
　　그리고 전투적 청년 학생과 단결하여 제국주의 지배의 독재를 타도한 후
　　에야만 학생제군의 완전한 자유와 인간적 교육이 있는 것이다."

　별도로 동경조선노동조합 부인부 김경숙은 광주학생운동과 관련해서
「내무성과의 데모다. 조선혁명전을 지지하자. 혁명노동자제군에게」[19]라
는 문건에서 조선의 혁명전은 지금 노예인 군대, 경찰, 소방대 등의 총
동원 하에 20여만의 투옥과 백 여명의 총살을 당했다면서, 피범벅이 되

---

16) 東京朝鮮勞動組合 北部支部, 『투쟁뉴쓰』 (2)(1929. 2. 21, 早稲田大學 마이
　　크로필름실 소장).
17) 早稲田大學 마이크로필름실 소장.
18) 早稲田大學 마이크로필름실 소장.
19) 早稲田大學 마이크로필름실 소장.

는 반란은 나날이 벌떼같이 일어나고 있다고 했다. 또한 '감옥 경찰서를 파괴하고 모든 희생자를 탈환하자!', '조·일 노동자 공동투쟁 만세!', '일본제국주의를 타도하자!', '조선민족해방 만세!', '노동자·농민정부를 수립하자!'는 슬로건을 제기했다. 또한 김경숙은 「전 일본 노동자, 농민에게 격함!」[20]에서 조선의 운동이 백색테러에 의해 고통 당하는 현상을 설명하고, 국제적 노동계급의 연대 투쟁을 조직하여 일제 타도를 주장했다.

이상과 같이 지역의 노동조합이 적극적으로 활동한 재일본조선노동총동맹은 1929년 어대전 탄압과 국치일 투쟁에 대한 탄압으로 잠시 활동이 주춤했다. 그러나 재일본조선노동총동맹은 투쟁의 과정에서 결집력을 회복하고, 조직 활동을 재차 활성화시키면서 다수의 조선인 노동자를 지역 단위에서 조직해 갔던 것이다.

## 2) 재일본조선청년동맹

대중투쟁은 재일본조선노동총동맹과 함께 재일본조선청년동맹이 있어 가능했다. 재일본조선청년동맹은 조직의 결성 후 산하에 청년조선사를 두고 기관지를 발간했다. 이 청년조선사는 600원 기금모집의 사고를 내고 있는데,[21] 창간호 『청년조선』은 기금모집과 기관지 배포망 확립을 선전, 선동했다. 기금 모집에 있어 『청년조선』(3)에 실린 사고에는 이전에 비해 보다 선동적인 내용이 실려 있다. 「600원 기금 모집」으로 『청년조선』을 방위하라면서 '국치기념! 국제청년데이! 관동진재! 관동공산당 공판!' 등에 『청년조선』은 싸울 것을 강조했다.

이러한 재일본조선청년동맹의 기념일 계기투쟁은 세대 공통체의 문제에도 집중되었는데, 재일본조선청년동맹은 공동투쟁의 일환으로 「함흥고보맹휴사건에 대하여 전조선학생제군에게 격함」을 재동경조선유학생학우회, 신흥과학연구회와 함께 발행했다. 여기에서는 먼저 당시의 조

---

20) 早稻田大學 마이크로필름실 소장.
21) 『청년조선』(창간호, 1928. 7. 7, 早稻田大學 마이크로필름실 소장).

선에서의 교육을 일제의 관념적 무기로 규정하고 일제의 필요에 따른 소모품 생산이 주된 목적이라면서, 조선의 학교는 암흑의 소굴에 영원히 잠재우기 위한 관념적 아편의 공장이라고 했다. 그리고 지난 8일 함흥고보에서 맹휴가 있었으며, 당시 학생들이 요구한 '교장의 배척, 민족적 차별 교육의 철폐'는 정당한 내용이었다고 평가했다.[22]

아울러 재일본조선청년동맹은 조선 내에서 일어난 동맹휴학 투쟁에 대해 총독부의 식민지 교육정책의 오류를 통렬히 공격했다.

> "모든 학교야말로 … 전조선 민중을 억압하며 착취하기 위한 도구로써의 조선인 노예를 製出하는 지배자 계급의 관념적 지배기관이며 … 청년 대중을 제국주의적 ○○ 전쟁에 … 이용하며 희생하기 위한 백색십자군 편성정책 기본단위에 불과한 바는 누구의 눈에도 명확하게 보이는 속일 수 없는 사실이다."[23]

또한,

> "통일적 전선을 짓기 위하여는 각 학교의 전투적 청년학생은 학생대회를 개최하라. 그리하여 학생의 요구조건을 학교 당국에 던지는 동시에 맹휴 중에 있는 학교의 학생에 대한 경찰의 탄압에 대한 대중적 항의운동을 전개하라!!"[24]

고 했다.

이 보다 앞선 청년조직인 동경조선청년동맹은 계급적인 입장을 분명히 하면서 기념일투쟁을 전개했는데, 사회과학의 교양에 필요한 강좌와 강연회, 독서회를 주로 개최했다. 특히 1928년 1월 16일부터 20일까지를 리프크네히트와 로자룩셈부르크 기념 반일본군국주의 주간으로 정했다.

---

22) 「在留朝鮮人の運動狀況」(1929), 박경식 편, 『재일조선인관계자료집성』(2−1), 38쪽.
23) 『청년조선』(창간호, 1928. 7. 7, 早稻田大學 마이크로필름실 소장).
24) 『청년조선』(창간호, 1928. 7. 7, 早稻田大學 마이크로필름실 소장).

그리고 같은 달 29일 동경 불교청년회관에서 전동방 피억압 청년 즉 인도, 베트남, 중국, 대만, 일본, 조선 등의 청년합동대간친회를 개최하기도 했다.[25)]

재일본조선청년동맹은 1928년 6월에는 6·10만세운동을 회고하며 그 의미를 적극적으로 선전했다.[26)]

> "6월 10일 ! 피의 날 ! 투쟁의 날 ! 우리 조선피압박 대중은 이 기념일에 궐기했다. 조선 내지는 물론 만주에서도 재일본 우리는 京都에서 大阪에서 東京에서 활발한 투쟁을 전개시켜 극도로 반동화한 일본제국주의와 싸웠다"

또한 재일본조선청년동맹은 제14회 국제청년데이를 다음과 같이 선전·선동을 통해 맞이했다.[27)]

> 1) 청년운동의 통일, 2) 언론, 집회, 출판, 결사 자유의 획득, 3) 치안유지법 및 법령 7호 철폐, 4) 조선증병 및 대중국 출병 반대, 5) 세계제국주의전쟁 반대, 6) 일상투쟁의 격발을 집요하고 용감하게 싸워 나아가자.

1928년 시기 재일본조선청년동맹은 재일본조선노동총동맹과 함께 4대 기념 투쟁과 조선총독 폭압정치 반대운동, 삼총 해금운동, 삼단체 해산 반대운동, 치안유지법 개악 반대운동, 조선 증병·경찰 증치, 중국 출병 반대운동 그리고 식민지 교육 반대운동과 특히 국제연대 조직 사업과 투쟁 등을 전개했다.

### 3) 사상단체

일본 지역의 대표적인 사상단체인 북성회는 대중단체를 내용적으로 지도했다. 특히 기념일 통해 투쟁을 선도했는데, 먼저 거론할 수 있는

---

25) 『대중신문』(1928. 1. 28), 박경식 편, 『조선문제자료총서』(5), 374쪽.
26) 『청년조선』(창간호, 1928. 7. 7, 早稻田大學 마이크로필름실 소장).
27) 『청년조선』(창간호, 1928. 7. 7, 早稻田大學 마이크로필름실 소장).

것이 관동대지진과 관련하여 재일본조선노동자조사회, 동경조선노동동
맹회, 일본노동총동맹 등의 원조로 이재동포의 조사, 위문을 전개했던
사실이다.

북성회는 1923년 11월 말 동경조선노동동맹회, 대판조선노동동맹회,
神戶조선노동동맹회 등과 모임을 갖고, 관동대지진 때의 조선인학살사건
에 대해 일본 정부에게 진상 발표와 학살에 대해 항의서를 제출하며 피
해자 유족의 생활권 보장을 요구하기로 했다. 그리고 사회의 여론을 환
기시키기 위해 조선과 일본의 주요 도시에서 연설회를 개최하고 격문을
반포할 것과 당시 龜戶署에서 살해당한 일본의 동지 9명의 유족을 위해
조위금을 모집할 것 등과 같이 관동대지진 때 조선인의 학살은 곧바로
투쟁의 한 계기로 채택되었다. 이와 함께 북성회는 조직원들이 일상적인
기념일투쟁에 다른 대중단체의 구성원으로 적극 참가했던 것이다.

또 하나의 일본지역 민족운동의 중심적인 사상단체는 일월회이다. 이
일월회의 주요 기념일 투쟁을 보면, 1925년 3월 1일 東京帝大 불교청년
회관에서 3·1운동 기념식[28]이 있었다. 이것은 학우회, 여자흥학회, 고학
생형설회, 재일본조선노동총동맹, 일월회, 동경조선무산청년회의 여섯
단체 주최로 열렸다. 약 250명이 참가했던 기념식은 조헌영의 사회로 시
작되었고, 조헌영은 '오늘은 6년 전의 이날에 민족적인 존재를 알리게 된
날로 이날의 영광을 맞이하여'라고 개회사를 했는데, 결국 해산 당했다.

같은 해 9월 20일에는 관동대지진 때 죽은 조선인을 위한 조선인학살
추도회가 있었다. 재일본조선노동총동맹, 동경조선노동동맹회, 일월회,
삼월회, 동경조선무산청년회, 흑우회, 학우회, 여자학흥회, 무산학우회,
고학생형설회, 노사공생회 등의 11개 조선인단체에 의해 공동으로 개최
되어 일본인을 포함해서 800명이 참가했다.[29] 같은 달 28일 스코트홀에
서는 조선인 400명이 모여 연설회를 갖기도 했다.[30] 이밖에도 관동대지

---

28) 『동아일보』 1925년 3월 3일자에 따르면 집회 참가자가 500여명이다.
29) 『사상운동』 (2−3), 11쪽.
30) 『大正十五年中二於ケル在留朝鮮人ノ狀況』, 75쪽.

진 3년을 맞이한 집회는 천도동경종리원과 조선기독교청년회, 橫濱조선
합동노동회 등이 별도로 조직하기도 했다.

10월 조선인폭동을 가상해서 일제가 자행한 小樽고등상업학교의 군
사교육에 항의하는 투쟁 때 일월회는 早稲田大學 스콧홀에서 재일본
조선노동총동맹, 재동경조선무산청년동맹회, 삼월회, 흑우회, 형설회, 학
우회, 무산학우회, 학흥회의 8개 단체와 연합하여 小樽고등상업학교 군
사교육사건 규탄연설회를 열었다.31) 이 小樽고등상업학교 군사교육사건
반대운동을 살펴보면, 1925년 10월 小樽고등상업학교에서 군사교관의
지휘 아래 야외 연습이 있었는데, 가상의 사건으로, 대진재가 있어 札幌,
小樽에서 대피해가 발생하고, 무정부주의자가 조선인을 선동하여 札幌,
小樽의 전멸을 기도해 小樽공원에 결집해서 재향군인단과 사투를 전개
하면 여기에 小樽고등상업학교 생도대에 출동 명령을 내린다는 것이었
다. 여기에 반대하는 운동이 전개되자 재일본조선노동총동맹은 대표자
회의를 열고 「日本無產階級に與ふ」(1925. 10. 23)라는 격문을 통해, 이
사건을 관동대지진 시기 조선인 학살사건과 계속선상에 선 것으로 규정
하고 적극 반대 투쟁에 나섰다.

일월회는 1926년 9월 관동대지진 관련 연설회도 공동주최로 열었다.
일월회가 주최한 강연회는 국제적 교류의 장소가 되었다. 1925년 6월 16
일 강연회는 조선인, 일본인, 중국인 등 총 600여명이 참가했고, 여기에
서 조선인이 과반수였고 나머지는 일본인과 중국인이었다. 대중사업으
로 일월회가 개최한 것은 1926년 1월 2일 열린 신년연구회가 있었다. 이
자리에서는 조선 내의 무산계급의 통일에 관한 토론을 했다.32) 또한
칼·로자·레닌추도회, 신년국제간담회 등이 있었다. 특히 정기적으로
개최하는 연구회는 선전부가 주관하여 열렸는데 계기투쟁으로 발전하
는 요소로 작용했을 것이다

31) 『동아일보』 1925. 11. 7 ; 『사상운동』 신년호(3 - 1), 1926. 1.
32) 『사상운동』 3월호(3 - 2), 1926. 2 ; 박경식 편, 『조선문제자료총서』 (5), 174쪽.

### 4) 조선공산당 일본총국

조선공산당 일본지역 조직이 중심이 된 기념일투쟁으로는 국치일 때 그 내용을 확인할 수 있다.

1928년 8월 29일 오후 약 150명의 조선인 노동자와 유학생들은 東京 武藏屋백화점 옆 공터에서 혁명가를 부르고 삐라를 살포하며 거리를 행진했다. 이때 조선인단체협의회 외 3단체는 「국치일에 즈음하여 전조선 2천3백만 동포는 일제히 무장하여 일대 폭동을 일으키자」는 격문을 배포했다. 여기에서는 국치일의 의미를 되새기고, 동시에 독일과 러시아의 혁명세력들과의 단결을 강조하는 등 국제연대를 피력했다.

또한 조선공산당 일본총국은 수많은 삐라를 대중단체들을 통해 간접적으로 발행했고, 국내와 중국 동북 삼성지역에서 일제의 탄압에 대해 공격을 가했다. 그리고 조선인의 투쟁을 고무시켰다. 특히 관동대지진 때의 조선인에 대한 학살을 규탄하여 「죽어도 잊을 수 없는 9월에 전조선 2천 3백만 동포에게 격한다」, 「관동진재 당시 학살동포추도기념일에 際하여 조합원에게 격함」이라는 삐라를 살포했다.

또한 조선공산당 일본총국은 국내와 중국 동북 삼성지역에서 검거된 공산주의자들의 재판을 변호하여 석방을 요구하면서 「간도공산당 공판은 임박했다. 전조선 노동자, 농민은 전투 전위의 학살정책을 분쇄하기 위해 전 민족의 대중투쟁을 일으키자」고 했다. 이들 격문에는 치안유지법 철폐, 전위 투사의 탈환, 조선총독 정치 타도 등의 슬로건을 내걸었다.

한편 국제주의적 연대에 기초하여 일본공산당은 1929년 3월 1일을 혁명적 투쟁으로 맞이하여, 기념하자고 했다. 일본공산당의 기관지『無産者新聞』사설은 10주년을 맞이하며 노동자, 농민이 조선혁명의 원동력이라면서 원산총파업이 노동자가 대중운동의 선두임을 보여준 사례로 평가하고 일본의 노동자, 농민은 굳게 조선의 노동자·농민과 동맹하고 힘을 모아서 일본의 제국주의와 투쟁해 가자고 천명했다. 또한『無産者新聞』지국은 조선 국치일을 맞이하여 삐라를 만들어 '일본조선노동자 제휴 만세! 타도조선총독정치! 조선민족해방만세!'를 선동하여 부분적인 국제 연대를 실현했다.

## 5) 신간회 동경지회

일본지역 민족운동에 있어 최고의 대중단체 연합이었던 조직은 신간회 동경지회이다. 이 신간회 동경지회도 적극적으로 기념일 투쟁을 전개했다.

1927년 12월 18일 동경지회 제2회 대회는 다음과 같은 활동을 보고했다.[33)]

> 1) 반동단체 민중회 박멸운동, 2) 관동진재 당시 학살동포 추도회, 3) 조선총독 폭압정치 반대운동(강연, 격문, 삐라로 폭로), 4) 조선공산당사건 비공개 공판 반대운동, 5) 자꼬 반제티 사형처분 반대운동, 6) 중국시찰단 조선대표 파견운동, 7) 국치일 기념운동, 8) 러시아혁명 기념운동, 9) 조선인대회 소집, 10) 西神田署 고문사건 항의 등.

그리고 중국 봉천성장의 재류조선인에 대한 폭압에 항의하기 위해 재일본조선노동총동맹과 공동위원회를 개최했다.

신간회 동경지회의 구체적인 계기투쟁의 내용을 보면, 1928년 8월 하순 신간회 동경지회는 「국치기념일에 즈음하여 전조선 2천 3백만 동포는 일제히 무장하여 일대 폭동을 일으키자」는 삐라에 재일조선인 대중투쟁의 중심 세력이었던 재동경조선인단체협의회, 재일본조선노동총동맹, 재일본조선청년동맹과 함께 서명했다. 여기에서 "어떻게 해서 살아갈 것인가? 우리들은 이 두가지의 길 이외에는 없다. 이 두 가지의 길 중 어느 쪽이 우리들이 취해야 할 길인가? 누구도 죽기보다 살 길이 있다면 살 길을 구할 것이다"면서 죽지말고 살자고 했다. 그리고 그 방법은 우리 2천 3백만 동포가 한 사람도 빠짐없이 모두 함께 굳게 단결해서 결사적으로 놈들과 싸우는 것만이 승리의 북을 울리면서 태평가를 부를 수

---

33) 『중외일보』, 1927. 12. 25.

있는 것이라고 했다.

그런가 하면 1929년 신간회 동경지회의 주요 활동은 원산총파업을 지지하는 격려 전보를 발송한 것, 3·1기념일, 국치기념일 연설회 준비 정도였다. 그리고 동경지회의 활동은 제3회 대회의 준비 이외에 1929년 9월 조선인 노동자 강제송환에 대한 항의 활동 지령을 본부로부터 접수한 것 말고는 1931년 신간회 해소 때까지 활동을 확인할 수 없다.

1929년 신간회 동경지회의 주요한 투쟁 목표는 주로 정치적인 문제에 집중되었는데, 다음과 같다. 1) 도항저지 반대, 2) 거주권 확립, 3) 삼총해금, 4) 언론·출판·결사의 자유 획득, 5) 치안유지법 제령 제7호의 철폐운동, 6) 이민 반대운동, 7) 증병 증경 반대운동, 8) 민족적 차별배척 및 특수 폭압 반대운동, 9) 부당 금족, 검속, 감금 및 고문경찰 반대운동, 10) 사법경찰 간섭 반대운동, 11) 내선융화정책 반대운동, 12) 해방운동 희생자 구원운동, 13) 정치적 자유획득 노동동맹 지지 등이었다. 이러한 목표 아래의 활동은 재일본조선노동총동맹과 재일본조선청년동맹과의 긴밀한 유대 속에서 진행되었고, 그리고 이 속에서 기념일은 투쟁의 중요한 고리가 되었다.

### 6) 조선인단체협의회

재일조선인 민족운동 단체는 3·1 기념투쟁, 국치일 기념투쟁, 관동대지진 조선인학살 추도회 등을 전개했다. 이것이 조선인단체협의회 결성의 토대가 되었던 일은 잘 알려져 있다.

조선인단체협의회는 형식과 실제에 있어 신간회 보다 광범위한 조직으로 주의·주장이 다르더라도 조선 민족의 해방을 희구하는 단체 18개가 결집했다. 여기에는 1927년 5월부터 東京, 大阪, 京都, 名古屋 등지에 지회가 조직되었으며 유학생이 주도적인 역할을 했다.

조선인단체협의회가 전개한 구체적인 기념일투쟁을 보면, 1928년 3월 1일 기념행사이다. 조선인단체협의회는 전국에 격문을 살포하고 동시에 신간회 동경지회 회관에서 기념식을 거행했다. 이날 경찰의 해산 명령에

대항하여 분격한 대중들은 高田와 早稻田에서 시위 투쟁을 전개했다.[34]

같은 해 9월 30일에는 조선인단체협의회 주최로 관동대지진 때 죽은 조선인 학살자에 대한 추도회가 열렸다.[35] 이 자리에서는 일제는 1923년 당시 「불령선인이 이 대지진을 계기로 하여 화재를 일으켰다. 조선인을 죽이자!」라는 표어 아래 국가기관을 동원하여 남으로 九州지방, 북으로 北海道까지 재향군인단, 청년단, 경관, 군대 등을 내세워 죽창과 칼로 6千여명의 동포를 龜戶, 淺草, 本所, 深川 등지에서 학살했다고 한다. 그리고 일본무산계급의 선두에서 투쟁한 관동합동노동조합 투사 8명을 龜戶경찰서에서 죽였다는 것이다. 이러한 사실에 대해 조선인단체협의회는 2천 3백만 학살동포를 '追悼'하는 것은 일어나 싸우는 것이라고 전제하고 "최후의 일각까지 ! 최후의 1인까지 ! 노동자는 총파업으로 ! 농민은 撤耕으로 ! 시민은 撤市로 ! 학생은 罷敎로 ! 싸우자"면서 가열찬 투쟁을 선동했던 것이다.

## 3. 3·1운동 기념일 투쟁

일본지역에서도 1919년 3월 1일 이후 3·1운동기념일을 맞이해서는 거의 매년 기념식이 열렸다. 전술했던 1920년의 3월 1일 투쟁 이후, 1924년 2월 28일 오후 2시 20분에는 日華日鮮靑年會館에서 3·1운동기념식이 열렸다. 이 자리에는 120명이 참가했고, 학우회, 조선노동동맹회, 북성회, 무산청년회, 형설회, 여자학흥회가 주체단체가 되어 한위건, 한재겸, 김송은, 서상국, 변희용, 박사직, 강훈, 이옥, 백무, 박형병, 조근영, 박명련 등이 참가했으며,[36] 백무 등 7명 이상이 연설했다. 1925년 3월 1일 재일조선인 유학생들을 중심으로 불교청년회관에서 기념식을 거행하였다. 이후 5백여명의 군중들은 경찰관, 군대와 충돌을 일으켰다.[37] 제8회 기

---

34) 『대중신문』, 1928. 3. 13 ; 박경식 편, 『조선문제자료총서』(5), 383쪽.

35) 『동아일보』, 1927. 10. 2.

36) 독립운동사편찬위원회, 『독립운동사자료집』(별집 3), 1978 참조.

넘식은 1926년에 동경조선기독교청년회관에서 학우회 주최로 250명이
모여 열렸다.[38] 그리고 上野공원 등지에서 소규모의 시위가 있었다.

이와 함께 재일 조선인 사회 내부의 사회주의적 경향성이 강화되면서
이 기념식도 조직의 주체가 바뀌어 1927년에는 조선인단체협의회가 주
도했다. 2월 27일 조선인단체협의회는 '3월 1일! 민족해방 데이는 왔다!
제9회 민족해방 데이는 왔다! 동포여 일어나 참가하자! 제국주의에 항쟁
하기 위해 전민족적 협동전선을 구축하자!!'는 삐라를 東京에 있는 무산
단체에 배포했다.[39] 그러나 시위투쟁의 준비과정에서 조직원이 검거되
어 당일 연설회장인 三崎會館에는 50명밖에 모이지 못했다. 1929년에는
조선인단체협의회와 재일본조선노동총동맹은 '굶주림과 박해 가운데 제
10주년 3·1독립 민족해방의 날은 닥쳐왔다', '전조선 피압박 민중에게
격함'이라는 제목의 격문을 배포했다.

1930년에는 재일본조선노동총동맹이 전협으로 해소되는 과정에 있었
기 때문에 3월 1일을 맞이해서는 신문과 단체가 조·일 공동투쟁과 지원
투쟁을 선동하는 내용으로 일관하고 있다. 주요한 기사 내용을 보면, '피
의 3월 1일을 맞이하여 노동자제군에게 격한다'(동경조선노동조합), '잊
을 수 없는 삼일독립만세사건의 날'(『無産靑年』), '만세사건기념일 일선
노동자 제휴하여 공동의 적을 타도하자'(『第二無産者新聞』) 등이었다.[40]

1931년에는 2월 하순부터 일본반제동맹, 일본노동조합전국협의회 등
은 '3·1기념일을 간담회, 직장대회, 사보타지, 태업으로 싸우라'는 표어
를 내걸고 선동했다. 大阪의 경우 吉川제화공장에서는 2월 23일부터 쟁
의가 진행 중이었는데 쟁의단에서는 3월 1일을 기념해 1백명의 노동자
가 동원되어 공장을 습격하려고 하다가 주모자가 검속되기도 했다. 兵
庫縣에서는 2월 28일 전해건이 우리 협친회 간부들과 3·1기념 간담회라

---

37) 『동아일보』, 1925년 3월 3일.
38) 『大正十五年中ニ於ケル在留朝鮮人ノ狀況』, 69쪽.
39) 『昭和二年中ニ於ケル在留朝鮮人ノ狀況』, 66~67쪽.
40) 『在留朝鮮人ノ運動狀況』, 昭和 5年 12月, 59~60쪽.

고 칭하고 투쟁을 모의하다가 검속되었다.

이밖에도 東京과 大阪 등지에서 일본반제동맹 서기국, 일본노동조합 전국협의회, 일본화학노동조합 대판지부 등이 '3·1만세 사건 기념 투쟁에 즈음하여 격함', '3·1기념에 즈음하여 전국의 일본·조선 노동자 제군에게 격함', '3월 1일은 조선독립만세 사건 기념일이다', '3월 1일을 시위운동으로 싸우라', '3월 1일! 조선독립만세 기념일이다! 식민지 독립 제국주의 반대의 데모로 싸우라' 등을 배포하며 투쟁을 선동했다. 투쟁일을 맞이해서는 거의 매년 기념식이 열렸다.

## 4. 메이데이 기념일 투쟁

메이데이는 매년 5월 1일 노동자들이 파업과 집회 및 시위를 통해 노동자들의 힘을 과시하고 노동자들 앞에 놓여 있는 문제들을 해결해 가는 단결의 날, 투쟁의 날, 국제연대의 날이다.[41]

일제시대 조선의 메이데이 기념일투쟁은 단순히 우리만의 문제는 아니었다. 이것은 국제연대의 성격을 띠었고, 조선 사람은 국제연대를 기념일투쟁을 통해 실천해 갔다.

5월 1일, 국제노동자의 날은 우리 노동운동에 있어 가장 중요한 투쟁의 고리였다. 조선의 노동자들은 1920년부터 세계 노동자들의 명절인 메이데이 기념 행사를 동맹 파업, 시위 행진 등의 형태로 산발적으로 전개하기 시작했고, 1923년 조선노동연맹회와 각 산하 단체는 메이데이 기념행사를 조직하였다. 이후 조선 노동자계급의 위력을 확인함으로써 노동자가 사회와 역사 발전의 주체임을 인식하고 노동 해방, 인간 해방의 새 세상을 향해 힘차게 진군할 것을 다짐하여 투쟁하는 날이 되었다.

일본에서 메이데이 행사는 1905년에 시작되었다. 평민사가 메이데이 다과회를 연 이후였다. 이때는 소수의 사람들이 모여 축하하고 이야기

---

41) 구로역사연구소, 『우리나라 메이데이의 역사』, 거름, 1990 참조.

를 나누며 차를 마시는 정도의 행사였다.

일본에서 많은 노동자들이 옥외에서 집회를 하고 시위를 벌인 것은 1920년 5월 2일이 처음이었다. 이날 上野공원에서는 5천 여명이 모여 일본의 제1회 메이데이 행사를 열었다. 이때 내세운 요구는 '치안경찰법 제17조 철폐', '실업의 방지', '최저 임금 보장' 등이었다. 5월 1일이 아닌 5월 2일에 행사를 한 까닭은 그 날이 일요일이어서 사람들이 모이기 쉬웠기 때문이었다. 다음 해부터는 국제적인 메이데이에 맞추어 5월 1일에 행사를 가졌다. 이후 메이데이의 주요한 슬로건은 치안유지법 제17조 폐지, 8시간 노동제 실시, 최저 임금제 실시, 실업 방지 등이었다. 메이데이 슬로건은 당시 노동자들의 절실한 요구를 그대로 반영한 것이었다. 일본에서도 메이데이 시위에는 경찰관의 검속이 반드시 있었으므로 노동자에게는 행사에 참가하는 일이 바로 싸움이었다.

메이데이를 맞이하여 재일조선인이 집회에 참가한 것은 1922년 일본노동총동맹 주최 집회였다.[42] 여기에는 송봉우, 백무를 비롯해 흑도회의 회원 30여명이 참가했다.[43] 이후 일본노동자와 조선인 노동자의 대자본가 공동투쟁이 가능하게 되었다.

1923·24년 일본의 메이데이 집회에도 재일조선인이 계속적으로 참가했다. 1923년 메이데이에는 지난해에 비해 거의 6배의 조선인 노동자가 참가했다.[44] 1924년 집회에서는 조선인 노동자가 제출한 '식민지 즉시 해방'이라는 표어가 일본노동총동맹의 간부들에 의해 이유 없이 거부되기도 했다.[45] 그럼에도 불구하고 재일조선인은 메이데이 행사에 계속 참가했다.[46] 당시 재일조선인에게 있어 메이데이의 의미는 조·일 양

---

42) 『大正十五年中ニ於ケル在留朝鮮人ノ狀況』, 71쪽.

43) 金熙明,「メーデーを前にして」『文藝戰線』(4-5), 1927. 5, 132쪽.

44) 金熙明,「メーデーを前にして」『文藝戰線』(4-5), 1927. 5, 132쪽.

45) 金熙明,「メーデーを前にして」『文藝戰線』(4-5), 1927. 5, 133쪽.

46) 민태홍은 '메이데이와 조선의 민족운동'이라는 주제 아래 1924년 5월의 메이데이를 맞이하면서 적극적으로 시위운동에 참가할 것을 결의하고 있다 (『進め』(2-5), 1924년 5월호).

프롤레타리아의 동일한 적에 대한 승리를 위해 협동전선을 구축하는데 있었다.[47]

1926년 메이데이와 관련해서 경찰 자료는 東京의 경우 재일본조선노동총동맹 쪽의 260명, 大阪의 참가단체 10개 조합, 400명, 堺시 150명 등으로 추산하고 있다.[48] 특히 1927년 메이데이를 맞이해서 김희명은 그 역사를 정리하고, 동시에 식민지 민족을 해방시키는 것은 프롤레타리아트의 공동의 임무임을 천명하면서 '식민지 즉시 해방'의 깃발을 내걸자고 했다.[49]

전술했듯이 1929년 5월 1일 메이데이 때는 재일본조선노동총동맹 주도로 주간 강좌와 「자본가놈들에게 우리들의 힘을 과시하자」라는 격문이 배포되었다. 여기에는 전국 각지에서 조선인 노동자가 모였고, 동경조선노동조합은 메이데이의 의미를 새삼 일깨웠다.

1930년 메이데이 때는 대판조선노동조합이 메이데이 특별강좌를 설치하여 각 지부를 순회했다. 이 가운데 메이데이 행사 참여를 적극 권했다. 1930년의 메이데이와 관련해 경찰의 기록에는 재일조선인 2,800여명이 10여 개 도시에서 참가했던 것으로 기록하고 있다.[50]

일본의 메이데이는 1930년대 들어 파쇼체제가 강화되면서 또 다시 굴절을 강요당했다. 만주사변 이후, 일본은 군국주의가 강화되면서 노동운동에 우익화를 강요하고 메이데이를 분열시켜 애국노동절로 대치시켰다. 일본에서는 1935년 제16회 메이데이를 마지막으로 제2차 세계대전 전의 메이데이 행사는 막을 내렸다.

1946년 5월 1일, 일본에서는 11년 만에 메이데이가 부활되어 전국에서 2천만 명이 메이데이 행사에 참가하고, 東京에서만도 50만 명의 대중이 황궁 앞 광장에 모여 시위를 벌였다. 이날 메이데이에서는 '일한 만큼 먹

---

47) 朱鐘建, 「メーデーと朝鮮の問題」『進め』(1-4), 1923. 5, 29쪽 참조.
48) 『大正十五年中ニ於ケル在留朝鮮人ノ狀況』, 71쪽.
49) 金熙明, 「メーデーを前にして」『文藝戰線』(4-5), 1927. 5, 133쪽.
50) 『在留朝鮮人ノ運動狀況』, 昭和 5年 12月, 60~61쪽.

어라', '민주 민중 정부의 즉시 수립', '식량의 민중 관리'를 결의했다.

이러한 메이데이 투쟁에 조선 사람은 다양한 형식으로 참가했다. 단순 가담에서부터 조직적인 형태를 띠며 스스로의 얘기를 주장해 갔다. 메이데이는 노동자계급의 위력을 확인함으로써 노동자가 사회와 역사 발전의 주체임을 인식하고 노동 해방, 인간 해방의 새 세상을 향하여 힘차게 진군할 것을 다짐하고 결의하며 투쟁하는 날이었다. 나아가 노동 해방을 향한 투쟁이 메이데이 하루에 끝나는 것은 아니고, 투쟁의 날임과 동시에 끝내는 승리할 축제의 날을 위해 발판을 튼튼히 굳히는 날이었다.

## 5. 맺음말

이상과 같이 1920년대 후반 재일조선인 기념일투쟁을 정리했다. 기념일은 정치적 선전, 선동의 장으로 계기투쟁의 날이었다.

재일조선인은 국내와 달리 민족적 문제에 민감했다. 따라서 어떤 계기가 주어지면 그 응집력이 국내보다 훨씬 강했다. 기념일은 바로 이런 조선인에게 투쟁의 날이 될 수밖에 없었다. 1920년대 재일조선인은 단체를 중심으로 다수가 조직화되어 활동했다. 단체가 주도한 주요 기념일은 3·1기념일, 메이데이, 국치일, 관동대지진 기념투쟁, 6·10만세기념일, 반전데이, 국제무산청년데이 등이었다. 아울러 조선총독 폭압정치 반대운동, 조선공산당 비공개 공판 반대운동, 치안유지법 철폐운동, 삼총해금운동, 조선증병, 대지간섭 반대운동, 상애회 박멸운동, 일본 좌익 단체지지 운동이 전개되었다.[51]

자료를 통해 보면 재일본조선노동총동맹은 1927, 1928, 1929년 다양한 기념일 투쟁을 전개했다. 특히 산하의 동경조선노동조합, 대판조선노동

---

51) 자세한 내용은 다음의 책을 참조. 김인덕, 『식민지시대 재일조선인운동 연구』, 국학자료원, 1996.

조합, 三多摩조선노동조합, 兵庫縣조선노동조합, 동경조선노동조합 북부지부 등은 다른 노동조합보다 적극적이었다. 이들 노동조합은 지역의 독자성을 유지하면서 기념일투쟁을 전개했는데, 정세 변화에 따라 대중을 선동해 갔다. 동경조선노동조합 북부지부는 1928, 29년에 1월 15일을 반정의 날로 기념했다. 아울러 1929년 광주학생운동이 일어나자 동경조선노동조합은 공개적인 선젓, 선동작업을 진행했다.

재일본조선청년동맹은 자료의 제약으로 1928년의 활동만 정리했는데, 『청년조선』에서 재일본조선청년동맹은 국치일, 국제청년데이, 관동대지진, 관동공산당 공판 등을 투쟁으로 적극 견인하고자 했다. 특히 함흥고보의 맹휴사건이 있자 식민지 교육의 본질적인 문제를 지적하고 민족차별 교육의 철폐를 주장했다.

2대 재일조선인 대중단체와 함께 북성회와 일월회, 조선공산당 일본총국도 기념일투쟁에 부단한 관심을 갖고 다른 단체를 견인하며, 적극적으로 투쟁에 통참했다. 특히 신간회 동경지회와 조선인단체협의회는 기념일 투쟁을 통해 조직의 연대와 대중의 단결을 시도했다. 신간회 동경지회는 1927년 12월의 제2회 대회에서 국치일과 관동대지진이 있었던 날을 투쟁의 계기임를 분명히 천명했다.

이러한 1920년대 후반 재일조선인의 기념일투쟁은 일본의 주요 도시인 東京, 大阪, 神奈川, 兵庫 등지에서 지속적으로 있었다. 이 가운데 주목되는 기념일 투쟁은 3·1운동과 메이데이 기념일 투쟁이었다.

원래 3·1운동은 전 민족적 운동으로, 이후 각종 기념일투쟁에 참가한 모든 집단에게 소중하고, 대단히 인상적인 사건이었다. 따라서 그 역사상은 빠른 속도로 정치적 영향력을 확대해 갔는데, 일본에서 3·1운동 기념일투쟁은 1919년 이후 거의 매년 열렸다. 특히 1927년의 3·1운동 기념일투쟁은 조선인단체협의회의 주도로 열려 조직 강화가 적극 도모되었다. 이후 1930년부터는 운동의 방향전환과 연동하여 3·1운동 기념일 투쟁이 조·일 공동투쟁과 지원투쟁으로 변해 갔다.

메이데이도 재일조선인에게 끊임없는 투쟁의 장이 되었다. 그리고 곧

바로 일본인과 연대의 장이 되었다. 본격적으로 재일조선인이 메이데이 집회에 참가한 것은 1922년이었다. 이후 재일조선인은 단체와 개인 자격으로 메이데이를 기념했다. 1930년 메이데이 때는 대판조선노동조합이 메이데이 특별강좌를 열어 행사 참여를 적극 권유했다.

이와 같이 1920년대 재일조선인 기념일 투쟁은 조선인 민족운동의 골간이었다. 이를 통해 조선인은 각종 투쟁을 경험할 수 있었다. 따라서 일상적인 투쟁과 함께 각종 기념일은 민족운동 진영에게 또 다른 의미가 있었다.

# 2장

# 재일조선인 반민족 운동

Ⅰ. 상애회(相愛會) 연구

# Ⅰ. 상애회(相愛會) 연구

## 1. 머리말

친일파에 대해서는 여러 형태의 글과 단행본이 나와 있다.[1] 그러나 학술적인 연구는 그리 많은 편은 아니다. 이 가운데 국내에서 재일조선인 친일파에 대한 연구는 거의 없다고 해도 좋을 것이다. 과문한 필자가 파악하고 있는 재일조선인 친일파에 대한 연구는 다음과 같다.[2] 특히 박춘금에 대한 연구는 몇 개의 글을 참조할 만 하다.[3]

---

1) 친일파에 대한 연구 동향은 주로 다음의 글을 참조한다. 이헌종, 「친일파 문제에 대한 연구현황과 과제」; 김삼웅·이헌종·정운현, 『친일파』(친일 연구 제1집), 학민사, 1990.
2) 金斗鎔, 『日本における反朝鮮民族運動史』, 鄕土書房, 1947(김인덕 역, 『殉 國』, 1995, 10-12)『민족정기의 심판』, 혁신출판사, 1948, 『반민자 대공판 기』, 漢豊출판사, 1949. 4 ; 고원섭 편, 『반민자 죄상기』, 백엽문화사. 1949. 4, 민족정경문화연구소 편, 『친일파 군상』, 삼성문화사, 1948. 9, 『친일파죄 상기』, 학민사, 1993 ; 樋口雄一, 『協和會－戰時下朝鮮人統制組織の硏究 －』, 社會評論社, 1992 ; 外村大, 「親睦扶助團體と在日朝鮮人運動」『在日 朝鮮人史硏究』(23), 1993 ; M・リングホーファー, 「相愛會－朝鮮人同化 團體の步－」『在日朝鮮人史硏究』(9), 1981. 12 ; 並木眞人, 「植民地期朝鮮 人の政治參加について－解放後史との關連において－」『朝鮮史硏究會論 文集』(31), 綠蔭書房, 1993. 10 ; 임종국, 「일제말 친일군상의 실태」『해방 전후사의 인식』(1), 한길사, 1993.
3) 全協日本化學勞動組合東京支部, 「朴春琴の立候補と闘へ」(大原社會問題硏 究所), 「議會に於ける朴春琴代議士の演述－六月三日に於ける」『思想月報』 (2-3), 昭和 7年 6月, 「조선인 지원병제도 시행에 관한 청원 －제11 제국의 회 속기록 발췌」『매일신보』1943. 11. 18 ; 김대상, 「박춘금－깡패에서 일 본 국회의원까지 된 극렬 친일파－」『친일파 99인』(2), 돌베개, 1993, 「대일 본제국 신민에 병역의무 달라－일본 국회의원 지내며 지원병제도 청원한 박춘금－」『친일파 100인 100문』, 돌베개, 1995. 『독립유공자공훈록』(8), 국 가보훈처, 松田利彦, 「朴春琴論－その選擧運動と國會活動を中心として－」

이 가운데 링그호퍼의 「相愛會-朝鮮人同化團體の步-」는 상애회에 대한 최초의 단독 논문으로 그가 쓴 박사학위 논문의 일부이다. 링그호 퍼는 동화정책을 방임시대(1910~1919), 내선융화시대(1919~1934), 협화 시대(1934·35~1945년 8월 15일)로 구분한다.[4] 그리고 상애회는 제2기인 내선융화시대에 활약했던 단체로 규정했다. 여기에서 필자는 주로 동화 주의를 어떻게 일본 내에서 재일조선인에게 실천했는가 하는 관점에서 정리하고 있다. 구체적으로는 東京과 大阪지역을 축으로 하고, 특히 和 泉지역의 자료를 통해, 내용을 파악하고 있다. 문제는 관점과 자료의 한 계, 실체에 대한 면밀한 접근이 시도되지 않은 점이다.

이미 필자는 김두용의 친일파인식에 대해 살펴 본 적이 있다.[5] 이 때 일본지역의 친일세력 가운데 핵심 조직으로 상애회, 협화회, 홍생회, 일 심회 등을 확인할 수 있었다.

링그호퍼가 보았듯이 상애회 관련 자료는 일본의 齊藤實文庫에 있다. 이밖에도 일본 국회도서관, 공문서관, 早稻田大學도서관, 학습원 東洋文 庫에도 그가 보지 못한 자료가 있었다. 특히 링그호퍼는 김두용의 1947 년의 연구서 『日本における反朝鮮民族運動史』(鄕土書房, 1947)를 보지 못했다.

본고는 선행연구에서 검토한 자료와 새롭게 확인된 사료에 기초하여, 새롭게 상애회에 대해 파악하고자 한다. 특히 필자는 1920년대 상애회 에 주목한다. 주로 여기에서는 상애회의 실상 파악과 향후 재일조선인 친일단체 유형화의 단초를 마련하고자 한다. 이와 함께 재일조선인 친 일파의 우두머리 박춘금의 사상과 행동에 대해서도 원자료에 기초해 살 펴보겠다. 물론 일부이지만 1930년대의 조직과 활동도 언급하겠다. 향후 보다 새로운 자료가 나오고, 1930년대 다른 재일조선인 친일파에 대한

---

『在日朝鮮人史研究』(18), 1988. 10 ; 小熊英二, 「朝鮮生まれの 日本人」『コ リアン・マイノリテイ研究』(1), 1998.

4) M・リングホーフアー, 「相愛會-朝鮮人同化團體の步-」『在日朝鮮人史 研究』(9), 1981. 12, 47쪽.

5) 김인덕, 『일제시대 민족해방운동가 연구』, 국학자료원, 2002.

연구가 진행되기를 희망한다.

## 2. 상애회의 조직

### 1) 이  념

상애회는 한일합방을 합리화하는 사상, 즉 천황에 대한 일시동인(一視同仁)의 사상으로 일관하고 자유, 평등, 정의의 사상의 보급에 대하여 지배계급의 공포를 노골적으로 표시했다. 취지서는 다음과 같다.6)

"세계 일가(一家)에 대한 사상은 극히 고속으로 되고 현실은 도저히 기대에 응할 수 없을 것이다. 그러나 우리가 열망하는 인류의 항구적인 평화도 동시에 한조각의 환영(幻影)에 지나지 않은가?
…… 우리들은 특히 깊게 통찰하여 인류애의 정신에 기초하여 공존공영의 본위에 입각하여 미력이지만 여기에 자조적 보호기관을 설치하여 이름을 상애회라고 한다. 그 사명이야말로 스스로 명백하다. 즉 민족적 차별관념을 철폐하고 일선융화의 철저함을 도모하는 것은 물론 특히, 조선노동자를 위한 정신적 교화와 경제적 구체를 도모함을 중대한 사명으로 했던 것이다고 한다."

왜 상애회라는 이름을 부쳤는가 하면 즉 인류상애의 정신, 공존공영의 본의에 입각해서 일선융화를 위해서, 그것을 철저하게 하기 위해서 만들어진 어용단체인 것은 이상의 취지서에서 분명하다. 물론 여기에는 암흑을 헤매고 있는 조선인 노동자의 구제를 위한다고 했다.7)
회칙을 통해 그 내용을 보면 다음과 같다.8)

제1조 본회는 조선인단체 상애회라고 한다.
제2조 본회는 총본부를 東京에 두고 지방본부는 각 府縣에 두며 지부는 便

---

6) 『事業施設の槪要』, 相愛會總本部, 1927. 5, 4~7쪽.
7) 『相愛會事業梗槪』, 相愛會總本部, 1923. 6, 7쪽.
8) 『相愛會事業梗槪』, 相愛會總本部, 1923. 6, 9쪽.

宜樞要라고 인정되는 곳에 둔다.
제3조 본회는 일반 사회 공존공영의 정신에 기초하여 相愛相護를 목적 으
로 한다.


한편 이 조직의 사상은 박춘금의 문건「我我の國家新日本」(1930년)
과 頭山滿, 內田良平의 영향을 받았다고 한다.9)

「我我の國家新日本」(1930년)은 박춘금사무소에서 발행했다.10) 주요
한 목차를 보면, 조선통치의 방침 어떤가, 동화정책이란 어떤 것인가, 신
일본의 국시, 확신없는 정치에, 통치의 근본 뜻, 경제산업정책, 결론으로
구성되어 있다.

박춘금은 '신일본'이란 '새롭게 크게 된 일본'이라면서 일본제국의 국
호에 '大'를 부치는 것은 청일전쟁과 러일전쟁에서 이기고, 한국을 합병
하여 대륙으로 영토를 확대해 7천명의 인구를 갖은 대제국을 완성했다
는 의미라고 한다.11) 그는 합병당한 조선민족은 수세기 동안 무고한 민
족으로 인정에 감복하고 동정에 감격하기 쉬운 이성적이지 않고 감정적
인 민족이라고 했다.12)

그는 조선통치의 불철저와 좌충우돌을 비판하면서 결국 조선 민중이
마음을 잡지 못한다는 식으로 표현했다.13) 그리고 '위정자'들이 동화가
곤란하다는 선입관과 사이비학자들의 식민정책론에 영향을 받고 있는
사실의 문제를 지적했다.14)

박춘금은 조선사람이 일본을 사랑하는 것은 이상한 일이 아니라면서,
한일합방에 대해 적극지원하고 민족운동을 부정했다. 특히 일본인과 결
혼한 박춘금은 식민지제도의 필연성을 지지하면서도 식민지정책의 내

---

9) M・リングホーフアー,「相愛會－朝鮮人同化團體の步－」『在日朝鮮人史
   硏究』(9), 1981. 12, 54쪽.
10) 學習院大學 東洋文庫 소장.
11) 「我我の國家新日本」, 11쪽.
12) 「我我の國家新日本」, 43쪽.
13) 「我我の國家新日本」, 5쪽.
14) 「我我の國家新日本」, 9쪽.

실에 대해서는 강한 불만을 갖고 있었다.[15] 그리고 통치의 미참함과 일본정부의 방침이 불명확한 점을 비난했다. 그는 조선민족에 대해 마치 피정복민에 대하는 식으로, 예를 들면 무단통치를 했기 때문에 반감을 일으켰다고 했다.[16] 그리고 확신없는 통치는 중대한 국가적 죄악이라고 하면서 조선통치는 이러한 죄악의 연속이라는 것이다.[17]

이러한 박춘금은 독립과 자치의 가능성은 없고, 곤란해도 일본인으로 동화하여 평등을 획득하는 것 말고는 다른 방법이 없다고 단언했다.[18] 또한 내지, 즉 일본의 연장으로 조선을 사고해야 한다고 했다.[19] 나아가 동화정책의 조선에서의 불철저를 불만족스럽게 생각하면서, 사회운동을 비교하여, 조선의 사회운동은 정치운동으로, 그 슬로건이 반국가적 의의를 함의하고, 그 사상은 비국민적이라는 것이다.[20] 특히 결론에서는 조선통치는 시정의 방침을 확립하고, 중도반단적인 경제산업정책을 개선하며, 내지연장주의에 의한 동화정책의 기본적 시설로 먼저 정부와 내지 동포를 신뢰하게 하고, 조선인의 실력에 상응한다는 의미에서 조선인 본위의 경제산업정책을 발굴해서, 이에 앞서 민심의 안정을 도모하고, 생활을 향상시키는데 노력해야 한다고 했다.[21]

그러나 이러한 박춘금도 일본인으로의 동화의 정책적 방향에 대해서는 명확하지 않았다.[22] 小熊英二는 박춘금이 자치와 독립을 부정하면서, 동화가 비현실적이고, 일본측의 동화론도 형편에 따른 것에 지나지 않

---

15) M・リングホーフアー,「相愛會－朝鮮人同化團體の步－」『在日朝鮮人史研究』(9), 1981. 12, 55쪽.
16)「我我の國家新日本」, 19쪽.
17)「我我の國家新日本」, 23쪽.
18) 小熊英二,「朝鮮生まれの 日本人」『コリアン・マイノリテイ研究』(1), 1998, 45쪽.
19)「我我の國家新日本」, 37쪽.
20)「我我の國家新日本」, 37쪽.
21)「我我の國家新日本」, 55~56쪽.
22) 小熊英二,「朝鮮生まれの 日本人」『コリアン・マイノリテイ研究』(1), 1998, 43쪽.

는다고 보았다.[23]

## 2) 조 직

상애회라고 하면 곧바로 박춘금과 이기동을 생각하는 사람이 많을 것
이다. 이기동이 어떤 사람인지 몰라도 박춘금이라고 하면 조선인이면서
일본의 대의사가 된 저명한 친일파로 오늘날 민족반역자라고 하는 것은
누구도 알고 있다. 이 박춘금이야말로 일본에서의 조선인 반동단체의
두목으로 종전에는 조선에 가서 대의단을 만들어 조선내 조선인 혁명가
를 일망타진할 계획을 세웠을 정도이고 나아가 시종일관 일본 군국주의
에 협력하는 것을 즐긴 사람이다. 이 사람이 상애회를 만든 장본인이다.
이러한 박춘금의 행적을 정리해 보면 다음과 같다.

박춘금(朴春琴(1891~1973))[24]
1891년 경상남도 밀양 출생
　　　가계나 집안 사정 등은 불명, 일본인 술집에서 심부름꾼으로 일하
　　　면서 건달로 성장
1907년 도일
1920년 이기동과 조선인 노동자의 상호부조단체 상구회를 결성.
　　　깡패들의 합숙소를 설치, 실비 진료체계를 갖춤
1921년 前조선총독부경무국장 丸山鶴吉의 지원을 얻어 친일융화단체 상애
　　　회를 개조하여 부회장 (회장 이기동).
1921년 4월 2일자 동아일보의 사설 「관민야합의 어리운동」이 자신의 활동
　　　을 비난했다고 하여 김성수와 송진우를 요리집 식도원으로 유인해
　　　권총으로 협박하며 돈 3,000원을 요구했다.
1923년 관동대지진 때 회원 300명으로 '노동봉사대'를 편성하여 시체처리
　　　와 복구작업을 자청하고나서 열성적으로 일제에 협력. 쓰레기정리

---

23) 小熊英二,「朝鮮生まれの 日本人」『コリアン・マイノリテイ研究』(1), 1998,
　　44쪽.
24)『민족정기의 심판』(『친일파죄상기』, 학민사, 1993), 82쪽, 『친일파 100인
　　100문』, 돌베개, 1995, 105~106쪽, 『친일파99인』(2), 돌베개, 1993, 59쪽,
　　『アジア問題研究所報』(7), 1992, 40~41쪽.

를 청원해 돈을 모음. 상애회 橫浜, 名古屋, 大阪 등지에 지부를 조
직했다.

1924년 1월 상애회 본부 사무실을 관동대지진 때 임시 수용했던 本所區 육
　　군양말공장 구내로 이전. 이 자리에 초등학교가 들어서자 상애회
　　본부를 錦系町에 큰 땅을 얻어 1929년 4월에 회관을 지어 이전했다.

1928년 박춘금은 상애회를 재단법인으로 만들어 총독부 경무국장을 지낸
　　丸山鶴吉을 이사장으로 영입했다. 회장에는 이기동을 앉히고 자신
　　은 부회장 자리를 차지했다.

1930년대 초 李堈의 회유에 적극 참가[25]

1932년 2월 중의원 선거 때 東京市 本所區, 제4구에 재일조선인을 기초, 本
　　所民衆自治會, 深川民衆自治會 등의 지원을 얻어, 공존공영의 간
　　판 아래 입후보하여 조선인으로 처음으로 대의사가 되었다.

1933년 6월 18일 박춘금후원회(중심인물 : 丸山鶴吉, 인원 : 1,804명)[26]

1936년 제19회 중의원 총선에서 떨어졌다가 1940년 4월 제20회 총선에서
　　재선되고, 1942년에 다시 낙선되었다.

1937년 8월 6일 일본국회 제71의회 청원위원회에서 「조선의 지원병제도
　　시행에 관한 청원」을 거론했다.

1938년 11월 상애회를 협화회와 통합시켜 간부가 되었다

1941년 10월 대화구락부라는 친일단체를 별도로 조직했다.

1944년 매일신보사 주최의 京城 府民館에서 열린 학도병격려대강연회에서
　　'조선에 고한다'는 제목으로 연설

1945년 大和同盟 이사.

1945년 7월 24일 아시아민족분격대회라는 것을 열었다가 조문기, 강윤국,
　　유만수 등 애국청년들의 폭탄세례를 받았다.

1945년 해방 후 일본으로 밀항했다.
　　해방 이후 조련과 한국에서 친일파 민족반역자로 지명되었다.

1955년 북한의 통일정책에 호응해 조국통일촉진협의회에 가담했다.
　　민단중앙 고문을 역임했다.

　이러한 박춘금은 1955년 12월에 남긴 「私の所信」[27]에서 일제시기 자
신의 과오에 대한 반성은 전혀 찾아볼 수 없다. 그는 '통일독립운동'이

---

25) 松田利彦, 『戰前期の在日朝鮮人と參政權』, 明石書店, 1995, 103쪽.
26) 『재류조선인운동』(1933), 1431쪽.
27) 學習院大學 東洋文庫 소장.

우리 민족의 숙원이며, 동시에 아시아 각 민족에게도 중대한 문제라면
서, 여생을 여기에 헌신할 각오라고 한다.28) 그러면서 국민의 인권은 헌
병, 경찰, 특무기관, 폭력단, 관제사회 단체 등 10여 개의 '특별 권력 조
직'에 의해 유린당해 노동자, 농민, 공무원, 군인, 교육자, 문화인, 무역
업자 조차 신음하는 지상 최악의 정치가 이승만정권의 실태라고 했다.29)
동시에 이승만의 한일외교 정상화문제를 개인의 투쟁성에서 찾고 감히
식민지 청산은 전혀 거론하지 않고 선린우호를 얘기하고 있다.

> "최근 5·6년 동안의 현안이 되어 있는 한일의 외교 정상화도 이정권이
> 존속하는 한, 거의 용이하지는 않을 것으로 말할 수 있다. 그 주된 이유를
> 들면, 이대통령 개인의 투쟁성에서 출발한 반일감정은 對共 보위상 불가피
> 한 조건이라고 생각되는 한일제휴의 상식조차 잃고 있어, 그 때문에 일본
> 에 대해서도 평등호혜를 기반으로 한 선린우호의 입장에 서지 않고, 항상
> 채권국이기를 바라는 시대에 뒤진 권력외교가 그의 기본태도이기 때문이
> 다."30)

여기에서 더 나아가 박춘금은, 자국의 건설에 충실해야 하는 한국으
로서는 남을 원만하거나, 적대시할 여유가 없다는 것이다.31)

회장이었던 이기동은 거부로서 군림했고, 제2차 세계대전 후에는 재
산이 약 6억원이 넘었다.32)

상애회에 대해서는『相愛會事業梗槪』(1925년 4월)를 보면 그 설립의
유래가 다음과 같이 적혀 있다.33)

> 본회의 연혁, 본회는 초기에 상구회(相球會)라고 명명하고 조선인의 구
> 제를 목적으로 설립되었다. 즉 한일합방이래 내지(日本)에 도래하는 조선

---

28) 「私の所信」, 4쪽.
29) 「私の所信」, 6~7쪽.
30) 「私の所信」, 8~9쪽.
31) 「私の所信」, 9쪽.
32) 田駿,『朝總聯研究』, 高麗大學校 亞細亞問題研究所, 1972, 121쪽.
33) 金斗鎔,『日本における反朝鮮民族運動史』, 鄕土書房, 1947, 4쪽.

인 노동자의 수가 증가한다. 당시는 내선(內鮮)인 상호간의 이해가 결핍되고 직장을 구하는데, 어려움이 많았다. 따라서 생활의 안정이 결여되었다. 또한 언어가 통하지 않아서 오해를 초래하는 일이 많이 발생하여 각지에 떠돌아 다녀서 점차로 사상이 악화되고 드디어 자포자기에 빠져서 국가를 저주하고 사람을 원망하는 죄를 범하고 있는데, 이것은 기가 막힐 일이다. 여기에서 한일합방의 정신에 의거하여 이들 여러 가지 폐해를 미연에 방지하여 내선융화(內鮮融和)의 실적으로 일시동인(一視同仁)의 성지(聖旨)에 따라서 상호 복리를 도모하는 것이라는 희망을 갖고 이기동, 박춘금 등이 약간의 사재를 투자하여 본사업을 창설하게 되었다. 이 상애화가 사회사업단체로 정식으로 조직을 보게된 것은 1921년 연말로 東京府下南千住町에 작은 사무소를 열고, 그 목적을 달성해야 할 우선 사업으로 실업자에게 직업을 소개하고, 의식(衣食)의 기회를 부여하며, 동시에 공동숙박소를 설치하여 노동자에게 주거의 장소를 제공하거나 혹은 간이 진료소를 열어 환자를 구하는 데 미력하지만 사업에 노력한다. 점차로 발전하여 1923년 여름에는 그 회원이 10만에 이르렀다.

그러나 1923년 9월 1일 대진재에 의해 이들 사업은 전멸하게 되고, 또한 조선인폭동의 와전으로 불상사가 발발하여 사태가 쉽게 수습되지 않을 것으로 생각되는데, 본회는 이 질서 회복을 계획하는데 먼저 와전을 제거함이 우선이라 하여 人形町 일선회관에 조선인 이재자 1천 수백 명을 모아서 이들을 지휘하여 불탄 거리를 정리하는데 종사케 하고, 한편으로는 일본정부, 관헌, 각 신문사 등과 협력하여 와전의 일소에 노력하여 상호 민심의 완화에 노력한다. 다행히도 효과를 거두어 趨町 1번지에 목조 2층 건물로 기숙사를 축조하고, 여기에 고학생 80여명을 수용하여 면학에 협조를 다해 왔다. 그러나 불행히도 화재 때문에 일부를 본부 사무소로 수용했다. 그런데 太平町의 사업소는 부흥정리와 함께 소학교 부지로 지정되었기 때문에 부득이 이전하게 되었는데, 대신 本所區 錦系町 4丁目 5番地에 땅을 구해서 여기에 견실한 영구적인 신관을 건축하기로 결정하고 1929년 4월 20일 준공을 보게 되었다.

본회는 단순한 사회사업단체와 그 취지를 달리하고 앞날의 국가적 대사명을 갖고, 지금, 전국적으로 확장을 보게 되었는데 大阪, 京都, 請岡, 愛知, 豊橋, 瀨戶, 桑名, 九州, 兵庫 등지에 지방 본부를 두고 그 아래에 지부, 출장소까지 두는 것으로 발전을 계속하였다. 장래에는 보다 발전을 도모하기 위해 1927년 1월 조직을 재단법인으로 개정하기로 결의하고 1928년 효과를 거둔 것은 일반의 기억 속에 존재하게 된다.

본회가 진재 당시에 봉사한 행동은 당국과 일반 민중에게도 크게 알려져서 조선총독부에서는 육군성과 교섭하여 本所區 太平町 2丁目 소재 육

군 양식창 구내 공지 약 2천 평을 불하받고, 여기에 1천여 평의 급조한 가
건물을 건설한 것을 제공받아서, 1924년 1월 여기에 사무소를 이전하고 사
무를 개시하고 다수의 조선인을 공동으로 숙박하게 했는데 이것이 지도,
보호의 임무에 해당된다.

해야할 사업은 구제사업 이외에 교화사업까지도 포함하는데, 구제사업
으로는 노동자의 공동숙박, 간이진료소, 직업소개, 인사상담, 쟁의조정이고
교화사업은 노동야학교, 일요학교 등을 설립하여 일상에서 필요한 교과와
사상의 선도에 노력했다. 또한 조선고학생의 보호를 위해 진재 당시 설립
된 진재선후회(震災善後會) 및 동경부(東京府)에서의 보조금을 기초로 하
고 조선은행에서 자금을 얻어 4월 17일자로 재단법인의 허가를 받았다.

이와 같이 상애회의 출발 그후의 발전과 사업내용이 일목요연하게 알
게 되었을 것으로 생각한다. 즉 최초 출발한 당시는 상구회라는 이름이
었다. 그런데 1921년 경에 가서 상애회로 정식 출발하고 1923년 경에는
회원이 10만명이 되었다고 한다.

이렇게 상애회는 1921년 12월 23일 창립되었다. 이를 위해 박춘금은
1920년에 丸山鶴吉와 만났고, 이기동과 함께 12월 8일 齊藤實총독을 만
났다.[34]

주요 조직을 보면, 東京總本部는 1923년 6월 현재 다음과 같다.[35]

고　　문 : 犬養毅, 頭山滿, 床次竹二郎, 河野廣中, 田辺賴眞, 肥田景之
상 담 역 : 泉田吉次郎, 內山梅吉, 栗原彦三郎,
전무상담역 : 이기환
회　　장 : 이기동, 부회장 : 박춘금
총　　무 : 김영일, 한종석
내무부장 : 박영기, 부부장 : 이승근, 장상규
외무부장 : 허방, 부부장 : 배동수, 이항우
직업소개부장 : 김창화, 부부장 : 배동수
숙박부장 : 노영구

34) M・リングホーフアー,「相愛會－朝鮮人同化團體の步－」『在日朝鮮人史
　　研究』(9), 1981. 12, 48쪽.
35)『相愛會事業梗槪』, 相愛會總本部, 1923. 6, 18~20쪽.

문화부장 : 이건재, 부부장 : 김학능, 이규학
위생부장 : 강태훈, 부부장 : 이종명
회계부장 : 김덕수,
간    사 : 이달주, 장기환, 류능수, 오사필, 이근배, 이세원, 김소득, 이갑
          병, 이규복, 허용범, 유윤상, 김성옥, 김한석, 김영근, 한희동, 박
          명수, 김갑동, 김상준, 남순도, 강두흥, 배상봉, 김용태, 문병운,
          김창준, 이강만, 송두규
촉    탁 : 大野信重, 김찬경, 김창섭
동경진료원장 : 島野亨, 부원장 : 강태훈

이와 함께 大阪·名古屋본부의 주요 역원은 다음과 같다.[36]


### 大阪본부
회    장 : 이기홍, 부회장 : 이재학
총    무 : 신문균, 내무부장 : 정영석
외무부장 : 김수현, 문화부장 : 박경수
위생부장 : 고한원, 직원소개부장 : 안병진
숙박부장 : 안종철, 회계부장 : 조태종


### 名古屋본부
회    장 : 이정희, 부회장 : 장경택
총    무 : 신학균, 내무부장 : 한종욱
외무부장 : 김병일, 문화부장 : 김준성
위생부장 : 최용운, 직업소개부장 : 박영옥
숙박부장 : 윤태옥, 회계부장 : 오만두


大阪본부는 1923년 5월 15일 大阪府西區土佐堀 청년회관에서 200여
명이 모여 발회식을 열었다. 名古屋본부는 1923년 5월 12일 名古屋 國技
館에서 350여명이 모여, 民友會의 해체식을 하고, 창립대회를 개최했다.
사무실은 名古屋市 中區 御器所町 古市場 9의 1에 두고, 민우회 사무를
모두 인수했다.[37] 여기에서는 고문에 丸山鶴吉, 齊藤實의 이름이 보이지

---

36)『相愛會事業梗槪』, 相愛會總本部, 1923. 6, 21쪽.

않는다.38)

1927년『事業施設の槪要』에 따르면, 東京府의 역원은 다음과 같다.39)

### 고문

澁澤榮一, 肥田景之, 齊藤實, 頭山滿, 山梨半造, 早川鐵治, 水野鍊太郎,
床次竹二郎, 德川義親, 湯淺倉平, 赤池濃, 丸山鶴吉, 河合彌八, 山口安憲,
中村藤兵衞, 關屋貞三郎, 三矢宮松, 犬養毅, 副島道正, 任生基義, 柳原義
光, 平渡信, 德富猪一郎, 平塚義廣, 守屋榮夫, 藤原喜藏, 松村松盛, 小河正
儀, 大久保留次郎, 高木益太郎, 龜岡豊二, 三宅驥一, 井上幾太郎, 小山松
壽, 山脇春樹, 御廚規三, 丸山幹治, 佐藤巖, 菊地愼三, 近藤駿介, 中原啓造,
依田豊藏, 淸水揚之助, 小泉信太郎, 池邊龍一, 多賀谷岩次郎

### 상담역

板倉市次郎, 內山梅吉, 北山鼎一, 渡邊平次郎, 高橋龍平, 松尾紋吉,
今野長三郎, 赤澤寬, 服部敬一, 富樫虎次郎, 福島政吉, 岡廣毅, 下松桂馬

### 東京總本部

회    장 : 이기동, 부회장 : 박춘금
총    무 : 한종석, 외무부장 : 노영구
내무부장 : 정인화, 문화부장・회계 : 이영규
숙박부장 : 배동수, 직업소개부장 : 김용상
위생부장 : 하규석, 인사부장 : 정인화
상무간사 : 橋本淸, 김종호, 조준승

### 학생기숙사 상애관

사감(총본부 총무 겸임) : 한종석
부감사 (총본부 내무부장 겸임) : 정인화

### 東京三河島지부

지부장 : 곽장훈

---

37)『相愛會事業梗槪』, 相愛會總本部, 1923. 6, 103~108쪽.
38) M・リングホーフアー, 「相愛會-朝鮮人同化團體の步-」『在日朝鮮人史
研究』(9), 1981. 12, 49쪽.
39)『事業施設の槪要』, 相愛會總本部, 1927. 5, 16~20쪽.

深川지부
지부장 : 전도경

京濱지부
지부장 : 조익규

부장급에서 노영구를 비롯해서 정인화, 이영규, 배동수, 김용상, 하규석, 김종호, 조준승, 곽장훈, 전도경, 조익규 등이 보인다. 아울러 조선인 역원은 거의 변화가 없고, 일본인 역원은 급증했다. 그리고 고문은 46명, 상당역은 13명이었는데, 역원은 齊藤實, 丸山鶴吉, 濇澤榮一, 早川鐵治, 水野鍊太郎, 副島道正 등이었다.40) 이와 함께 愛知縣·大阪府·京都·靜岡縣·山梨·和泉본부의 역원을 두었다.

그런가 하면 1928년 4월 17일 재단의 법인화,41) 이사제도의 도입으로 일본인 역원이 주류로 등장하게 된다.

이사장 : 守屋榮夫
이  사 : 肥田景之, 赤池濃, 丸山鶴吉, 이기동, 박춘금, 山口安憲, 中野太三郎, 山脇春樹
감  사 : 板倉市次郎, 草間秀雄
고  문 : 濇澤榮一, 齊藤實, 頭山滿, 水野鍊太郎. 阪谷芳郎, 宇垣一成
직  원 : 관장 : 前田佐門,
주  사 : 노영구
주사보 : 정인화,
서  기 : 武田多久夫, 지선영, 류헌, 이기세, 김용상(이하 생략)42)

1930년경의 조직과 역원은 다음과 같다.43)

---

40) M·リングホーフアー, 「相愛會－朝鮮人同化團體の步－」『在日朝鮮人史研究』(9), 1981. 12, 50쪽.
41) 『相愛會館事業要覽』, 1930年, 6쪽.
42) M·リングホーフアー, 「相愛會－朝鮮人同化團體の步－」『在日朝鮮人史研究』(9), 1981. 12, 50쪽.
43) 『相愛會館事業要覽』, 1930年, 32쪽.

이사장 : 丸山鶴吉
이  사 : 赤池濃, 守屋榮夫, 山脇春樹, 이기동, 박춘금, 森岡二朗, 武藤精宏
감  사 : 草間秀雄
고  문 : 齊藤實, 頭山滿, 水野鍊太郎, 阪谷芳郎, 宇垣一成
직  원 : 노영구, 정인화, 武田多久夫, 배동수, 류헌, 박재연
촉  탁 : 中井營次郎
병원직원 : 下田淑人, 有阪麓, 桃澤英雄 등

1939년 4월 현재 역원은 다음과 같다.

고  문 : 太養毅, 池上西郎, 林市藏, 頭山滿, 床次竹二郎, 德富猪一郎, 大木
        遠吉, 赤池濃, 澁澤榮一 등

**東京總本部**
회  장 : 이기동
부회장 : 박춘금
총  무 : 한종석, 손기수
역  원 : 안홍, 노영구, 이영수, 김남환, 배동수 등

상애회의 조직확대 과정을 간단히 보면, 1921년 본부의 설립, 1923년 5월 12일 名古屋,[44] 5월 15일 大阪본부[45]가 설치되었다. 1923년 8월 大阪 三島본부, 9월에 大阪府 岸和田市 和泉본부가 설치되었다.[46]

大阪의 본부 발회식은 200명의 참가자가 西區 土佐堀靑年會館에 모여서 거행했다. 사무소는 임시로 大阪四ツ橋빌딩 내에 두고, 6월 4일에 大阪市 西區 岡弁天町 3丁目 136번지의 2층 건물로 옮겼다. 회장은 이기홍, 부회장은 이재학, 총무는 신문균이었다. 7명의 부장을 보면, 내무부

---

44) 1923년 6월의 사무실 주소는 다음과 같다. 名古屋市中區御器所町古市場 9-1(『相愛會事業梗槪』, 相愛會總本部, 1923. 6 참조).

45) 1923년 6월 사무실은 다음과 같다. 大阪市西區岡辨天町3丁目136號, 電話 : 西3244(『相愛會事業梗槪』, 相愛會總本部, 1923. 6 참조).

46) M・リングホーフアー, 「相愛會－朝鮮人同化團體의 步－」『在日朝鮮人史 研究』(9), 1981. 12, 50쪽.

장 정영석, 외무부장 김수현, 문화부장 박경수, 위생부장 고한원, 직업소
개부장 안병진, 숙박부장 안종철, 회계부장 조태중이었다.

　이렇게 1923년에는 역원이 조선인이었으나 1927년에는 大阪본부에 4
명의 일본인 고문이 보인다. 林市藏(府지사), 池上四郎, 森田友五郎(변호
사), 稻畑藤太郎(府의원)이었다. 조선인의 절반이 바뀌고, 부회장 이재홍
이 사임되었다.[47] 1927년 5월의 각 본부는 大阪, 名古屋, 甲府, 靜岡, 京
都 등에 설치되어 회원이 약 10만명이었다.[48] 특히 大阪에는 中津지부,
中津지부 三國出張所, 中津지부 浦江出張所, 鴨野지부, 三島지부가 있었
다. 大阪府에서 제일 큰 지부는 岸和田市 和泉본부였다. 岸和田市 北町
30번지에 있었다. 부근의 민간 12호를 약 1만원으로 매수하여, 주택과
무료숙박소, 무료직업소개소, 인사상담부 등을 만들었다.[49] 이 조직의
내용은 『相愛會事業梗槪』(1927年 7月)에 따르면 다음과 같다.[50]


일본인 고문
舟木二三二(岸和田市長), 森下重格(대판부문서통계과장), 岸本熙(岸和田경
찰서장), 川崎正一(大阪府會議員),

상담역
前川由太郎(岸和田市사회과장), 原靜村(岸和田市會議員)

회　장 : 김국필
부회장 : 전택영, 김봉의
총　무 : 이학형, 김병온, 신기석
부　장 : 김형수, 신기석, 조형주, 송중옥, 김상홍, 김영황, 박영래, 곽종상
간사장 : 전주영
泉南출장소장 : 최복율

───────────
47) M・リングホーフアー, 「相愛會-朝鮮人同化團體の步-」 『在日朝鮮人史
　　研究』 (9), 1981. 12. 51쪽.
48) 『事業施設の槪要』, 相愛會總本部, 1927. 5, 2쪽.
49) 『相愛會事業梗槪』, 相愛會和泉本部, 1927. 7, 68쪽.
50) 『相愛會事業梗槪』, 相愛會和泉本部, 1927. 7, 14~20쪽.

이 和泉본부는 1928년 8월 29일 재단법인이 되었다. 1931년 9월 28일 和泉본부는 大阪본부가 되었다. 사무실을 大阪市北區扇町5번지로 옮기고, 大阪府下 본부가 지부로 되었다.[51]

1930년 4월에는 13개 본부, 35지부(조선 4지부) 및 56개 출장소의 체제를 갖추었다. 본부를 지역별로 들면, 大阪에는 阪神本部, 大阪中央本部, 大阪本部, 城東本部, 三島本部 및 大阪府의 和泉本部가 있었다.[52]

1931년 지역별 조직의 현황은 회원 16,803명, 44개 단체를 두고 있었다. 지역별 상황을 보면, 愛知縣 16개 단체, 6,695명, 靜岡 1개 단체, 118명, 福岡 8개 단체, 1,489명, 長崎 6개 단체, 343명, 佐賀 2개 단체, 160명, 東京 5개 단체 3,580명, 京都 1개 단체, 70명, 大阪 5개 단체, 4,350명이다.[53] 상애회는 1932년 이후 내선융화단체의 증가에 따라 조직이 약해지는데, 요인은 재일조선인 내부의 반상애회 의식과 일제의 신뢰 상실, 박춘금의 의회진출 등을 들 수 있다.[54] 마침내 동경총본부는 1941년 3월 해산되었고, 4월 해산식에서 잔여 재산 13만여 엔은 동경협화회 등의 10개 단체에 기부되었다.[55]

### 3) 회관

이상과 같은 상애회는 東京總本部의 경우 여러 차례 건물을 옮겼다. 1923년 관동대지진까지는 東京市 赤坂區傳馬町 1丁目 1번지,[56] 이후에는 日本區人形町 日鮮會館에, 그리고 1924년 1월 조선총독부를 통해 本

---

51) M・リングホーフアー,「相愛會－朝鮮人同化團體の步－」『在日朝鮮人史研究』(9), 1981. 12, 52쪽.

52) 대판부의 자세한 조직 상황은 다음을 참조. M・リングホーフアー,「相愛會－朝鮮人同化團體の步－」『在日朝鮮人史研究』(9), 1981. 12.

53) 『在留朝鮮人運動』, 1931, 319쪽.

54) M・リングホーフアー,「相愛會－朝鮮人同化團體の步－」『在日朝鮮人史研究』(9), 1981. 12, 53쪽.

55) M・リングホーフアー,「相愛會－朝鮮人同化團體の步－」『在日朝鮮人史研究』(9), 1981. 12, 53쪽.

56) 전화번호는 다음과 같다. 芝7442.

所區太平町 2丁目 1번지로 옮겼다. 특히 1924년 1월 옮길 때는 조선총독
부로부터 4만원의 자금을 지원받았고, 매년 5천원 씩의 보조금으로 사
무비의 일부와 무료숙박소, 무료직업소개소, 간이진료원, 인사상담부,
간이식당, 일용품 염가 판매소 등을 설치했다.[57]

1926년 3월 19일 제국호텔 당국자들을 초대하여 사업을 설명하고, 회
관 설립의 불가피성을 얘기하고 양해와 원조를 청했다. 이 자리에서는
교섭, 계획, 경리, 감독 등의 전반적인 문제에 대해 丸山鶴吉에게 일임하
기로 했다.[58] 여기에 대해 당시 東京市長은 감사의 뜻을 표하고 원조할
것을 밝혔다.

1929년에는 4월 20일[59] 本所區柳島町 19번지에 콘크리트 4층 건물로
이사했다.[60]

상애회는 자금의 지원을 일본정부, 조선총독부, 각종 은행을 통해 지
원 받았다. 상애회는 大震災善後會와 東京府에서 약 6만원의 보조금, 朝
鮮銀行에서 4만원의 저리자금을 융통했다. 이 돈으로 麴町 1번지의 기
숙사 相愛會館을 건립했다. 名古屋 본부는 1925년 7월 愛知縣지사로부
터 총액 4만원의 기부금 모집을 허가받았다.[61]

## 3. 상애회의 활동

상애회의 사업을 회칙을 통해 정리해 보면 다음과 같다. 회원의 사회
도덕 및 인의정도의 정신 함양, 회원의 지식 및 인격 향상을 위한 기관
의 설치, 보건 위생기관의 시설, 근검저축의 장려, 무료숙박소의 설치,
무료직업소개소의 설치, 쟁의 상담 및 인사상담, 각종 관혼상제의 지원

57) 『事業施設の槪要』, 相愛會總本部, 1927. 5, 3쪽.
58) 『事業施設の槪要』, 相愛會總本部, 1927. 5, 58~59쪽.
59) 『相愛會館事業要覽』, 1930年, 6쪽.
60) M・リングホーフアー, 「相愛會－朝鮮人同化團體の步－」 『在日朝鮮人史
    硏究』 (9), 1981. 12, 49쪽.
61) 『事業施設の槪要』, 相愛會總本部, 1927. 5, 4쪽.

등이었다.[62] 사업보고서의 주요 내용은 숙박, 주택, 진료, 직업소개, 야학, 일요학교, 학원, 감화, 식가, 구제사업, 적금 등으로 구성되어 있다.[63]

초기 상애회의 활동 자금은, 즉 1921년 12월 이후 1923년 8월까지는 이기동과 박춘금이 냈다.

이러한 상애회는 경찰과 협력하여 많은 활동을 했다. 특히 1928년 이후 매년 건국제에 참가했고, 조선인공산주의자들은 일본의 충견이라고 비난했다.[64]

## 1) 일반사업

### 〈무료직업소개〉

무료직업소개소는 1921년 12월 23일 설립과 함께 설치되어 상임간부 5명으로 시내의 각 공장과 청부업자를 방문하여, 신원을 보증한다며 직업을 알선했다. 여기에는 경찰관서의 협조가 있었다.[65] 1922년 1년 동안의 무료 직업소개의 실적은 구직자 10,878명에 취직자가 9,096명이었다.[66]

1923년 4개월 동안은 구직자 5,234명, 취직자 4,226명이었다.[67] 상애회가 무료로 직업을 주선하고 있다고 할 수는 없다.

직업소개를 상애회는 조선의 노동성을 자극하여 산업 발전에 자산이 되게 한다는 불합리한 논리에 따라 추구했다. 취직 알선의 방법은 상애회 간부가 직접 일자리를 찾거나,[68] 아니면 경찰서에 의뢰했고, 또한 조선인 노동자를 직접 모집해 가기도 했다.[69] 1927년의 경우는 500명 전후

62) 『相愛會事業梗槪』, 相愛會總本部, 1923. 6, 9쪽.
63) 『事業報告書』(1934. 10, 1935. 7), 財團法人 相愛會館 참조.
64) 小熊英二,「朝鮮生まれの 日本人」『コリアン・マイノリティ硏究』(1), 1998, 42쪽.
65) 『相愛會事業梗槪』, 相愛會總本部, 1923. 6, 25~26쪽.
66) 『相愛會事業梗槪』, 相愛會總本部, 1923. 6, 26~27쪽.
67) 『相愛會事業梗槪』, 相愛會總本部, 1923. 6, 28쪽.
68) 『事業施設の槪要』, 相愛會總本部, 1927. 5, 36쪽.

의 조선인을 취직시켰다고 한다.

그러나 그들은 알선료를 자본가로부터 1인당 얼마씩을 이면으로 받고 있었다. 또한 주선한 사람들로부터는 임금에서 주선료를 받고, 또한 임금에서 몫을 띠어서 착취하고 있었다. 특히 여공의 경우는 여공에게 돌아갈 급료를 회사측으로부터 받아가서 횡령하는 사건이 전국적으로 있었다.

〈노무관련〉

상애회는 노동쟁의에 개입했다. 이들은 경찰과 같은 권한을 갖고 개인생활도 조사하며, 신원보증인으로 행세했다.[70] 일본인과의 쟁의 중재는 그들의 가장 좋은 돈벌이 재료였다. 통계를 보아도 1922년 1월부터 1923년 5월까지 사이에는 2백 여건이 발생했는데, 그 대부분은 미리 정리되었다. 상애회는 적극적으로 '조선인의 일은 상애회에 의뢰하라'는 말이 나돌 정도로 이 문제에 개입했다.[71]

1922~1923년(1월에서 5월까지) 사이에 조선인과 일본인 사이에서 관심을 불러일으킨 충돌 사건으로 상애회가 중재했던 것은 2백여 건이었다. 이틀 평균 1건의 비율이었다. 그 이유는 여러 가지였는데, 중요한 쟁의사건으로 언급한 통계표에 따르면 다음과 같다.

1. 조선인의 언어 불충분으로 인한 오해.
1. 공사장에서 점심 식사 때 조선인에 한해서 차를 못마시게 했다.
1. 언어의 불충분으로 오해를 사고, 톱으로 조선인의 등을 잘랐다.
1. 일본인 4명이 함께 조선인의 주택에 가서 음식을 강요했다.
1. 공사장에서 조선인에 대해서 무리하게 일을 강요했다.
1. 음식점에서 조선인을 불결하다고 모욕했다.

---

69) M·リングホーフアー,「相愛會－朝鮮人同化團體の步－」『在日朝鮮人史研究』(9), 1981. 12, 58쪽.
70) M·リングホーフアー,「相愛會－朝鮮人同化團體の步－」『在日朝鮮人史研究』(9), 1981. 12, 60쪽.
71)『相愛會事業梗槪』, 相愛會總本部, 1923. 6, 56쪽.

1. 건축현장에서 조선인을 채용하지 않았다.
1. 임금을 지불하지 않았다.

그런가 하면 대우개선을 요구하며 1928년 8월 2일 일어난 內海방적주식회사 조선인 여공파업은 상애회의 횡포를 근절하기 위한 목적에서 전개한 노동쟁의로서 유명하다.[72] 이들이 요구한 대우개선을 보면, 6개 조항 가운데에서 상애회 관련 내용이 '상애회 간부 전택근의 폭행을 인정하고 추방할 것, 상애회 취체를 철폐할 것, 상애회와는 모든 관계를 끊을 것' 등 3개 조항이었다. 100명의 한국인여공이 벌인 이 쟁의는 15일간의 지구전 끝에 회사측이 노동자의 조건을 모두 받아들여 종료되었다.

1929년, 岸和田방적공장이 있던 泉州지역은 한국인여공의 실업이 급속히 증가했다. 특히 이 지역은 상애회의 횡포가 가장 컸던 지역이었다. 당시 상애회는 노동자를 소개하고, 공장 내에서 노무관리를 하며, 쟁의를 파괴하는 것은 물론이고 여공을 폭행하여 사창가에 팔아 넘기는 일이 많아 여공의 원성이 자자했던 것은 널리 알려져 있다. 여기에 대한 여성 노동자들의 불만이 많았으므로 泉州합동노동조합 내에는 '상애회 혁신동맹'이라는 조직이 만들어져서『투쟁월보』라는 조선어 격문을 발간했다. 이 격문에는 '3·1독립운동을 기념하자'를 비롯한 민족운동에 관한 내용과 岸和田 방적여공의 대우개선투쟁을 고취하는 내용으로 이루어져 있었다. 평소에 상애회의 횡포에 불만을 품던 여성 노동자들은 격문과 '상애회 혁신동맹'의 오르그를 통해 노동조합에 가입하는 수가 늘어났다. 여기에 3회에 걸쳐 임금인하 조치가 내려지면서 쟁의가 일어났다. 이와 같이 岸和田방적공장쟁의는 실업의 증가, 상애회 횡포, 기업주의 횡포, 노동조합의 활동이 배경이 되어 발생했다.

1929년 8월 6일, 본사공장에 근무하던 조선인 여성 노동자 200여명을 필두로 7일에는 1,302명이 대우개선을 요구하며 쟁의에 돌입했다. 그리고 8일에는 본사 조선인 여성노동자 전원이 파업에 동참하였고, 10일에

---

72)『日本勞働通信』, 1928年 8月 4日.

는 野村공장에서 해고된 여공들이 동정파업을 하는 등 파업은 확산되었다. 이에 회사측은 종전과 마찬가지로 일단은 상애회를 동원해 진압했다.

이렇게 和泉지방의 경우, 1929·30년 전후의 여공의 쟁의는 상애회의 지위를 억제하기 위해서 일어났다. 그리고 이를 위해 반상애회 단체로 '상애회혁신동맹'을 조직했던 것이다.[73]

한편 쟁의의 원인을 크게 구별하면, 1) 차별대우, 2) 임금을 지급하지 않을 것, 3) 언어 불통, 4) 기타로 분류할 수 있다. 더군다나 이들 쟁의가 일어났을 때 상애회의 역원들은 거기에 중재한다고 개입하여 화해를 주선하는데, 대개는 미리 사죄케 하여 사례금으로 얼마씩을 탈취하여 착복했던 것이다. 일본인과의 쟁의 해결 방식을 보면, 상애회에서 중재한 경우, 상대방에서 사죄한 경우, 재판소에서 해결한 예 등이 있었다.[74]

〈주택문제〉

주택문제는 재일조선인에게 심각했다. 일본사회는 조선인에게 집을 빌려주지를 않았다. 상애회는 창립과 함께 무료숙박소를 설립했다. 東京府下 南千住町 字三之輪 89번지에 2층 건물 25평 18첩을 빌어 설치했고, 1922년 7월 南千住町 字千住南 850번지로 사무소와 함께 이전했다.[75] 두 곳의 숙박소와 함께 本所 永倉町宿泊所, 함바도 있었다.[76] 함바는 1923년 6월 10여 곳에 180명이 수용되어 있었다.

1924년 상애회는 학생기숙사 건립과 사회사업비 약 11만원의 예산을 상정하여, 大震災善後會로부터 3만원의 기부금을 받고, 東京府로부터 3

---

73) M・リングホーフアー,「相愛會－朝鮮人同化團體の步－」『在日朝鮮人史研究』(9), 1981. 12, 60쪽.
74)『相愛會事業梗槪』, 相愛會總本部, 1923. 6, 60~62쪽.
75)『相愛會事業梗槪』, 相愛會總本部, 1923. 6, 29쪽. 상애회가 무료숙박소 설치를『相愛會事業梗槪』(相愛會和泉本部, 1927. 7)는 1923년 9월에 빈곤구직자의 숙박과 급식을 위해 했다고 한다(『相愛會事業梗槪』, 相愛會和泉本部, 1927. 7, 29쪽).
76)『相愛會事業梗槪』, 相愛會總本部, 1923. 6, 34쪽.

만원의 보조금으로 건축을 결정했다. 그리고 조선은행에서 저리자금 4만월을 빌어 건축을 시작했다.[77]

그러나 1925년이 되면 본래의 취지와 달리 1/3이 일본인이 투숙했다. 이로 인해 상애회에 대한 불심감이 팽배하기도 했다. 대체로 숙박소나 주택은 상애회 본부 내와 부근에 설치하고, 교육과 동화사업의 장이 되었다.[78]

〈야학〉

야학은 東京의 총본부에서 1922년 1월 14일 南千住宿泊所에 설치했다. 주 1회 이상 수신, 일본어, 조선어, 산수 등을 주로 숙박소 이용자를 대상으로 가르쳤다.[79] 조선어를 가르친 것은 국내의 가족에게 편지를 쓸 정도의 최소한의 내용이었다.[80] 일본어는 회화를 위한 내용이었다.

1926년 8월 야학부를 설치하여, 단기 실용적인 차원에서 노동자에게 필수적인 수신, 일본어, 한글을 가르쳤다.[81] 이 때는 잡기장을 비롯한 필요한 모든 것을 상애회에서 지급했다고 한다.

이러한 야학과 어린이를 위한 일요학교도 1929년에는 폐교되었다. 동화에 지장을 준다는 것이 주된 이유였다. 설립 이래 교육을 받은 사람은 1923년 6월까지 24,000명이었다.[82]

또한 회원의 지식 함양을 통한 인격의 향상을 도모하기 위해 명사를 초청하여 강연회를 열고, 회원 상호간의 지식을 교환하기 위해 토론회도 개최했다.

77) 『事業施設の槪要』, 相愛會總本部, 1927. 5, 39쪽.
78) M・リングホーフアー, 「相愛會－朝鮮人同化團體の步－」『在日朝鮮人史研究』(9), 1981. 12, 60쪽.
79) 『相愛會事業梗槪』, 相愛會總本部, 1923. 6, 47쪽.
80) M・リングホーフアー, 「相愛會－朝鮮人同化團體の步－」『在日朝鮮人史研究』(9), 1981. 12, 61쪽.
81) 『相愛會事業梗槪』, 相愛會和泉本部, 1927. 7, 35쪽.
82) 『相愛會事業梗槪』, 相愛會總本部, 1923. 6, 48쪽.

### 〈부속병원〉

조선인은 일본에 가면 기후와 음식, 주거 등의 문제로 질병에 노출되어 있었다. 조선사람이 일본에서 가장 고통받는 병은 각기병으로, 치료를 못 받아 중태에 빠지는 일이 다반사였다. 특히 공공시설에서의 진료는 수속이 번잡하여 죽는 일이 많았다.

상애회는 1922년 9월 1일 東京市 赤坂區 傳馬町 1丁目 1번지 83평의 3층 建洋館 正平病院을 인수하여 상애회부속 東京診療院을 설치했다. 여기에는 조선인뿐만 아니라 일본인도 진료했고, 특히 진료권을 발행했다.[83] 1922년 콜레라가 유행하자 경찰서와 청년단에 가서 무료로 주사를 놔주었다. 이와 함께 조선인이 많이 살던 本所區에 東京診療院 분원을 두었다. 이곳은 무료숙박소와 함께 1922년 12월에 폐지되었다. 南千住宿泊所에는 의사를 파견하여 진료하기도 했다.

### 〈간이식당〉

조선인 노동자들은 대부분 새벽에 출근을 하기 때문에 아침을 거의 먹지 못했다. 물론 돈이 없어서 제대로 식사를 할 수 없는 상황이었다. 상애회는 1922년 8월 숙소의 일부를 개조해서 직영 식당을 설치하여 하루 50전의 실비를 받았다. 그러다가 1923년 2월에 폐지하고, 회원이 직접 관리하기도 했다. 특히 간이식당의 폐지와 함께 숙박소 부근의 식당과 특약을 맺어, 무료 식권을 발행했다.[84] 이것도 지극히 제한적이었다.

### 〈기타〉

1923년 2월 17·18일에 東京 國技館을 필두로 하여, 名古屋, 京都, 大阪에서 씨름대회를 열었다. 東京에서는 13,000명을 모았다. 역사 100명과 기생을 데리고 와서 판을 벌였다.[85] 1923년 이후 금주제도를 실행하기

---

83) 『相愛會事業梗概』, 相愛會總本部, 1923. 6, 40~42쪽.
84) 『相愛會事業梗概』, 相愛會總本部, 1923. 6, 37~38쪽.

로 하고 당초에는 주로 폭음을 하지 않게 하여 점차 금주하도록 권유하는 방침을 세웠다. 그리고 어기는 자는 5원 이하의 벌금을 부과하도록 했다. 이와 함께 저축을 권장했다.[86]

상애회는 관동대지진으로 사망한 조선인을 위해 1주년 기념사업으로 1924년 9월 1일 東京의 총본부에서 相愛神社를 설치했고,[87] 이후 慰安 祝賀, 儀式弔問, 선행자 표창 등의 행사를 치렀다. 이와 함께 매년 1928년부터는 건국제에 참가했다.[88] 1931년 상애회는 일제의 만주침략을 기화로 東京에서 1931년 10월 15일 「만주피학살조선인동포추도회」를 芝 增上寺에서 개최하고, 2천여 명의 사람을 모았다. 총본부에서 二重橋까지 도보로 행진했다.[89]

이상과 같은 상애회는 일본정부에서 보조금을 받거나 혹은 유지들로부터 기부금을 받아서 이것을 착복해 왔다. 다른 한편 조선인에게 일선융화를 얘기하고 그 앞잡이로 진보적 분자의 검거와 탄압에 협력하여 완전히 일본반동 정부의 어용으로서의 역할을 했다.

### 2) 1923·24년의 활동

상애회는 일제가 조종하는 반동단체이다. 특히 재일본조선노동총동맹이 조직되어 산하에 전일본 재주 백여 만의 노동자가 결속하게 되자, 같은 노동자를 대상으로 하여 그 기반 위에 세우려고 한 상애회는 이 재일본조선노동총동맹 산하 각지의 노동조합에 대해서 폭력적인 테러를 자행했다. 일본의 관헌이 음으로 양으로 이것을 지원하고, 뒤에서 지도했다.

---

85) 『相愛會事業梗槪』, 相愛會總本部, 1923. 6, 90~95쪽.
86) 『相愛會事業梗槪』, 相愛會和泉本部, 1927. 7, 38~39쪽.
87) 『事業施設の槪要』, 相愛會總本部, 1927. 5, 45쪽.
88) M・リングホーフアー, 「相愛會－朝鮮人同化團體の步－」 『在日朝鮮人史 研究』 (9), 1981. 12, 57쪽.
89) M・リングホーフアー, 「相愛會－朝鮮人同化團體の步－」 『在日朝鮮人史 研究』 (9), 1981. 12, 53쪽.

1923년 관동대지진 때 박춘금의 활동을 주목할 필요가 있다. 東京을 중심으로 한 관동지방 일대에 대지진이 일어나 땅이 갈라지고 집이 무너지고 화염이 충천하였다. 이것이 유명한 대지진, 즉 1923년 9월 1일 오전 11시 58분에 일어난 격진으로 20만여 가옥이 무너지고 동시에 일어난 화재로 인하여 東京, 橫濱은 거의 회진되고 24만여의 사상자를 보았다.

박춘금은 이 기회를 이용했다. 당시의 혼란과 공포 속에서 흥분된 시민들의 동요사태는 수습할 도리가 곤난하여 정부 당국자들은 이를 기회로 사회주의자들의 민중봉기가 있지 않을까 하여 공포를 느끼고 있을 때 박춘금은 頭山滿을 방문하여 "조선인 및 사회주의자들이 진재를 계기로 폭동을 일으켜 황실을 전복하려고 계획하고 있다"라는 터무니도 없는 말로, 만일 그들을 없애 버린다면 그 일은 자기가 맡겠다고 했다.[90]

頭山滿은 당시 加藤 내각의 내무대신 水野鍊太郎과 회의를 하고 조선인과 중국인을 모략 학살할 것을 성안하였다. 그리고 박춘금을 불러 水野鍊太郎과 회견케 하였고, 또한 박춘금이 조선 동포를 살해하도록 하청했다. 水野鍊太郎는 9월 2일 새벽에 "조선인, 지나인, 사회주의자들이 각지에서 약탈·방화를 자행하니 각지에서는 엄종 취조할 일"이라는 무전을 치고, 박춘금은 상애회 회원을 총동원시켜 "조선인들이 방화·강간·약탈 상륙하였다. 죽은 시체에서 금반지·금니를 도탈한다" 등의 모략 선전을 했다.[91] 이렇게 상애회는 관동대지진을 통해, 일본 경찰에 이용가치를 확신시켰다.

이러한 관동대지진 때 박춘금의 죄악이 『동아일보』에 보도되었다. 이에 박춘금은 하오리 하까마에 게다짝을 끌고 서울로 와서 동아일보사를 백주에 습격하였다. 불의의 습격을 당한 송진우는 혼비백산하여 뒷문으로 도피하고 박춘금이 게다짝으로 사무실을 아수라장으로 만들었다. 그 후부터 박춘금은 눈동자를 부릅뜨고 돈있는 사람들을 방문하고 상애회

90) 『민족정기의 심판』(『친일파죄상기』, 학민사, 1993), 83쪽.
91) 『민족정기의 심판』(『친일파죄상기』, 학민사, 1993), 83쪽.

기부금을 강요했다. 그는 春滿광산을 경영했다. 그의 광산은 지대는 좋
으나 매년 결손으로 급기야는 경영난에 빠지자 박춘금은 최창학을 찾아
가 춘만광산 경영권을 위임하였다. 문제는 의외로 최가 경영하자 실적
이 좋아진 사실이다. 이렇게 되자 박은 조선총독부 고관을 매수하여 최
창학을 무고하였다. 드디어 최는 패소하고 박은 승리하여 거액의 이익
을 보게 되었다.[92]

　1924년 3월 각파유지연맹 결성 때의 박춘금의 행동은 주목된다. 東京
에서 상애회를 조직해 일제의 신임을 받은 박춘금이 재일조선인 노동자
들을 폭력으로 착취·통제하는 한편 조선에 와서까지 폭력을 휘두르고
공갈을 일삼은 예는 한두 건이 아니었다. 그 가운데 가장 대표적인 것이
1924년 4월 2일 밤 동아일보사 사장 송진우와 사주 김성수에게 가한 폭
행사건이다. 박춘금이 이러한 안하무인의 폭력을 자행하게 된 것은 어
떤 연분으로 맺어진 것인지는 모르나 그가 총독부 경무국장 丸山鶴吉과
밀착되어 있었기 때문이었다.

　3·1운동 후 민족운동이 다양한 형태로 발전해 가는 것을 우려한 경무
국은 그간 양성해 온 친일단체의 연합을 추진하여 1924년 3월 25일 '각
파유지연맹'이라는 것을 결성하였다. 박춘금의 상애회, 송병준의 소작인
상조회, 민원식 계열의 국민협회 등 11개 친일단체 대표 34명이 그 구성
원이었다.

　이러한 각파유지연맹의 결성이 알려지자 『동아일보』는 3월 30일자
사설 「소위 각파유지연맹에 대하여」를 통해 이를 공격했다. 그러자 이
날 밤 동아일보사 사장 송진우와 사주 김성수는 평소에도 지면이 있던
각파유지연맹의 이풍재로부터 '회고담이나 나누고 싶다'는 명목으로 요
리집 식도원으로 초대를 받았다.

　두 사람이 식도원으로 가자 각파유지연맹 대표들 5, 6명이 이미 와 있
었다. 이들이 술잔을 나누던 중 『동아일보』사설을 두고 시비가 벌어졌
다. 이 때 옆방에서 박춘금을 비롯한 10여 명이 뛰어들어 "우리 사업을

---

92) 『민족정기의 심판』 (『친일파죄상기』, 학민사, 1993), 84쪽.

방해하는 놈은 죽여 버린다"고 위협하며 폭행을 가했다. 유도를 하고 일본 깡패식으로 단도를 쓸 줄 안다는 박춘금이 주동적이었다.

이들은 『동아일보』가 공개사과를 하든지 아니면 사장 송진우가 각파 유지 연맹에 사과문을 보내고 3,000원의 돈을 내놓으라고 강요했다. 결국 권총까지 들이대는 박춘금의 협박에 눌려, 송진우는 '사담:주의주장은 반대하나 인신공격을 한 것은 온당하지 못한 줄로 증(證)함'이라는 각서를 써 주었고 김성수는 3000원을 주겠다는 약속을 한 끝에 수시간 만에 빠져 나왔다.

박춘금은 이 사건이 있기 전인 그 해 1월에서 2월에 걸쳐 일본 노동자들이 입는 하삐 복장에 단도와 몽둥이까지 들고 동아일보사에 나타나 해외동포 위문금으로 모은 돈을 내놓으라고 7, 8회나 행패를 부린 일이 있었다. 어쨌든 식도원 폭행사건이 보도되자 각 사회단체는 이를 폭력을 통한 총독부의 언론탄압으로 규정하고 '언론탄압 탄핵 민중대회'를 열려다 경찰에 저지 당하는 등 파장이 확대되었다. 한편 동아일보사는 丸山경무국장에게 강력히 항의함으로써 박춘금 일당의 행패는 더 이상 발생하지 않았다

### 3) 대재일조선인 운동세력에 대한 반동적 활동

상애회와 재일조선인 노동자와의 충돌에 조목할 필요가 있다. 이것이 조직의 실체에 접근하는 한 내용이기 때문인데, 재일본조선노동총동맹을 비롯한 노동운동 및 각종 재일조선인 사회운동세력은 상애회를 일본 제국주의세력과 동일한 존재로 인식하였다. 1920년대의 조선인 사회운동 세력과 상애회의 충돌의 내용을 보면 다음과 같다.

1925년 1월 9일 상애회원 20여명이 大阪府 岸和田 방적공장의 김병원 집을 습격해 김병원이 좌경단에 가입했다는 이유로 가족을 폭행하여 눈알이 빠지는 중상을 입혔다. 같은 해 4월 25일에는 상애회가 회원 40여명을 동원하여 대판관서연합회와 노동연주회를 습격하고, 연주회의 송

남섭 등 4명과 관서연합회 김용태를 상애회 사무실로 끌고 가 폭행하는 사건이 발생했다. 상애회가 이들 단체를 습격한 이유는 대판에서 열린 在日勞總 제2회 대회에서 상애회를 겨냥하여 '異類단체박멸의 건'을 결의했기 때문이다.

특히 1926년 5월 濱松市에서 일어난 일본악기회사쟁의에 대해 상애회원들이 쟁의본부를 습격했다. 상애회원들은 쟁의현장에서 이범구라는 조선인이 연설을 했다는 이유로 濱松市 소재 일본악기회사 쟁의본부를 습격하여 수십명의 중상자를 냈다. 재일본조선노동총동맹은 5월 20일 조사부장을 濱松에 파견하였다. 5월 백기형, 김진철 등 福岡의 상애회 간부 5명은 조선 소년 1명을 납치하여, 옷을 벗긴 후 묶어놓고 폭행을 가하여 혼수상태에 빠트렸다.

1926년 6월 13일 상애회는 재일본조선노동총동맹 사무실을 습격하여 박천 등 9명에게 중경상을 입혔다. 이 사건으로 인해 재일본조선노동총동맹과 상애회의 대립이 본격적으로 개시되었다. 재일본조선노동총동맹은 1926년 6월 13일 본부 사무소가 습격당한 것과 쟁의부장 김삼봉의 집이 습격당하고 김삼봉이 상애회 아지트에서 고문당한 사실을 선전하며 상애회 괴멸을 주장했다.[93] 국내 각 단체는 전진회 주최로 6월 27일 연합토론회를 열어 대책을 강구했다. 인천노련은 상애회 박멸을 결의하고 재일본조선노동총동맹을 위문하기 위해 특파원 2명을 파견하기까지 했다. 관서연합회도 이 사건과 관련하여 1926년 6월 14일 긴급조합대표회의를 열고, 17일 박철·김영식·최영선·유근실·朝日俊雄·윤계진·최화익 등 7명을 東京로 파견했다.

같은 달 14일에는 山梨縣에서 상애회에 입회하지 않는다는 이유로 취로중인 조선인 토공들을 습격하여 3명이 즉사하고 50명이 중상을 입었다. 같은 해 9월부터 靜岡縣에서는 상애회 간부 3명이 일선융화를 가장하고 부녀자를 유인하여 東京과 名古屋 등지에 매매한 사실이 발각되기도 했다.

---

93) 「일본의 동지제형 여러분에게 고함」(1926. 6. 15), 大原社會問題研究所 소장.

1927년 2월 하순에는 상애회원이 靜崗縣 金谷町에서 상애회 입회를 거절한 조선인 노동자 십여명을 집단 폭행하여 이 가운데 2명이 사망하고 10여명이 중상을 입혔다.

그런가 하면 상애회는 건국회와 '내치외교 진흥동맹'을 조직하고 1928년 4월 6일부터 9일까지 연설회를 열어 어용의 모습을 노골적으로 드러냈다. 이에 대해 재일본조선노동총동맹은 '상애회 박멸 무산단체협의회'를 조직하고 '건국회 박멸 무산단체협의회'와 제휴하여 박멸 선전주간 투쟁을 전개했다.[94] 특히 동경조선노동조합 남부지부는 「반동단체를 박멸하자! '내선공영회'와 '상애회'」라는 문건에서 "대중을 기만하고 있는 … 내선공영회와 상애회의 배후에는 엇쩐놈이 잇는 것도 잘 알 것이다"고 일본제국주의의 음흉한 술책에 전면적으로 투쟁하여 여지없이 박멸해야 한다고 했다. 그리고 투쟁의 힘을 일선공영회와 상애회를 박멸하는쪽으로 몰았다.[95]

당시 상애회는 남부 大森 반원에게도 테러를 자행했다. 大森 반원들이 근처 도로에서 노동하는 것을 알고 상애회쪽에서는 회사의 '오야가타'에게 말해 반원들의 노동을 못하게 잡아놓고 상애회에 가입을 강요했으며, 나아가 회비와 입회금을 내라고 했다. 이러한 반동적 행동에 재일본조선노동총동맹은 반, 지부, 본부 차원에서 지속적으로 투쟁해 나아갔다.[96] 남부 지부는 헌옷과 내의를 모아서 희생자구원회에게 조직적으로 보냈다. 이렇게 희생자구원회를 적극적으로 지지, 지원했으며 동시에 출옥동지 위안회와 망년회를 통해 서로를 위안하고 조직의 강화를 도모했다.[97]

---

94) 『無産者新聞』(145), 1928. 4. 10.
95) 「투쟁뉴쓰」(동경조선노동조합 남부지부, 1928년 12월 12일, 早稻田大學 마이크로필름실 소장).
96) 「투쟁뉴쓰」(동경조선노동조합남부지부, 1928년 12월 12일, 早稻田大學 마이크로필름실 소장).
97) 「투쟁뉴쓰」(동경조선노동조합남부지부, 1928년 12월 12일, 早稻田大學 마이크로필름실 소장).

동경조선노동조합 제3회 대회가 열린 얼마 후인 1929년 4월 26일 동경조선노동조합 동부지부를 상애회가 습격했다. 이것은 일본 경찰의 지원 아래 진행되어 오히려 그들의 비호로 피해자인 조합원이 구속되었으나 지배계급의 직접, 간접적인 방해는 '최후의 발광 이외에 아무것도 아니다'면서 관동지방 조합대표자회의는 자위단을 조직해 반동단체 상애회의 처단을 강력히 주장했다.98) 이 상애회 습격에 대항하여 橫濱을 중심으로 한 자위단 200여명은 상애회 川崎지부를 역습했다. 여기에 대해 상애회 東京 본부는 관헌과 깡패 150여명으로 폭력단을 조직하여 川崎로 갔다. 혁명적 노동자 200여명은 조합원의 응원 아래 관헌의 탄압에 대항해서 투쟁했다.99) 본부는 「警視廳の手先相愛會を叩潰せ」라는 문건에서 "우리는 지금 무엇보다도 의의 있는 자위단을 조직, 확대시켜야 하는 객관적 정세에 직면하고 있어 이것이야말로 초미의 긴급한 일이다"고 하면서 "상애회가 조선노동조합에만 반동단체는 아니며 조선노동조합에만 습격한 것이 아니다. 조선, 일본, 대만 나아가 지나의 형제에게도 적이다"고 했다. 그리고 자위단의 조직은 세포 조직, 프롤레타리아가 있는 곳, 빈농이 있는 곳이면 어디에서나 진행되어야 한다면서 전국적 규모의 조직 구축을 주장했다.

1929년 4월 시기 동경조선노동조합 동부 지부와 神奈川縣조선노동조합이 1929년 5월 15일 수행했던 일도 있었다. 이 투쟁 이후 반동단체의 박멸투쟁을 강화하며 자위책으로 자위단 조직을 기도하고 '자위단은 어떤 임무를 갖고 어떻게 조직할까,' '상애회를 파괴하자'는 삐라를 살포했다. 여기에서 장차 내란이 일어나면 적위군의 기초가 될 조직이 바로 자위단임을 강조했다.

1929년 상애회를 앞장세운 소위 5·23탄압에 의해 재일조선노동총동

---

98) 在日本朝鮮勞動總同盟 關東地方組合代表者會議,「반동단체 상애회를 철저히 박멸하자!」(1929. 4월경, 早稻田大學 마이크로필름실 소장).

99) 東京朝鮮勞動總同盟,「警視廳の手先相愛會を叩潰せ」(1929. 5. 17,『無產者新聞』(226), 1929. 6. 1,『日本社會運動通信』(50), 1929. 7, 早稻田大學 마이크로필름실 소장).

맹의 50여명이 체포되었다. 여기에 '解放運動犧牲者救援會 東京府支部
協議會'는 희생자 구원에 나섰다.[100] 같은 해 5월 25일 재일본조선노동
총동맹은 관헌의 추격·체포를 당하고 吉이라는 조선인 노동자가 검거
되어 생사의 기로에 있었지만 川崎지부 자위단의 주도로 橫濱일대에서
성공적으로 상애회를 격퇴해 냈다.[101] 川崎에서의 충돌은 재일본조선
노동총동맹의 승리로 귀결되었으며 10분 사이에 400여명의 노동자를
동원하고 반동 자동차대를 격퇴한 것은 정규군에도 떨어지지 않는 것
이었다. 이후 東京 南部지역에서는 谷山班 하나가 200여명의 노동자를
동원해 상애회를 격퇴한 일이 있으며 北部지역에서는 상애회의 지부원
전부를 노동조합원으로 획득하여 완전히 상애회의 기반을 파괴시키기
도 했다.[102]

1930년 5월 1일 名古屋메이데이 때 愛知縣조선노동조합[103]은 전협 名
古屋지부로 합류할 것을 정식으로 성명했다. 名古屋지회의 성립은 이
지역의 상애회세력과의 전면적인 대결이었다. 1929년 2월 13일 상애회
愛知縣 본부의 간사 김태석은 회원을 名古屋지회에 빼앗긴 것에 대한
보복으로 지회장 이민한을 납치, 폭행했다.

## 4. 맺음말

이상과 같이 상애회의 이념, 조직, 활동을 살펴보았다.

---

100) 『無産者新聞』(238), 1929. 8. 20.
101) 在日本朝鮮勞動者運動總同盟 「相次ぐ彈壓に際し日本の同志に檄す」(1929)
    在日本朝鮮勞動者運動總同盟 「相次ぐ彈壓に際し日本の同志に檄す」(1929.
    6. 9, 『無産者新聞』(230), 1929. 6. 28).
102) 金浩永, 「在日本朝鮮勞動者運動總同盟の鬪爭と新方向」 『日本社會運動通信』
    1930. 1.
103) 金光烈, 「1930年代名古屋地域における朝鮮人勞動運動」 『在日朝鮮人史硏
    究』(23), 1993, 4~5쪽 참조.

## 1) 이 념

전술했듯이 상애회는 한일합방을 합리화하는 사상, 즉 천황에 대한 일시동인의 사상으로 일관하고 있다. 상애회라는 이름은 즉 인류상애의 정신, 공존공영의 본의에 입각한 일선융화를 위해서 만들어졌다고 하나 어용단체였다.

상애회의 사상은 「我我の國家新日本」에서 대강을 확인했다. 박춘금은 '신일본'이란 '새롭게 크게 된 일본'이라면서 일본제국의 국호에 '大'를 부치는 것은 일본이 대제국을 완성했다는 의미라고 했다. 그리고 그는 조선사람이 일본을 사랑하는 것은 이상한 일이 아니라면서, 한일합방에 대해 적극 지원하고, 민족운동을 부정했다. 이와 함께 동화정책의 조선에서의 불철저를 불만족스럽게 생각했다.

## 2) 조 직

상애회의 최초의 출발은 상구회였고, 1921년 12월 23일 창립되었다. 이 때 丸山鶴吉와 齊藤實총독의 지원이 있었다. 東京總本部는 1923년 6월 고문 : 犬養毅, 頭山滿, 床次竹二郎, 河野廣中, 田辺賴眞, 肥田景之, 회장 : 이기동, 부회장 : 박춘금체였다. 1927년에는 고문 : 澀澤榮一, 肥田景之, 齊藤實, 頭山滿, 山梨半造, 早川鐵冶, 水野鍊太郎, 床次竹二郎, 德川義親, 湯淺倉平, 赤池濃, 丸山鶴吉, 河合彌八, 山口安憲, 中村藤兵衛, 關屋貞三郎, 三矢宮松, 犬養毅, 副島道正, 任生基義, 柳原義光, 平渡信, 德富猪一郎, 平塚義廣, 守屋榮夫, 藤原喜藏, 松村松盛, 小河正儀, 大久保留次郎, 高木益太郎, 龜岡豊二, 三宅驥一, 井上幾太郎, 小山松壽, 山脇春樹, 御廚規三, 丸山幹治, 佐藤巖, 菊地愼三, 近藤駿介, 中原啓造, 依田豊藏, 淸水揚之助, 小泉信太郎, 池邊龍一, 多賀谷岩次郎, 동경총본부 회장 : 이기동, 부회장 : 박춘금이었다. 조선인 역원은 거의 변화가 없고, 일본인 역원은 급증했다.

1928년 4월 17일 재단의 법인화와 이사제도의 도입으로 일본인 역원이 주류가 되었다. 이사장 : 守屋榮夫, 이사 : 肥田景之, 赤池濃, 丸山鶴吉, 이기동, 박춘금, 山口安憲, 中野太三郎, 山脇春樹, 관장 : 前田佐門체제였다. 1939년 4월 역원은 고문 太養毅, 池上西郎, 林市藏, 頭山滿, 床次竹二郎, 德富猪一郎, 大木遠吉, 赤池濃, 澁澤榮一 등, 東京總本部 회장 : 이기동, 부회장 : 박춘금체제였다.

이상과 같은 상애회는 1921년 본부의 설립 이후, 1923년 5월 12일 名古屋, 5월 15일 大阪본부가 설치, 1923년 8월 대판 三島본부, 9월에 대판부 岸和田市 和泉본부가 설치되었다. 1930년 4월에는 13개 본부, 35지부, 56개 출장소의 체제가 되었다. 1931년 현황은 회원 16,803명, 44개 단체를 두고 있었다. 愛知縣 16개 단체, 6,695명, 靜岡 1개 단체, 118명, 福岡 8개 단체, 1,489명, 長崎 6개 단체, 343명, 佐賀 2개 단체, 160명, 東京 5개 단체 3,580명, 京都 1개 단체, 70명, 大阪 5개 단체, 4,350명이었다. 동경총본부는 1941년 3월 해산되었다.

상애회는 동경총본부의 경우 여러 차례 건물을 옮겼다. 1923년 관동대지진까지는 東京市 赤坂區 傳馬町 1丁目 1번지, 日本區 人形町 日鮮會館, 本所區 太平町 2丁目 1번지, 本所區 柳島町 19번지로 이사했다.

## 3) 활　동

상애회의 사업은 회원의 사회도덕 및 인의정도의 정신 함양, 회원의 지식 및 인격 향상을 위한 기관의 설치, 보건 위생기관의 시설, 근검저축의 장려, 무료숙박소의 설치, 무료직업소개소의 설치, 쟁의 상담 및 인사상당, 각종 관혼상제의 지원 등이었다. 활동 자금은 주로 이기동과 박춘금, 일본정부와 조선총독부의 지원에 의지했다.

무료직업소개소는 1921년 12월 23일 설립과 함께 설치되어 직업을 알선했다. 그들은 알선료를 자본가로부터 1인당 얼마씩을 이면으로 받고 있었다. 상애회는 노동쟁의에 개입했다. 일본인과의 쟁의 중재는 가장 좋은 돈벌이 재료로, 대부분은 미리 정리되었다. 주택문제는 재일조선인에게 심각했다. 일본사회는 조선인에게 집을 빌려주지 않았기 때문이었

다. 창립과 함께 무료숙박소를 설립했다. 주 1회 이상 수신, 일본어, 조
선어, 산수 등을 주로 숙박소 이용자를 대상으로 가르쳤다. 특히 1926년
8월 야학부를 설치하여, 단기 실용적인 차원에서 노동자에게 교육을 했
고, 직영 식당을 설치하여 실비로 운영하다가 회원이 직접 관리하기도
했다.

조선인은 일본에 가면 기후와 음식, 주거 등의 문제로 질병에 노출되
어 있었다. 상애회부속 東京診療院이 설치, 조선인뿐만 아니라 일본인도
진료했다. 아울러 씨름대회를 열고, 금주, 저축을 권장했다. 특히 1923년
관동대지진 때 박춘금은 頭山滿, 水野錬太郎와 협의하여 진재 뒷정리를
했다. 아울러 각파유지연맹 결성 때,『동아일보』사설을 두고 시비를 벌
렸다.

그런가 하면 재일조선인 사회운동세력은 상애회를 일본제국주의세력
과 동일한 존재로 인식하고, 부단히 투쟁했다. 공장에서 현장에서 그리
고 단체 사무실에서 충돌했다. 특히 1926년 6월 13일 상애회가 재일본조
선노동총동맹 사무실을 습격하여 박천 등 9명에게 중경상을 입히자, 전
진회 주최로 6월 27일 연합토론회를 열어 대책을 강구했다. 또한 1929년
4월 26일 동경조선노동조합 동부지부를 상애회가 습격하자, 관동지방
조합대표자회의는 자위단을 조직해 반동단체 상애회의 처단을 주장했
다. 이 상애회 습격에 대적하여 자위단은 상애회 川崎지부를 역습하기
도 했다.

# 3장

## 재일의 문화와 식민지 박물관

# Ⅰ. 일본제국주의 하의 재일조선인의 문화

## 1. 머리말

일본 속의 재일조선인[1]의 모습은 무엇으로 설명할 수 있을까. 김치, 불고기, 야구선수, 빠칭코, 이러한 표현은 오늘의 재일조선인을 生活·文化的으로 規定하는 요소들이다.

文化는 생각이나 느낌일 뿐만 아니라, 실천을 의미한다. 문화의 구체적 형태는 언어, 예술, 지식뿐만 아니라 계급집단의 집합적 행위, 하위집단의 스타일, 정치적 담론 등을 포함한다고 할 수 있다. 생각, 느낌, 욕망, 도덕적 신념, 주체성 등 의식형태들은 그것이 나타나게 되는 별도의 제도적 영역이 있는 것이 아니라, 모든 존재조건의 영역에서 형성되고 표현되는 것이다.

20세기는 文化의 세기이다. 最近에 文化는 國民國家의 아이덴티티를 애기할 때 한 要素로 擧論되며, 大衆을 啓蒙시키고 社會化하는 수단으로 자리잡고 있다. 따라서 文化는 힘을 갖고 있다고 認識되었고, 쉽게 政治的 脈絡 속에서 政策과 敎育을 통해 발현되었다. 이러한 現狀은 19세기에서 20세기로 넘어가는 시점부터 분명했고, 결국 文化는 국가의 統合과 支配를 위해서 利用되어 왔다.[2]

---

1) 1952년 4월 28일 민사국장의 통첩에 의해 재일조선인은 일본국적을 이탈하여 외국인이 되었고「귀화」,「조선」,「한국」국적을 선택해야 했다. 재일코리안 중의「조선」국적과「한국」국적의 비율은 1965년 이전에는「조선」국적이 압도적이었으나, 그 후는「한국」이 압도하고 있다. 현재 일본 언론에서는 외국인으로서「한국인」과「조선인」을 통칭할 때,「한국·조선인」이라고 하는데 '재일코리안'이라고도 한다(姜在彦,「「在日」百年の歷史」『環』(11), 2002年 秋, 159面). 본고에서는 歷史主義的 觀點에서 '在日朝鮮人'으로 표현한다.

2) 田村克己,『文化の生活』, ドメス出版, 1999年, 13~21쪽 참조.

오늘날의 일본 문화는 근대 서구의 문화가 들어가 日本化된 것이라고
할 수 있다. 明治 初期 日本 文化는 서구 시민문화와 달리 봉건적 구성
원리가 적용된 가운데, 부분적으로 민중문화, 귀족문화가 별도로 존재했
다. 근대 日本의 文化는 개방 속의 서구문화의 일본화를 시도한 것으로,
봉건적인 것과 서구적인 것이 결합된 중층성을 띠고 있었던 것 같다. 이
러한 근대 일본의 문화는 1920년대를 통해 대중적인 내용이 이해된다고
생각한다.

1920년대 일본의 대중문화를 보면,[3] 大正期에는 중등 교육이 보급이
도모되고 대학과 전문학교가 세워지고 여자의 중, 고등 교육도 충실해
졌다. 또 소학교에서는 개성을 중요시하고 자주성을 중시하는 자유 교
육의 운동이 시작되었다. 유럽풍의 동요와 동화가 확대되는 것도 이 시
기였다. 학문과 문예에도 새로운 경향이 일어나서, 동양과 서양의 철학
을 통일하려는 시도와 민간 전승을 모아 민속학의 진로를 개척하려 한
연구자도 등장했다. 특히 사회주의 사상이 영향력을 밝휘하여, 프롤레타
리아 문학이 노동자의 생활을 적극적으로 그리고 있다. 이때는 신문과
잡지의 발행이 뚜렷하게 문화의 대중화에 큰 역할을 수행했고, 또한 영
화와 연극이 대중문화의 중심적인 자리를 차지하기 시작했다. 1925년
일본에서 시작된 라디오 방송은 순식간에 보급되고 신문과 함께 정보원
이 되었다. 그리고 여러 가지 스포츠도 광범위하게 확산되었다.

이와 함께 도시에는 서양풍의 생활 방식이 채택되었다. 주택의 일부
에는 서양식이 유행하고 라이스 카레, 돈카스, 고로케 등의 양식이 인기
를 끌었다. 양복은 남성에 우선 보급되고, 소학교에서도 남자아이에게
양복을 입히는 것이 많아졌다. 버스걸과 전화교환수를 비롯해 새로운
직장에 여성이 진출하고, 여학생의 제복에 양장이 채용되었다.[4] 이러한

---

3) 1999년판『新日本史』교과서의 내용 참조.
4) 한편 1944년이 되자 미국은 사이판을 점령하고, 그곳을 기지로 하여 일본
  본토 공습을 시작했다. 폭격의 대상은 군수시설과 공장뿐만 아니라, 주택
  지까지 미쳤고, 다음해에는 동경과 대판을 비롯한 일본의 주요도시가 공습
  의 대상이 되어 시가지의 대부분이 불에 타서 벌판이 되었다. 특히 1945년

일본의 근대적인 대중문화는 조선의 근대문화에 있어, 그 규정력이 절대로 작지 않았다. 특히 일본 속의 재일조선인의 문화에 영향을 미쳤던 것은 부정할 수 없다.

재일조선인의 문화는 조선 문화가 변화된 것이었다. 이러한 변화는 文化 受用을 통해 이루어졌고, 그 速度는 정책적인 통제 아래에서도 그리 빠르지는 않았던 것 같다.[5] 그러나 시간이 지나면서 변화의 양상은 다양해졌고, 생활 속에서는 보다 분명해졌다.[6] 실제로 戰前 在日朝鮮人의 문화는 日本과 朝鮮 사이에 존재했던, 또 다른 공간이었다.

植民地民으로서 도일한 在日朝鮮人은 다른 민족의 도일과 정착의 역사와 차별적이다. 그리고 생존의 방식도 달랐다. 그들은 생존과 투쟁의 역사를 피차별 속에서 創出했다. 따라서 그들의 문화는 지배자의 역사 속에서 그리 많이 얘기되고 있지는 않다. 그래서 일본 경찰의 자료에서조차 많은 지면을 割愛받지 못하고 있는 狀態였다. 그것은 일본 당국이

3월의 동경대공습은 큰 피해를 초래하여 하루밤에 8만명 이상의 시민이 희생되었고, 100만명이 집을 잃었다. 그래서 일본에서는 제2차 세계대전은 「전체전쟁」이라고 한다. 점령으로 고초를 당한 사람들과 전장에 내몰린 병사뿐만 아니라, 전쟁에 가담하지 않았던 사람에게도 후방이라고 하는 의미로, 보통의 일본 사람은 전쟁 때문에 고통스러운 생활을 강요당했다. 일본 국내에서는 다수의 남성이 전장으로 끌려갔기 때문에, 극단적인 노동력 부족에 직면했고 고교와 중학생까지 공장과 농촌에서 일해야 했다. 또한 군수물자의 생산이 우선시 되었기 때문에 식료품이 부족했고, 어려운 생활이 계속되었다. 또한 공습이 격화되자 소학생은 부모의 곁을 떠나 농촌으로 집단 소개되었다. 그 속에서 재일조선인은 존재해야만 했다.
한편 일본 정부는 전쟁의 실제 진행상황을 국민들에게 전하지 않았고, 다수의 사람들은 일본이 전쟁에서 승리할 것이라고 믿고 생활했다. 일본 정부의 선전도 있고, 일본은 신국이기 때문에 절대로 승리할 것이라는 생각에 빠진 사람이 많았다. 또한 정부를 비판하는 것은 위험시되었고, 비판한 사람은 탄압을 받았다.
5) 山中速人, 「在日朝鮮人のエスニッック・アイデンテぃテぃ形成と複合文化狀況」 『在日朝鮮人史硏究』 (16), 1986年, 98쪽.
6) 특히 도시 주변에 거주하는 조선인은 현재 독특한 조선 사회를 형성하며, 독자성을 유지한 것도 사실이다.

재일조선인을 통제와 동화의 대상으로만 생각했기 때문이었다.

　본고는 在日朝鮮人 역사의 연구에서 주목되지 않았던 재일조선인의 문화에 대해 살펴보고자 한다. 본고를 시작할 때는 일본 문화의 충돌 공간으로서의 재일조선인의 문화를 그려보고자 했으나, 관련 자료의 한계로 朝鮮村을 중심으로 한 재일조선인의 문화를 서술하는데 그친다. 물론 조선촌 이외의 지역의 사람들의 문화도 거론하겠지만 재일조선인에게 생활과 문화의 중심은 역시 조선촌이었다. 빈곤과 비위생, 글을 읽을 줄 모르는 사람들이 모인 朝鮮村은 조선인에 대한 일본인의 편견을 확대 재생산하는 물적 토대였다. 이곳은 일본과 조선의 지배와 피지배의 관계를 반영하는 공간으로, 일본 사회 속의 피지배자의 최저층을 형성했다.[7] 따라서 이곳의 문화가 곧 식민지와 제국주의가 만나는 공간이라고 생각한다. 그리고 이 조선촌의 문화가 바로 재일조선인의 문화라고 생각한다.

　이와 함께 본고는 일본 전역의 재일조선인을 대상으로 하는 연구이지만, 자료적 한계와 인구 구성의 지역적 편중과 정치·문화적 집중도 때문에 불가피하게 大阪과 東京을 중심으로 살펴보고자 한다. 물론 이 두 지역은 재일조선인 사회에서 지금도 다수가 거주하는 공간으로, 지역 자체가 재일조선인의 역사에서는 상징성이 있다고 생각한다. 아울러 본고는 1937년을 종점으로 하여 협화회 사업 실시 이전의 문화적 현상에 주목하여, 일본 당국의 정책의 변화와 관련된 시기별 재일조선인 문화의 변화에 대해서는 다음 기회로 미루어 고찰하고자 한다.

　戰前 일본 정부의 각종 자료는 주로 지배와 동화의 대상으로 재일조선인을 파악하고 있다. 따라서 잔존해 있는 일본 당국의 자료는 정치적, 사회적 상태에 주목하는 내용들로 채워져 있는 것이다. 본고는 이러한 자료적 한계를 극복하기 위해, 기본적으로 일본 당국의 자료와 최근의 중요한 사회사, 각종 문화 관련 선행 연구를 참조하면서,[8] 당시의 조선

---

7) 姜在彦,「「在日」百年の歷史」『環』(11), 2002년 가을, 155쪽.
8) 각종 자료와 선행 연구에 대해서는 外村大, 金仁德의 硏究史 整理의 글을

인이 썼던 1차 자료(回顧, 활동가들의 傳記, 당시 발간된 新聞·雜誌 등)를 기초로 하여 작성한다.

## 2. 生活·文化的 空間으로서의 朝鮮村

### 1) 日本帝國主義의 統制政策과 渡日

戰前에 朝鮮人이 日本에 가는 것은 새로운 삶의 출발이었다. 그것을 日帝는 철저하게 통제했고, 적극적으로 활용했다. 조선총독부의 도일정책은 집단적인 노동자 관리를 목표로 하여, 단계적으로 시행되었다.

식민지 조선에서 도일관리를 담당한 부서는 朝鮮總督府 警務摠監部 保安課였다. 경무총감부는 강제병합이 이루어지기 직전인 1910년 6월에 만들어졌고, 보안과는 외국여권 관련 업무를 담당했다. 그러나 여권관련 업무가 도일관리는 아니었다. 보안과가 도일노동자의 도일을 본격적이고 직접적으로 관리한 것은 1913년부터였다.[9] 그리고 1922년 12월에는 여행증명제도가 철폐되고, 1923년에는 '도항증명제'가 실시되었다. 1923년경부터 일본 경제는 만성적 공황상태에 빠지게 되었고, 이에 따라서 특수한 경우를 제외하고 단체 모집이 허가되지 않았다. 1923년의 관동대지진 때의 파괴된 시가지를 복구하려면 노동력이 필요하여 일본 정부는 '도항증명제'를 폐지했다. 일본 경제의 상황이 악화되자, 내무성은 1925년 8월 도일을 제한해 달라는 요청을 했고, 잇달아 조선인 노동자의 실업문제가 일어나 1925년 10월부터 도일저지가 정책적으로 실시되었다.[10]

---

참조할 것(外村大, 「在日朝鮮人史研究의 現狀과 課題에 대한 一考察 – 戰前期를 對象으로 하는 研究를 中心에 – 」『在日朝鮮人史研究』(25), 1995. 9, 金仁德, 「日本地域 獨立運動에 關한 研究의 回顧와 展望」『韓國史論』(26), 1996).

9) 鄭惠瓊, 「日帝下 在日韓國人 民族運動의 研究 – 大阪地方을 中心으로 – 」, 韓國精神文化研究院 韓國學大學院 博士論文, 1999年, 23쪽.

10) 金仁德, 『植民地時代 在日朝鮮人運動 研究』, 國學資料院, 1996年, 29쪽.

특히 1928년 7월 조선총독부는 도일허가 조건을 까다롭게 하여 지참
금을 60엔 이상 소지하고, 노동 브로커의 모집에 의한 것이 아닌 조선인
의 도일만을 허용했다. 1927년 3월 일본경제는 금융공황으로 큰 타격을
받았고, 1929년 세계공황에 의해 보다 심화되자 일본 기업의 조선인 노
동자 단체 모집은 제한되었다.

한편 1930년대 일제의 도일정책은 조선인의 도일과 일본 생활에 결정
적인 영향을 미쳤다. 1930년대의 도일정책은 一時歸鮮證明書制度와 渡
航紹介狀 發給制度로 얘기할 수 있다.[11] 일시귀선증명서제도는 도일 조
선인의 증가를 억제하는 효과가 있었다. 그러나 도일 조선인의 귀환율
에도 영향을 주어, 조선인의 정주화를 강화하는 결과를 낳았다.

일시귀선증명서제도는 1930년 7월에 약간의 보완을 거친 후 1930년대
전기간 동안 조선인의 도일을 통제했다. 그러나 일시귀선증명서제도를
한층 강화한 1930년대 도일정책의 결정판은 1936년 5월에 경무국이 발
송한 規例通牒이었다.[12] 이 통첩은 당시까지의 모든 도일 관련 규제가
갖는 문제점을 보완한 것으로, 주요한 내용은 도일을 원하는 조선인은
본적지나 주소지 소재 관할 경찰서장한테 '도항소개장'을 발급받아야
한다는 내용과 일본 거주 조선인의 피부양자 도일과 관련한 여러 기준
을 마련한 사실 등이었다.

또한 조선인은 1939년 9월부터 1942년 2월까지 이른바 '모집'이라는
방식으로 강제연행되었다.[13] 1942년 3월부터 1944년 8월까지는 '조선인
내지 이입 알선요강'에 의거하여, 조선총독부의 외곽단체인 조선노무협
회가 노동자의 알선, 모집사업의 주체가 되어 이른바 '관알선'을 정책적
으로 채택했다. 그리고 1944년 9월부터 1945년 8월 패전에 이르는 시기
에는 '국민징용령'이 적용되어, 공공연히 무차별적으로 강제연행이 진행

---

11) 鄭惠瓊,「日帝下 在日韓國人 民族運動의 研究-大阪地方을 中心으로-」,
    韓國精神文化研究院 韓國學大學院 博士論文, 1999年, 35쪽.
12) 內務省 警保局,「特高警察通牒」, 朴慶植 編,『在日朝鮮人關係資料集成』
    (3), 三一書房, 1975年, 20~23쪽.
13) 金仁德,『强制連行史研究』, 京仁文化社, 2003年, 28~30쪽.

되었다.

도일한 조선인은 1920·30년대에 가장 많았다. 따라서 일본에 거주하는 조선인 인구가 급증했다. 이때 도일자가 급증한 것은 조선 경제의 어려움과 새로운 삶에 대한 욕구가 작용했다. 물론 열악한 취업 환경도 무시할 수 없는 상태였다. 1930년대 중기부터는 재일조선인의 경우는 광공업 부문의 종사자가 증가했고, 불안정한 임시직인 각종 잡업, 근육 노동, 영세한 공장에 종사하는 사람이 늘어났다. 따라서 일용노동자가 전체 직업 분포 중에서 가장 많은 부분을 차지하게 되었다. 일본 당국은 이들 조선인의 약점으로, 한 곳에 오랫동안 安着하지 못하고 돈을 많이 받는다면 다른 곳으로 언제든지 옮아간다는 사실을 지적하고 있다. 그리고 일에 있어 熟練度가 떨어져서, 사용주가 신뢰할 수 없다고 했다.[14] 이러한 시각은 철저히 사용자의 시각으로, 조선인 도일의 본질적 이유와 在日의 의미에 대한 편견에서 나온 잘못된 시각이었다.

한편 소수이지만 公務員, 銀行員, 學校 敎師, 新聞社 및 雜誌社 記者, 醫師, 辯護士의 도일도 있었다.[15] 물론 이들이 일본 내에서 비슷한 직종에 취업했는지는 숙제이다.

이상과 같은 재일조선인 노동자의 일반 생활 상태는 일본인 노동자 가운데는 최하위에 속했다. 도시의 자유노동자의 생활상태와 비교해 보아도, 그 이하로 비참, 그 자체였다.[16]

도일한 조선인들이 전원 일본에 잔류하여 계속 생활했던 것이 아니고, 고향으로 되돌아간 사람들도 적지 않았다. 1920년대 말에 일본에서 귀환한 조선인에 대한 조사 내용을 참고하면, 전체 귀환자 중에서 다시 도일할 예정의 일시적인 귀환자가 52%였다. 다시 도일할 의지가 전혀

---

14) 朝鮮總督府, 「阪神·京浜地方の朝鮮人勞動者」 (大正 13年 7月), 朴慶植 編, 『在日朝鮮人關係資料集成』 (1), 三一書房, 1975年, 411쪽.

15) 大阪地方職業紹介事務局, 「朝鮮人勞動者調査」 (1930年), 朴慶植 編, 『在日朝鮮人關係資料集成』 (2), 三一書房, 1975年, 1178쪽.

16) 中央職業紹介事務局, 「東京府下在留朝鮮人勞動者二關スル調査」 (大正 13年) 朴慶植 編, 『在日朝鮮人關係資料集成』 (1), 三一書房, 1975年, 439쪽.

없는 영구 귀환자들은 48% 정도였다. 즉 전혀 다시 도일할 의사가 없는 사람들이 전체의 반 가까이 되었던 것이다. 그들 영구 귀환자들의 귀향 이유는 극빈의 생활 또는 노동 중에 입은 재해로 인해 질병에 걸렸다든지, 구직 실패 또는 장기적인 실업으로 생활이 극도로 곤란했기 때문이었다. 이를 통해 당시 조선의 농촌에서 수많은 조선인들이 생활의 곤경을 해결하려고 일본으로 구직 이동했지만, 그 중 적지 않은 사람들은 일본에서의 생활에 적응하지 못하고 다시 고향으로 되돌아왔다.[17]

그런가 하면 도일한 조선인은 새로운 근거지를 마련해 갔다. 언제인가는 돌아간다고 생각하면서도[18] 조선인은 새로운 생활의 근거지가 필요했다. 도일하는 것이 힘든 만큼, 재일의 어려움을 조선인은 경제·정치·사회적 지위 향상의 공간으로 생각했다.

일본 정부의 정책적인 차원에서 볼 때 문제는 재일조선인이 나태하며, 비위생적이고, 지식이 저급하며, 도박벽이 있다는 사실이었다.[19] 따라서 그들의 생활과 문화는 정책적인 차원에서 지도와 同化의 대상이었다. 특히 조선인 아동의 문제에 주목하여, 미취학 아동의 방지에 노력하는 모습도 보인다.[20]

## 2) 朝鮮村의 形成과 發展

일본에서 이른바 '코리아타운'이라는 이름을 내건 최초의 지역은 猪飼野의 朝鮮市場이다. 이밖에도 '코리아타운'이라고 칭하는 곳은 일본 각지에 있는데, 東京 新大久保의 '新宿코리아타운', 東京의 荒川區 三河

---

17) 金廣烈,「재일 조선인은 어떻게 형성되었나」『재일조선인 그들은 누구인가』, 삼인, 2003년, 78쪽.
18) 神戶市役所社會科,「在神半島民族의 現狀」(昭和 2年 9月), 朴慶植 編,『在日朝鮮人關係資料集成』(1), 三一書房, 1975年, 603쪽.
19) 司法省刑事局,「朝鮮人問題」(昭和 3年), 朴慶植 編,『在日朝鮮人關係資料集成』(1), 三一書房, 1975年, 251쪽.
20) 神戶市役所社會科,「在神半島民族의 現狀」(昭和 2年 9月), 朴慶植 編,『在日朝鮮人關係資料集成』(1), 三一書房, 1975年, 606쪽.

島의 '三河島코리아타운', 神奈川縣 川崎市 櫻田상가와 시멘트거리 일대
의 '川崎코리아타운' 등이 있다.21)

戰前 在日朝鮮人의 定住의 空間을 日本에서는 朝鮮人部落, 朝鮮人集
住地, 朝鮮人村, 朝鮮町, 朝鮮人多住地區 등이라고 부른다.22) 이러한 朝
鮮村의 形成은 일본의 근대화 과정에서 釀成된 일본인의 조선인에 대한
민족적 차별의식에 더해 조선촌에 대한 지역차별을 낳았다. 당시 일본
정부는 더러운 곳, 사회악을 낳는 溫床이라고 생각했다.23)

도일한 조선인은 일본 전역에 거주했다. 이들의 거주 상황은 일본의
산업구조 및 노동조건과 관련을 갖고 있었고, 이주 초기인 1910년대에
는 北海道·福岡·大阪·兵庫 등지의 조선인 증가율이 높다. 이들 지역
가운데 줄곧 10% 이상의 증가율을 보이는 곳은 大阪과 福岡였다. 일본
자본주의가 발전함에 따라 넓은 노동시장과 비교적 나은 노동조건으로
인해 조선인 노동자는 大阪으로 밀집하게 되었다.24) 또한 먼저 터전을
잡은 조선인 노동자를 찾아 大阪으로 향하는 조선인들의 도일이 늘어남
에 따라, 大阪에 거주하는 조선인은 점차 늘어났다.

이에 비해 福岡는 1910년대 일본 최대의 광산지인 九州에서도 가장
조선인이 밀집한 지역으로 대규모 탄광이 존재했다. 福岡은 노동조건이
열악하여 항상 노동자의 이동이 잦은 곳이었다. 그러나 이 지역 조선인
증가율은 낮아지지 않았다. 그 이유는 福岡의 지리적인 조건과 무관하
지 않다. 福岡은 관부연락선의 종착지와 가까운 곳에 위치하여, 도일 조
선인에게 관문이었다. 또한 일본 노동시장에 대해 아무 정보나 연고가

---

21) 鄭鴉英,「路地裏から發信する文化」,『環』(11), 2002年 冬 266쪽.
22) 外村大,『在日朝鮮人社會의 歷史學的研究』, 早稻田大學 博士論文, 84쪽.
   이 가운데 필자는 朝鮮·朝鮮人의 마을이라는 의미로 '朝鮮村'이라는 용
   어를 사용한다.
23) 西成田豊,『在日朝鮮人의「世界」と「帝國」國家』, 東京大學出版會, 1998
   年, 69쪽.
24) 金光烈,「在日朝鮮人은 어떻게 形成되었나」『在日朝鮮人 그들은 누구인
   가』, 삼인, 2003年 참조.

없던 조선인이 탄광노동자로서 첫발을 내딛었던 곳이었다. 이주자가 급속히 늘어난 1920년 전후 朝鮮村이 조성되기 시작했는데, 제일 먼저 마을이 형성된 곳은 도일자가 최초로 발을 내린 下關과 門司였다.

이주한 조선인의 정주 공간인 조선촌은 일본인의 눈으로 보면 그야말로 더러운 곳이었다. 그러나 사고나 질병으로 어려움에 처하면 치료도 받을 수 있고, 여비를 마련할 수 있는 공간, 해방의 공간이었다.[25] 이렇게 조선촌은 단순히 주거문제만을 해결하는데 의미가 있었던 것은 아니었다. 이와 함께 민족의 진로를 고민하며 함께 꿈을 꾸며, 단체를 만들어 적극적으로 활동을 전개했던 정치적 중심이기도 했다.

대체로 조선촌은 함바, 회사의 사택, 저지대, 습지대, 하천부지 등지에 조성되었다. 이 조선촌의 조선인은 생활 속에서 일본문화와 만났다. 술 먹고, 옷 입고,[26] 자는 것에서 일본과 충돌했다. 조선촌에서 해방을 만끽했다. 막걸리도 먹고, 한복을 입으며, 온돌을 만들어 사용했다. 물론 일상적으로 정종을 마셨고, 우동을 먹었으며, 기모노를 입었다. 고다츠를 사용하며. 일본말을 쓰고, 조선말도 썼다. 자연스럽게 일본문화가 수용되었던 곳이 '조선촌'이었다.[27]

---

25) 樋口雄一, 「在日朝鮮人部落の積極的役割について」 『在日朝鮮人史研究』 1, 1977年, 28~29쪽.

26) 兵庫縣社會課의 『朝鮮人の生活狀態』(昭和 12年 4月)를 보면, 일본 옷을 입는 경우 75.7%, 조선옷을 입는 경우가 24.33%였다. 이것은 어디까지나 수치상의 문제로 다른 지역과 시기에 따라서 그 내용은 다르다고 생각한다. 특히 일본옷(和服)과 양복을 입는 것을 성공의 상징으로 생각하는 경우도 있었다(名古屋地方職業紹介事務局, 「朝鮮人勞動者に關する調査」(昭和3年), 朴慶植 編, 『在日朝鮮人關係資料集成』 (1), 三一書房, 1975年, 689쪽). 여성의 의상은 주로 한복이 주종이었지만, 겨울에는 겉에 코트를 걸치고 안에 한복을 입기도 했다.

27) 요즘의 일상적인 재일조선인의 생활문화를 보면, 김치를 상식하는 경우가 대부분이다. 야키니쿠(燒き肉)나 김치는 일본인도 많이 먹고, 김치는 수퍼나 24시간 연쇄점(콘비니)에서 보통 팔고 있다. 옷은 장례식 때 삼베옷을 입는 경우을 제외하고는 일본인과 크게 다르지 않다. 정장 韓服은 成人式이나 結婚式 등에 제한되어 있다. 이른바 코리안타운을 중심으로 하는 지

이 가운데 막걸리는 상징적인 의미가 있다. 일본인 세계에서 떨어진 조선촌에는 막걸리가 있었다. 막걸리, 곧 탁주라고 하는 것은 ドブロク(濁酒)로, にごりさけ(濁り酒)라고 한다. 집 한쪽 구석에서 간단히 만들 수 있었다. 재일조선인이 많아짐에 따라서, 조선인이 사는 부락이 형성되고, 거기에서 판매되었던 것이 이 탁주였다. 발각되지 않으면 주세가 부과되지 않았기 때문에, 비교적 싸게 만들어졌다. 재일조선인은 여러 가지로 차별을 받아 고통을 당하고 격렬한 노동을 했는데, 탁주는 적어도 한가지 즐거움이 되었다. 탁주의 제조는 금지되어 있었지만, 범죄로 재제의 대상이 된 것은 파시즘체제 아래의 재일조선인에 대한 「생활쇄신」과 「생활개선」이라고 하는 이름의 황민화정책 아래에서였다. 濁酒 密造와 관련해서 각 부락에서 검속되는 사람이 나타난 것은 협화회가 대부분의 재일조선인을 조직했던 1939년경이었다.[28]

그런가 하면 일본 당국이 지적하듯이, 조선인은 賭博을 중요한 娛樂으로 즐겼다. 조선촌에는 投錢이나, 윷, 骨牌을 갖고 시간을 보내는 사람이 많았는데, 상습적으로 조선촌을 돌면서 도박을 하는 사람도 있었다.[29] 그리고 무당의 신명나는 푸닥거리가 있고, 우리의 명절 때에는 마을 광장에 조선식 공연을 볼 수 있었다. 그리고 조선식 습관이 그대로 들어와서 갑자기 싸움이 일어나거나, 울부짖는 여자소리, 떠들썩한 웃음소리, 고함지르는 남자들 소리가 울려 퍼지는 별스러운 세상이었다.[30]

---

역의 生活文化的 양태를 파악할 수 있으나, 다른 지역에 사는 조선인의 생활문화는 자료상으로는 거의 알 수 없다고 한다. 특히 재일조선인 어린이와 젊은이들이 일본인과 다른 독자적인 民族性을 경험하는 자리는 '제사'라고 한다. 재일조선인의 약 80%가 제사를 지내고 있는데, 지금도 친척이 1년에 몇 번이라도 모여 함께 拜禮를 하고, 飮福을 한다고 한다(飯田剛史, 『在日コリアンの宗教と際り－民族と宗教の社會學－』, 世界思想社, 2002 年, 30~31쪽).

28) 樋口雄一, 『協和會－戰時下朝鮮人統制組織の研究－』, 社會評論社, 1992 年 참조.

29) 司法省, 「內地に於ける朝鮮人と其犯罪に就て」, 朴慶植 編, 『在日朝鮮人關 係資料集成』(1), 三一書房, 1975年, 281~283쪽.

어느 재일조선인의 회고는 당시의 생활을 잘 표현하고 있다.

> "밤은 별세계였다. 밀조한 막걸리가 있고 마늘과 고춧가루를 넣은 김치
> 가 있고 술이 취하면 고향의 민요가 흘러 나왔다. 일본의 학정을 한탄하는
> 청춘가가 나오면 아리랑, 도라지, 노들강변, 소상팔경, 춘향가 등 아는 노
> 래 전부가 흘러 나와 저녁 여섯시부터 시작된 술자리가 새벽 두 세시까지
> 이어지는 일도 많았다."31)

1920년대의 경우 시간이 지나면서 마을 내에는 조선음식점32)과 재료
가게가 생겨났고, 조선어만으로도 충분히 생활이 가능하게 되었다. 1930
년대에는 공장의 직공으로 가게의 점원으로 돈을 모아서 공장을 차리거
나 장사를 시작하기 시작했다.33)

이곳 조선촌은 아동들이 우리 말과 우리 역사를 자연스럽게 익히는
교육의 장이었다. 조선촌을 순회하는 상인을 통해 구한 조선어 소설과
고전소설을 돌려가며 읽는 것은 단순한 오락거리로 끝나지 않았고, 고
국 가수의 순회공연이나 조선어 연극 공연도 이들에게는 좋은 교육 수
단이 되었다.

아울러 大阪, 神戶, 東京지역의 조선촌에서는 자주적인 교육기관을 운
영하는 경우도 있었다. 노동조합을 통해서나, 협화회, 아니면 순수한 민
족적인 성격의 야학이 들어서 조선어를 가르쳤다. 물론 일본학교에 아
동을 취학시키는 경우도 있었으나, 경제난과 일본 교육의 불편함으로
조선촌 부근에는 야학과 학원이 설립되었다.34)

---

30) 崔碩義,「大阪, 小林町朝鮮部落の思い出」『在日朝鮮人史研究』(20), 1990
年 10月, 51쪽, 53쪽.
31) 金鍾在述, 玉城素編,『在日韓國人一代』, 圖書出版社, 1978年, 104쪽.
32) 外村大,『在日朝鮮人社會の歷史學的研究』, 早稻田大學 博士論文, 89쪽.
33) 高權三,『大阪と半島人』, 東光商會, 1938年.
34) 조선촌을 중심으로 조선인의 야학이나 학원이 세워졌다. 노동야학의 형태
는 재일본조선노동총동맹과 지역의 노동조합이 주도적으로 설립했다.『조
선일보』와『조선중앙일보』,『민중시보』등 언론기사를 통해 보면, 大阪지역
의 대표적인 민족교육 기관은 1928년 浪速區 浪華야학, 1931년 東成區 中本

　조선촌의 재일조선인은 보통 조선어를 사용했는데, 일본어를 사용하는 경우도 있었다. 특히 애들은 일본어를 보다 많이 사용했다. 조선인 사이에서는 어린이에 대한 조선어 교육의 필요성이 얘기되어, 구체적인 대책으로 신문사에 의한 일본내 순회강좌 등도 제안되었다.[35] 『民衆時報』 1936년 1월 1일자의 '年頭 所感'에서 金善姬는 조선어 교육의 필요성을 주장하고 있다. 5·6년 동안을 일본에 와서 소학교나 중학교에 다녀도 조선에서 오는 편지를 보지 못하는 현실을 개탄하고, 집에서라도 조선어 교육을 시키거나, 야학을 만들어 조선말 교육에 힘쓸 것을 주장했다. 조선 민족이 있는 한 조선말은 없어질 수 없는 것인데, 大阪에 살았던 金秋水라는 사람은 조선어 교육의 탄압에 대해 민족의 독자적인 언어까지 말살하는 것은 피가 혈관을 통하듯이, 코를 통해 숨을 쉬듯이, 간단히 없앨 수 있는 일이 아니라고 했다. 특히 金秋水는 아동 교육의 심각성을 제기하고, 1933년의 調査에서 大阪의 朝鮮人이 14만 명인데, 이 가운데 學齡兒童이 14,052명인 것을 지적하며, 아동의 미취학문제를 중요하게 거론했다. 그리고 大阪의 朝鮮人 兒童의 未就學率이 63% 이상인 이유를 들고 있는데, 첫째, 보호자의 미정착, 둘째, 생계 유지를 위한 노동, 셋째, 언어 불통과 연령 과다 등을 지적하고 있다.[36] 1936년 大阪에서는 大學을 졸업해도 조선어로 感想文을 쓸 수 있는 사람이 몇 사람 되지 않았다.[37] 일본어의 필요성에 따른 일본어 교육도 문제였지만, 조선어 교육은 심각한 수준이었다. 그러나 재일조선인 기독교도의 경우는

---

　　町 關西共鳴학원, 1930년 공제학원, 1934년 야간간이학교, 東曠야학정(東成區 中濱町 소재) 등이 설립되었다. 이와 함께 相愛會系의 야학도 다수 존재했다. 이에 대한 자세한 내용은 다음의 논문 참조(伊藤悅子, 「1930年代を中心とした在日朝鮮人敎育運動の 展開」 『在日朝鮮人史硏究』 (15), 1985年, 鄭惠瓊, 「日帝下 在日韓國人 民族運動의 硏究－大阪地方을 中心으로－」, 韓國精神文化硏究院 韓國學大學院 博士論文, 1999年).

35) 外村大, 『在日朝鮮人社會의 歷史學的 硏究』, 早稻田大學 博士論文, 192쪽.
36) 그리고 이러한 問題의 解決策으로 夜學을 애기하나 當時까지는 微微한 存在였다(『民衆時報』, 昭和 11年 1月 21日).
37) 「京阪神朝鮮人問題座談會」 『朝鮮日報』, 1936年 5月 5日.

성경 강독 때문에 거의 조선어를 읽지 못하는 아동이 없었다.[38]

반면 교육을 통한 일본인화는 빠른 속도로 추진되었던 것으로 보인다. 조선 내에서 일본어를 이해하지 못하는 사람의 비율이 1930년대 중기까지 90%였던 것에 비해, 1939년을 시점으로 해서는 86.1%가 되었으며, 재일조선인의 경우는 30%정도였다고 한다.[39] 당시 조선인의 대다수는 일본인보다 교육 수준이 낮다.[40] 1920년대 초의 경우 大阪지방에 있는 1만 2천 명의 조선인 가운데 20명만이 고등교육을 500명이 중등교육을, 500명만이 책을 읽을 정도의 교육을 받았을 뿐으로, 나머지는 무학이다.

그런가 하면 재일조선인 사회는 스스로의 삶의 질의 제고를 고민했다. 따라서 생활의 개선도 중시되어, 위생의 개선과 미신의 타파, 관혼상제의 간소화, 화장의 실시, 이중과세의 개선, 시간 엄수 장려 등이 거론되고 있다.[41]

『民衆時報』를 보면, '우리의 提唱'이라는 코너에서는 火葬을 적극적으로 권장했다, 그 이유는 土葬을 하면서 이를 위해 조선으로 시신을 운반하러 갔다가 직장을 잃는 일까지 있기 때문이라고 했다. 죽은 시체 때문에 산 사람이 기아의 위협을 당할 필요가 없다고 했다.[42] 아울러 생활개선의 차원에서 1935년 연말의 이중과세를 청산하자고 주장했다. 이중과세는 노예적 생활을 연장시키는 것이며, 太陽曆이 과학적이기 때문에 반드시 채택할 필요가 있음을 피력하고 있다.[43]

현재도 재일조선인은 빈곤과 피차별의 사회상황에서 종교적 구원을 민간신앙에 의탁하는 경우가 많다.[44] 무당, 점쟁이, 讀經僧 등이 朝鮮村

---

38)「京阪神朝鮮人問題座談會」『朝鮮日報』, 1936年 5月 8日.

39) 外村大, 『在日朝鮮人社會의 歷史學的硏究』, 早稻田大學 博士論文, 228쪽.

40) 片山潛,「日本における朝鮮人勞動者」『片山潛著作集』(3), 77쪽.

41) 外村大, 『在日朝鮮人社會의 歷史學的硏究』, 早稻田大學 博士論文, 186쪽.

42) 『民衆時報』, 昭和 10年 7月 15日.

43) 『民衆時報』, 昭和 10年 12月 15日.

44) 종교는 전통과 민족적 색채를 강하게 갖고 있는 영역으로 집단적 문화창
    조의 과정이다. 전통적으로 남성적인 유교문화가 주류가 되어 온 재일조선

을 중심으로 활동하고 있다. 이 가운데는 生駒의 산중에 修行場을 갖고 있는 사람도 있다.[45] 이곳은 이미 1935년 시기부터 조선절이 들어선 지역이었다.[46] 이밖에도 재일조선인의 종교 활동에서 중요한 역할을 집단이 基督教와 天道教이다. 이들은 1910년대부터 일본 전역에 조직을 갖고 조선인 教徒를 모았으며, 전국적인 조직을 통해 별도의 각종 정치·사회·문화적인 활동을 전개했다. 물론 절대 다수의 조선인은 조사상으로는 종교를 갖지 않았다.[47] 전전 재일조선인의 종교는 대체로 佛教·儒教·基督教 순으로 많이 믿었으며,[48] 절대 다수는 종교를 갖지 않았다. 지역과 시기에 따라 그 양상은 달랐을 것이다.

한편 조선촌이 갖는 부조적인 기능은 1920년대 후반부터 각종 협동조합 결성으로 발전하게 되었다.[49] 물론 계를 비롯한 전통적인 모습도 존재했다. 상호부조적인 각종 親睦會는 재일조선인 사회를 유지시키는 토

---

인에 있어 제사를 통한 일련의 가문과 집단의식의 배양은 민족적인 자각을 일깨워 주는 공간으로 작용했다(飯田剛史,「在日コリアンの宗教」『環』 (11), 2002년 가을, 258쪽). 현재 재일조선인 사회의 구성원은 일본의 종교와 한국의 종교가 혼재된 양상을 보이며, 묘의 경우 일본식의 모습을 외형적으로 취하고 있다. 그리고 다수의 동포가 創價學會나 天理教 등의 일본종교에 의탁하기도 한다. 재일조선인의 다수는 개인적인 기원이나 관광의 차원에서 일본의 각종 신사와 절을 자연스럽게 참배하고 있다(飯田剛史,「在日コリアンの宗教」『環』 (11), 2002년 가을. 261쪽).

45) 飯田剛史, 『在日コリアンの宗教と際り-民族と宗教の社會學-』, 世界思想社, 2002年, 64쪽.

46) 飯田剛史, 『在日コリアンの宗教と際り-民族と宗教の社會學-』, 世界思想社, 2002年, 68쪽.

47) 당시 조사에서는 70%가 무종교라고 답했다.(神戸市役所社會科,「在神半島民族の現狀」(昭和 2年 9月), 朴慶植 編, 『在日朝鮮人關係資料集成』(1), 三一書房, 1975年, 684쪽).

48) 兵庫縣社會課, 『朝鮮人の生活狀態』, 昭和 12年 4月, 121面, 神戸市社會課, 「神戸市在住朝鮮人の現狀」(1930年), 朴慶植 編, 『在日朝鮮人關係資料集成』(2), 三一書房, 1975年, 1073쪽.

49) 樋口雄一,「在日朝鮮人部落の積極的役割について」『在日朝鮮人史研究』(1), 1977年, 28~29쪽.

대로, 結婚式・葬禮式・入院과 출산에 큰 힘이 되었다.[50]

1930년대 후반에는 일본 정부에 의해 의복・음식・생활습관・관혼상제 등에서 일본화가 보다 적극적으로 강요되었다. 전시하의 강제적인 정치체제를 생각하면, 이와 반대로 조선문화를 유지하는 것이 곤란했던 것은 쉽게 이해할 수 있다.[51] 그러나 독자적인 조선문화가 조선인 집단 거주지에서 유지되었던 것도 부정할 수는 없을 것 같다. 자료상으로만 표현되어 있지만, 대체로 조선인은 일본 여성과의 결혼을 선호하여 일본 도일의 이유가 여기에 있는 경우도 있었다고 한다. 일본 당국은 內鮮融和의 최고의 방법으로 이것을 생각했다.[52]

1936년 大阪府警察部는 지도 방침으로, 조선인을 대상으로 하는 식료품을 판매하는 시장의 신설을 인정하지 않고, 조선시장을 폐지시키며, 돼지머리, 내장 등의 판매는 다른 직종으로 전업시킬 것을 생각했다. 그리고 조선인 요리점은 엄중히 감독하여 '악질적인 자'에 대해서는 영업 정지 처분을 내리고, 동시에 송환을 고려했다.[53] 그럼에도 불구하고 조선인을 상대로 한 각종 상점의 운영,[54] 연극의 공연[55] 등이 1943년경까지도 지속되었다.

그런가 하면 조선촌에 거주하는 조선인은 개인이 아닌 가족을 형성하며 定住해 갔다. 1938년 警保局의 報告에 따르면, 1938년의 799,865명의 朝鮮人 가운데 세대를 유지하고 있는 사람의 總數는 659,708명으로 全體 人口의 82%를 차지하고 있다. 男女의 比率을 보면, 1931년에는 女子 100명에 男子 244명이었는데, 1938년에는 男子 154명이 되었다. 이것은

---

50) 伊地知紀子,「營まれる共同性－日本で生まれた濟州人の親睦會－」『在日朝鮮人史研究』(28), 126쪽.
51) 外村大,『在日朝鮮人社會の歷史學的研究』, 早稻田大學 博士論文, 227쪽.
52) 福岡地方職業紹介事務局,「管內在住朝鮮人勞動事情」(1929年), 朴慶植 編,『在日朝鮮人關係資料集成』(2), 三一書房, 1975年, 1111쪽.
53)「うめくさ」『特高月報』, 1936年 11月.
54)『東亞新聞』, 1943年 3月 5日,「朝一商會」의 레코드 판매 관련 광고.
55)『東亞新聞』, 1943年 2月 10日,「朝鮮樂劇團」의 광고.

在日朝鮮人이 점차 定住되어 가는 것을 보여준다고 하겠다.[56]

또한 일본 정부 및 경찰의 자료상으로 나타나는 각종 지표를 통해서 보면, 조선촌은 1920년대부터 시간의 경과와 경제적인 조건의 변화에 따라서, 동화의 내용이 채워져 간 것으로 파악할 수 있다.[57] 그러나 이것은 계량적인 내용으로 실제 생활 및 문화의 저변에 있어서는 동화와 함께 일본화에 대한 반대와 저항도 동시에 존재했다. 조선촌은 재일조선인 민족운동의 중심지이기도 했다. 그리고 이곳은 1945년 해방과 함께 새로운 독자적인 조선사회 형성의 기틀이 되었다.

해방 후에도 조선인의 경우는 내장탕을 비롯한 여러 가지 저장음식 (츠케모노)을 변함없이 애용했고, 복장에 있어서도 한복을 입지 않아도 여자의 경우는 대다수가 소유했다. 특히 결혼식 등의 예식에는 반드시 착용했다.[58] 2세대가 다수가 되어 재일조선인 사회를 운영하게 되어도 독자적인 민족문화가 상실되지 않았다. 일상생활과 관혼상제에서는 비교적 조선 문화가 잘 보존되어 있다고 할 수 있다.[59]

이상에서 살펴본 것처럼 도일한 조선인은 집단적인 거주지인 조선인촌을 만들었다. 이렇게 조선인들이 조선촌을 형성하게 된 이유는 조선인들의 대다수가 일본어에 능숙하지 못했고, 일본인 거주지역에서 주택을 구할 수 없었기 때문이었다. 그리고 직업의 대부분이 자유노동자으로 밀집지역에서 조선인끼리의 취업 알선이 쉽고, 조선인들의 수입으로는 일본인 거주지역에서 생활이 불가능했기 때문이었다.[60] 조선촌의 형

---

56)「內地在留朝鮮人運動」(1938年), 朴慶植 編,『在日朝鮮人關係資料集成』(4), 三一書房, 1976年, 43쪽.

57) 外村大는 그 지표로 젊은 세대의 일본인과의 결혼 증가, 일본식 이름 사용 자의 증가, 1940년대의 경우 創氏改名은 의식과 오락의 면에서 조선인 독 자의 요구를 만족시키기에는 곤란했다는 점을 들고 있다(外村大,『在日朝 鮮人社會の歷史學的硏究』, 早稻田大學 博士論文, 231쪽).

58) 外村大,『在日朝鮮人社會の歷史學的硏究』, 早稻田大學 博士論文, 274쪽.

59) 神奈川縣內在住外國人實態調査委員會,『日本のなか韓國・朝鮮人, 中國 人, 神奈川縣內在住外國人實態調査より』, 明石書店, 1986.

60) 金仁德,『植民地時代 在日朝鮮人運動 硏究』, 國學資料院, 1996年, 43~46쪽.

성은 저임금과 격심한 민족차별 속에서 생계를 유지해 나가기 위한 방편으로 볼 수 있다.

### 3) 大阪·東京의 朝鮮村

전술했듯이 일본내에는 '코리아타운', 즉 조선촌이 형성되어 있다. 大阪 시내 鶴橋, 이곳이 재일조선인이 많이 사는 곳으로 널리 알려져 있다. 그리고 東京에는 職安通り가 있다. 이런 곳은 한국 여행객이 일본에 가서 일본 음식이 질리면 한국 음식 먹으러 가는 곳, 일본 사람이 한국 음식을 맛보고 싶어 가는 곳, 단순히 그런 곳만은 아니다. 거기에는 역사가 숨쉬고 있는 공간이다.

#### (1) 大 阪

戰前의 大阪市는 조선인이 두 번째로 많이 거주하는 곳이었다.[61] 1942년 재주 조선인의 총인구는 42만명으로, 1940년 경성의 인구 77만 5천명 다음이었다. 여기에서는 東成區, 生野區 등지에 조선인 集住地가 형성되었는데, 도일 조선인이 증가함에 따라 朝鮮村의 규모도 커졌고, 역할도 확대되었다.

1920년대 후반 大阪市 朝鮮人 密集地域을 보면, 大阪市 13區 가운데 外廓地域인 東成區와 西成區에 가장 많이 거주하고 있었다. 大阪의 경우 성립 시기가 알려진 주요한 조선촌의 형성 상황을 정리해 보면 다음과 같다.[62] 東成區의 경우, 東小橋町의 조선촌(1938년 현재 55호, 585명 거주. 오래된 長屋을 빌려서 형성), 猪飼野町의 조선촌(1928년 현재 162호, 1577명 거주. 오래된 長屋을 빌려서 형성), 生野國分町의 조선촌(1924년 성립. 1928년 현재 15호 117명 거주. 양계장을 개조하여 생활)이

---

61) 鄭鴉英,「路地裏から發信する文化」『環』(11), 2002年 秋, 267쪽.
62) 본 정리는 다음의 글을 참조(樋口雄一,「在日朝鮮人論考 一」『近代民衆の 記錄－在日朝鮮人』, 新人物往來社, 1978年, 551~552쪽, 崔碩義,「大阪, 小 林町朝鮮部落の思い出」『在日朝鮮人史研究』(20), 1990年, 49쪽).

있었다. 그리고 西成區의 경우, 鷲州町의 조선촌(1922년 9월 성립. 1924
년 현재 13호 44인 거주. 시장으로 건설된 지역에 불경기로 빈집이 늘어
가자 조선촌을 형성), 泉北區는 北掃村 春木에 조선촌(1922년 봄에 성립.
1924년 현재 19호, 76명 거주. 岸和田방적이 조선인 직공용으로 건축한
곳), 港區는 船町에 조선촌(1923년 성립. 1928년 현재 45호 347명 거주.
빈터에 가건물을 세움), 小林町에 조선촌(1923년 성립. 1928년 현재 45호
333명 거주. 1933년 현재 1000여명 거주. 빈터에 가건물을 세움)이 형성
되었다.

1928년을 기준으로 하여 일본 당국이 조사한 東成區 거주 조선인의
생활상태를 보면,[63] 東小橋町 소재 朝鮮村(이하 朝鮮町)과 猪飼野町 소
재 朝鮮村(이하 猪飼野)은 각각 475명과 179명이 거주한 것으로 나타난
다. 이 가운데 朝鮮町 거주 조선인의 29.5%인 140명과 猪飼野 거주 조선
인의 33%인 59명이 배우자와 함께 생활했다. 시간이 지나면서 가족 이
주가 늘어났는데, 大阪地域의 朝鮮人 人口 가운데 성비는 여성을 1로 할
때, 1920년 5.2, 1925년 4.3, 1930년 2.2가 되었다. 그리고 연령도 고령화,
직업을 갖은 자의 비율이 반대로 떨어졌다.[64] 한편 독신 이주의 경우,
이전의 독신 이주와 달리 고향에 돈을 보내는 비율이 줄어드는 流民化
現象이 나타났다.[65]

대표적인 大阪의 조선인 밀집지역은 東成區 東小橋町의 朝鮮村이었
다. 일본 당국은 이곳을 朝鮮町이라고 했는데, 조선촌 형성의 역사를
1907년부터 시작되었다고 추정한다.[66] 1907년 東小橋町 157번지에 朝鮮

63) 大阪市 社會部,「本市に於ける朝鮮人の生活概況」(1929年), 朴慶植 編,『在
日朝鮮人關係集成』(2), 三一書房, 1975年, 1036~1043쪽.
64) 佐佐木信彰,「1920年代における在阪朝鮮人の勞動＝生活過程」『大正/大阪/
スラム』, 新評論, 1986年, 165쪽.
65) 佐佐木信彰,「1920年代における在阪朝鮮人の勞動＝生活過程」『大正/大阪/
スラム』, 新評論, 1986年, 167쪽.
66) 大阪市 社會部,『鶴橋中本方面に於ける居住者の生活狀況』1928年 12月, 6
쪽. 1907년에 조선촌이 건설된 원인은 알 수 없다.

町이 건설되어, 점차 메리야스공장 부근보다 발전했다는 것이다. 이와
함께 猪飼野町의 조선촌도 1920년대에 새롭게 형성된 조선인 밀집지역
이었다. 이 지역에 조선인이 밀집하게 된 데에는 平野川 改修工事에 조
선인 참가한데서 시작되었다.[67] 이 공사는 鶴橋耕地整理組合에 의해
1919년 3월에 시작되어 1923년에 완성되었고, 연장 2,144미터, 폭16미터
였다. 그런데 이 공사에 참가한 노동자들과 함께 각종 직공이 이 지역으
로 들어와서 함께 살아갔다. 초기에는 이곳에 판자와 흙을 모아서 마치
돼지우리 같이 집을 짓고 살았다.[68] 시간이 지나면서 長野가 지어지고
居住地가 形成되었다. 이곳은 현재 조선시장이 형성된 關西 朝鮮人 사
회의 象徵的인 空間이다.

그런데 猪飼野라는 지명은 1973년 大阪市 지명 변경에 따라 사용되지
않고 있다.[69] 1991년 3월 현재 生野區의 거주자 159,317명 中에 韓國·
朝鮮人은 38,404명으로 24.1%를 차지했다. 여기에 무국적자와 일본 국적
자를 포함하면 훨씬 그 수가 많을 것이다.[70] 그 원형이 戰前에 형성되어
현재도 지속되고 있다. 1930년대를 포함해서 13년 동안 40% 이상이 朝
鮮人이었다.[71]

---

67) 佐佐木信彰,「1920年代における在阪朝鮮人の勞動=生活過程」『大正/大阪/
スラム』, 新評論, 1986年, 189쪽.
68) 金蒼生,『わたしの猪飼野』, 風媒社, 1982, 80쪽.
69) 原尻英樹,「つくりかえられ生產されるドラマ─生野に住む「日本人」と
「朝鮮人」─」『ほるもん文化』(5), 109쪽.
70) 杉原達,『越境する民 近代大阪の朝鮮人史研究』, 新幹社, 1998年, 162쪽.
71) 猪飼野는 大阪의 東成區는 1932년 旭區가 독립한 후에 북쪽 지역은 中本
警察署, 남쪽 지역은 鶴橋警察署가 管轄했다. 특히 鶴橋警察署가 管轄하
는 지역은 1943년에 독립해서 生野區가 되었다. 그리고 전후에 巽町이 편
입되어 오늘날과 같은 모습이 되었다.
현재 桃谷을 중심으로 한 猪飼野지역은 원래 중소기업에 종사하는 노동자
들의 長野가 조성되었던 지역으로, 저렴한 하숙집이 조선인의 손으로 운영
되었다. 이곳에는 지연과 혈연의 구조 속에서 제주도 출신자가 집중되는
데, 南濟州와 法還里 출신자는 고무공장에, 北濟州와 杏源里 출신자는 인
쇄공장에 집중되는 경향이었다(鄭鴉英,「路地裏から發信する文化」,『環』

戰前에 猪飼野 1丁目에 살았던 金成鶴은 당시를 回顧하며 劣惡한 生活相을 얘기했다. 그에 따르면, 일본인이 1円 10錢의 일급을 받는데, 조선인은 하루에 85전을 받았다고 하며, 여기에서 또 食代로 50전을 띠었다고 한다. 밥은 쌀겨에 차물을 넣고 소금을 뿌려서 먹었고, 자는 곳에는 빈대가 들끓었으며, 유리공장에서 2교대로 12시간 일했다고 한다.[72]

이러한 大阪에서의 朝鮮村의 인구 밀집 상황은 출신 지역과 관련이 깊다. 1920년대 후반 大阪 거주 조선인을 출신도별로 분류하면,[73] 전남·경남·전북·경북 등의 순이었다.[74] 이 당시는 행정구역상 제주가 전남에 속했으므로, 전남 출신 조선인에는 제주 출신이 포함되어 있었다. 지금까지 밝혀진 것처럼, 조선인의 출신지역 분포에서 주목되는 것은 濟州道 出身 朝鮮人이다. 이들은 大正 後期부터 昭和 初期에 지연과 혈연에 기초하여 다수가 도일했다.

한편 1920년대 후반에 港區에는 小林町·船町·南恩加島町에 조선촌이 있었다. 이 지역의 거주하는 조선인은 영남 출생으로, 이들은 토목건축 노동에 종사하는 자유노동자였다. 이 지역에는 학령 아동이 400명이 넘지만 생활이 곤란하여 수십명 정도만이 일본인 학교에 다니고 있었다.[75]

이상에서 살펴 본 猪飼野의 조선인은 독자적인 生活文化를 유지하며 살았다. 당시 猪飼野에서는 조선어를 들을 수 있었다. 아동의 경우 대부분이 일본말을 하면서 놀았고, 이들은 2년이 되지 않아서 거의 조선말을 잊어 먹는 것이 현실이었다.[76] 당시에 아동이 일본어를 열심히 배우는

---

(11), 2002年 秋, 268쪽).

72) 佐佐木信彰, 「1920年代における在阪朝鮮人の勞動=生活過程」 『大正/大阪/スラム』, 新評論, 1986年, 196쪽.

73) 大阪市社會部調査課, 「本市に於ける朝鮮人の生活槪況」(1929年), 朴慶植 編, 『在日朝鮮人關係資料集成』 (2), 三一書房, 1975年, 1032쪽.

74) 金正明 編, 『朝鮮獨立運動』 (3), 原書房, 1967年, 848~855쪽.

75) 『동아일보』, 1929年 8月 12日.

것은 우수한 학교 성적을 얻기 위해서라고 한다. 물론 일본어가 되지 않으면 입학이 허가되지 않았던 경우도 있었다. 猪飼野의 조선인 학생들은 학교 대표로 육상·유도·야구선수로 활동했으며, 특히 스모 경기에 대표로 참가해 좋은 성적을 거두기도 했다.[77]

여기에서는 生活 속에 迷信이 뿌리깊어서 점쟁이와 巫堂이 성업을 이루었고, 無免許 齒科醫師가 순회하면서 진료를 했다고 한다.[78] 1939년이 되면 이곳은 200여 개의 생활필수품 가게가 있어,[79] 고무신, 명태, 돼지고기, 내장, 돼지머리 등을 팔았다. 처음에는 노점상을 하다가 가게를 얻어 장사를 하는 경우가 많았다. 이곳은 公設市場이 아니고, 1920년대 초 처음 여기에 시장이 섰을 때, 경찰이 길을 더럽히고 교통에 방해를 준다고 하여 시장 형성을 반대했다. 猪飼野에는 猪飼野의 조선촌은 조선 문화 그 자체였다. 이와 비슷한 시장이 今宮, 森町, 中道 등지에 있었다.[80]

그런가 하면 大阪의 千日前의 劇場에는 조선의 가수 남인수가 와서 구경을 갔다. 전술했듯이 동네 광장에서는 조선의 육자배기, 판소리, 고전무용의 공연이 자주 열렸다. 그리고 아저씨한테 옛날 예기를 들었다고 한다.[81] 놀이가 없던 당시에는 조선에서도 보편적인 모습이었다. 어린이들은 마작, 자치기, 돌치기, 장기, 말타기 등의 놀이를 했다. 이런 모습은 거의 일본 어린이들의 놀이와도 비슷했다.[82]

그리고 조선촌에는 조선어로 된 책을 파는 행상이 돌아다니면서, 春香傳, 沈淸傳, 洪吉童傳 등을 팔았고, 千字文, 玉篇, 片紙紙 등도도 구할

---

76) 高權三, 『大阪と朝鮮人』, 東光商會書籍部, 昭和 13年, 26쪽.

77) 高權三, 『大阪と朝鮮人』, 東光商會書籍部, 昭和 13年, 27쪽.

78) 崔碩義, 「大阪, 小林町朝鮮部落の思い出」 『在日朝鮮人史研究』(20), 1990年 10月, 51쪽.

79) 杉原達, 『越境する民 近代大阪の朝鮮人史研究』, 新幹社, 1998年, 167쪽.

80) 高權三, 『大阪と朝鮮人』, 東光商會書籍部, 昭和 13年, 35쪽.

81) 崔碩義, 「大阪, 小林町朝鮮部落の思い出」 『在日朝鮮人史研究』(20), 1990年 10月, 53쪽.

82) 崔碩義, 「大阪, 小林町朝鮮部落の思い出」 『在日朝鮮人史研究』(20), 1990年 10月, 56쪽.

수 있었다. 특히 춘향전은 절대적인 인기였다고 한다.[83] 한 재일조선인 노동자의 경우이지만, 일을 하고 집에 돌아와서 독서를 할 때는 도스토예프스키, 톨스토이의 『罪와 罰』과 『復活』 등을 읽었다고 한다.[84] 兵庫縣 社會課의 『朝鮮人の生活狀態』(昭和 12年 4月)의 재일조선인의 취미를 조사한 내용을 보면, 독서가 가장 숫자상으로 높고, 다음이 영화 관람이었다.[85] 특별한 취미가 없을 때 독서라고 하는 것을 생각한다면 이 수치에는 허수가 있다고 하겠다.

한편 1930년대 중반의 小林町에도 조선촌이 있었다. 당시 이곳에 집주한 조선인은 1,000여 명이었다. 출신지는 전술했듯이 영남인이 주류였고, 마차 하역업·재제소 일꾼·토목노동자가 다수였다. 이 지역은 목재집산지로서 재제소가 많았기 때문에, 이와 관련된 직종이 발달했다. 이 지역에 사는 조선인 가운데 일부 청년들은 부근인 南恩加島町과 大運橋에 있던 제강소와 조선소 등에 다니기도 했다.[86] 이곳에는 쌀가게, 야채가게, 잡화점, 건어물상, 조선옷 가게 등이 있었다. 그리고 막걸리, 조선식 떡, 조선식 김, 묵, 김치, 콩나물을 전문적으로 재배해서 파는 사람이 있었다. 특히 생선·건어물 가게에서는 갈치, 가오리, 조기, 청어, 명태 등을 팔았다.

大阪 조선인의 생활을 기록한 崔碩義의 글을 보면, 즐겨 먹던 음식이 가오리회, 소곱창, 씨레기국, 깍두기, 물김치, 비빔밥 등이었다. 물론 당시 일본에서는 빵이나 카레, 고로케가 유행이었다.[87]

大阪에서는 1942~43년경부터 八尾, 西成, 生野 등지에서 조선인을 대

---

83) 崔碩義, 「大阪, 小林町朝鮮部落の思い出」 『在日朝鮮人史研究』 (20), 1990 年 10月, 51~52쪽.
84) 平林久枝, 「ある在日一世の半生」 『季刊 三千里』 (18), 1979年 夏, 106쪽.
85) 兵庫縣社會課, 『朝鮮人の生活狀態』, 昭和 12年 4月, 134쪽.
86) 崔碩義, 「大阪, 小林町朝鮮部落の思い出」 『在日朝鮮人史研究』 (20), 1990 年 10月, 49~50쪽.
87) 崔碩義, 「大阪, 小林町朝鮮部落の思い出」 『在日朝鮮人史研究』 (20), 1990 年 10月, 59쪽.

상으로 하여 소규모의 김치장사가 시작되었다.[88] 김장철을 맞이하여 大阪消費組合 東部支部는 배추의 공동 구매를 통해 양질의 물건을 싼 가격으로 구입하고자 적극 활동했다. 김장은 재일조선인에게도 중요한 연중행사의 하나였다. 다른 어떤 진수성찬보다도 김치 깍두기가 밥상에 올라야 밥맛이 나는 것이 조선의 情緖, 입맛이었다.[89]

또한 조선요리집인 金光園에서는 忘年會와 新年宴會를 적극 유치하는 廣告를 신문에 내고도 있다.[90] 실제 民衆時報社의 廣告로, 新年大懇親會를 金光園에서 開催한다는 記事가 있는데,[91] 1936년 1월 19일에 懇親會는 성황리에 열렸다.[92]

『民衆時報』에는 당시 조선인이 하던 상업활동의 내용을 확인할 수 있는데, 하숙집, 韓藥房, 製藥業, 종이상, 쌀집, 電波商, 蓄音機商, 飮食店, 古物商, 病院, 理髮館, 印刷所 등을 했다.[93] 1936년경, 大阪의 조선옷을 취급하는 가게는 120여 개소, 한약방은 370여 개소였다. 그리고 조선요리점이 많아서 여급이 2,700여 명이었다.[94]

특히 제약업자 가운데는 판매업을 겸하면서 조선의 처방과 일본 전문가들의 자문을 받아 10년 동안 연구하여 '우리 藥'을 제조했다고 선전하

---

88) 鄭大聲, 「日本の食文化と「在日」」『環』(11), 2002年 秋, 276쪽. 西成에서는 현재의 丸全食品의 祖父가 시작했다고 하는데 3대째 이어지고 있다.

89) 『民衆時報』, 昭和 10年 11月 15日, 김치말고 일본에서 널리 알려진 조선 음식이 카라시멘타이고(辛子明太子), 즉 명란젓이다. 명란젓은 원류가 釜山으로 明太를 갖고 만든 음식인데, 18세기부터 유명했다. 이것을 부산의 일본인이 일본에 소개했고 전후에 博多에서 만들었다(鄭大聲, 「日本の食文化と「在日」」『環』(11), 2002年 秋, 282쪽). 물론 재일조선인은 이주와 함께 이것을 일본 내에 갖고 들어와서 먹기 시작했다.

90) 『民衆時報』, 昭和 10年 12月 15日, 이밖에도 조선요리집은 東萊亭, 慶花館, 玄風館, 達城館 등의 이름이 보인다(『民衆時報』, 昭和 11年 1月 1日). 이 가운데 達城館의 主人 金文圭는 土木請負業도 함께 했다.

91) 『民衆時報』, 昭和 11年 1月 1日.

92) 『民衆時報』, 昭和 11年 1月 21日.

93) 『民衆時報』, 昭和 10年 6月 15日, 昭和 11年 9月 21日.

94) 「京阪神朝鮮人問題座談會」『朝鮮日報』, 1936年 5月 1日.

고 있다.[95] 朴彰禧 和漢藥房은 鍼術도 겸해서 診療했다.[96] 그리고 朱翼
淳이라는 의사는 이전광고를 통해, 李圭洪은 入院室 特設의 내용을 갖
고, 적극 홍보하고 있다.[97]

外村大의 研究에 따르면, 1934년 以前에는 朝鮮人 醫師가 없었을 것
이라고 한다.[98] 실제로 일본어를 당시 해독하는 수가 세대주 차원에서
20%를 넘지 않는 상황에서는 병원의 출입이 돈 문제말고도 어려운 일
이었다. 따라서 韓藥房이 病院을 대신했다. 문제는 脚氣, 肺結核, 性病,
神經衰弱, 몰핀 中毒 등에 대한 약방 치료가 한계가 있었다는 점이다.
이러한 현실을 打開하기 위해 1931년 1월에 北區 吉山町에 大阪朝鮮無
産者診療所가 設立되었다. 의사는 조선인 鄭求忠, 閔瓚鎬였다.

이상과 같은 大阪의 在日朝鮮人은 1920년대부터 아동을 대상으로 학
교를 세워 운영했다.[99] 그런데 미취학 학생을 위해 본격적인 시설로는
1930년대 초반에 大阪에 설립된 대표적인 교육기관은 關西共鳴학원이
었다.[100] 그리고 朝鮮村을 中心으로 夜學이 설립되었다.[101] 1930년대 在

---

95) 『民衆時報』, 昭和 10年 7月 15日.
96) 『民衆時報』, 昭和 11年 2月 21日.
97) 『民衆時報』, 昭和 10年 9月 15日.
98) 자세한 내용은 다음의 논문을 참조(外村大, 「大阪朝鮮無産者診療所の鬪
    い」 『在日朝鮮人史研究』 (20), 1990年 참조).
99) 大阪朝鮮勞動組合은 재일본조선청년동맹 大阪지부와 함께 東成區 鴨野
    町에 東光학원(학생수 30명, 『青年朝鮮』 1928년 7월 31일, 早稻田大學 소
    장)과 西淀川區 浦江에 浦江학원(학생수 40명)을 설립하여 노동자를 대상
    으로 교육을 실시했다.
100) 물론 이외에도 조선촌을 중심으로 야학이 설립되었으나, 1930년에 此花
    區 大開町 부근 조선촌 거주 여성과 아동을 위한 야학이 문을 열었다. 또
    한 1928년에 설립된 大阪浪華야학(浪速區 소재)은 1930년 7월 23일에 열
    린 학예회에서 자본주의의 결점을 내용으로 하는 연설을 하기도 했다.
    1935년 5월에 東成區에 문을 연 東曠야학소는 조선인아동을 대상으로 교
    육하였는데, 당국의 탄압으로 8월 23일에 폐쇄되었다(『조선일보』, 1930년
    7월 29일, 31일, 『민중시보』, 1935년 9월 15일).

阪 朝鮮人의 義務敎育 水準을 보면, 就學率은 朝鮮町이 71%, 猪飼野가 83%로 大阪 全域의 99%와 대비된다. 당시 渡日한 朝鮮人은 대다수가 農民 出身으로 敎育 水準도 낮았고, 未熟練·過激·長時間 勞動에 시달렸으며, 결국 낮은 就學率은 不可避했다.[102] 소년들은 10세가 넘으면 지역의 작은 공장에서 하루종일 일을 했고, 15錢에서 20錢을 받았다. 그럼에도 불구하고 지친 몸을 이끌고, 야간 학교에서 공부를 했던 것이다.[103]

### (2) 東京

東京의 재일조선인의 추이를 보면, 1920년 이후 15년 동안 여성과 東京 출생의 아동의 비율이 증가하고, 배우자가 있는 사람수도 늘어났다. 아울러 1930년 이전에 일본에 가서 5년 이상 산 재류조선인 남성도 증가했다. 1920년대 후반에 도일한 사람의 경우는 定住하는 사람이 증가했다.[104]

東京의 조선인은 '東京의 지기미'라고도 했다.[105] 일본인도 버린 공간이 바로 조선촌이 되었다. 下町에도 못 드는 공간, 즉 유곽, 구치소, 도살장, 폐회가 된 공장부지, 시장터 등에 모여 살았다. 다수의 조선인은 東京府의 경우, 細民 居住地인 三河島町, 日暮里町, 千住町, 南千住町, 寺島町과 시내는 本所區, 深川區, 芝區, 小石川區, 神田區 등에 모여 살았다. 이 가운데 대표적인 朝鮮村은 深川區의 洲崎 遊廓 부근, 豊島區 東京拘置所 부근, 小石川區 久堅町 共同印刷株式會社 부근, 芝區 西芝浦屠

---

101) 大阪浪華야학, 東曠야학 등이 있었다(『조선일보』, 1930년 7월 29일자, 31일자. 『민중시보』, 1935년 9월 15일).
102) 佐佐木信彰, 「1920年代における在阪朝鮮人の勞動=生活過程」『大正/大阪/スラム』, 新評論, 1986年, 210쪽.
103) 金泰生, 『私の日本地圖』, 未來社, 1978年, 70쪽.
104) 木村健二, 「戰前期在日朝鮮人の定住過程−東京市の事例−」『在日朝鮮人史研究』(27), 1997年, 118쪽.
105) 金浩永, 「재동경 조선인의 현상」『조광』, 1939년 2월. 金史良은 1941년 『삼천리』에 「지기미」라는 소설을 썼다.

殺場 부근, 城東區 大島町 등지였다.[106) 여기에 사는 조선인은 분명 일본 사회의 최하층민으로 존재했다.

한편 다른 어떤 지역보다 東京은 留學生 수가 많았다. 이들 가운데 學生의 60%, 勞動者의 40%를 苦學生이 점하고 있었으며, 이들은 주로 노동을 하면서 학업을 진행하고 있기 때문에 공부 기간이 점차 늘어나서 초기의 목적을 관철하는 자가 少數에 지나지 않다.[107) 따라서 말이 유학이었지 존재 자체가 힘든 경우도 적지 않았다. 이들 유학생은 학교를 근거로 그 주위에서 기숙하며 생활했다. 東京大學과 早稻田大學 부근과 神田지역은 다수의 유학생이 거주하는 근거지였다. 神田區, 牛込區, 本鄉區와 旧豊多摩郡 戶塚·中野 등지가 이러한 지역이었다. 이들은 하숙과 기숙사에 주로 거주했다.[108) 이들의 다수는 방에서 잠만 자고 식사는 학교 식당을 이용했다.[109)

그런가 하면 1937년 6월 『改造』에 「朝鮮人 聚落을 가다」라는 르포를 쓴 張赫宙는 東京의 芝浦 月見町과 深川지역의 千駄町, 天照園바라크, 小石川 등지의 조선촌을 갔다. 그리고 사실적으로 재일조선인의 생활을 그리고 있다. 판자와 함석으로 된 지붕이 즐비한 이곳은, 일본 사회의 보편적인 마을의 모습과 달리 조선적이었다. 여인들의 복장은 조선 내의 모습과 거의 다르지 않은데, 자세히 보면 신발은 게타(下駄)을 신고, 치마는 일본천이었다. 방의 내부를 들어가 보면 조선천으로 된 이불과 방석이 있으며, 식당에서는 막걸리를 밀조해서 팔았다.[110)

이러한 풍경은 장혁주의 향리, 대구와 같아서 마치 대구에 있는 것 같

---

106) 東京府社會課, 「在京朝鮮人勞動者의 現狀」, 朴慶植 編, 『在日朝鮮人關係資料集成』 (2), 三一書房, 1975年, 983쪽 ; 김정동, 『일본을 걷는다』, 한양출판, 1997년, 316쪽.

107) 「東京に於ける鮮人勞動者の現狀」 『共榮』 (1-4), 昭和 4年 4月, 17쪽.

108) 木村健二, 「戰前期在日朝鮮人의 定住過程-東京市의 事例-」 『在日朝鮮人史研究』 (27), 1997年, 119쪽.

109) 內務省警保局, 「在京朝鮮留學生槪況」(大正 14年 12月), 朴慶植 編, 『在日朝鮮人關係資料集成』 (1), 三一書房, 1975年, 320쪽.

110) 張赫宙, 「朝鮮人村落을 行く」 『改造』, 昭和 12年 6月 참조.

은 착각을 일으켰다고 한다.111) 한편 사용하는 언어를 보면, 天照園바라
크에서는 완전히 東京勞動者語였다. 특히 小石川지역의 거주지는 '태양
없는 거리'라고 하는 터널형의 長屋에 약 4백명이 살고 있었다.112)

張赫宙가 그린 조선촌의 모습은 조선인촌이 형성된 지역에서의 보편
적인 양상으로, 거기에 사는 사람들은 조선의 문화와 전통을 보존하면
서 생활하고 있었다. 대부분의 지역에서는 오로지 조선어를 사용했고,
김치, 고추장도 있었다. 그리고 하천변에 다수 거주했기 때문에 흐르는
물에 빨래를 많이 했고, 상추, 배추를 재배해서 먹었다. 그리고 행상을
통해 옷, 고무신 등의 각종 조선 물건을 구입해서 사용했으며, 제사와
요리 밭농사를 배웠다고 한다. 특히 조선의 관습이 남아서 장남만이 학
교를 다니는 경우도 있었다.113)

보통 일본인과 마찬가지로 재일조선인은 築地나 淺草의 극장가를 가
기도 했다. 韓國에서는 대중 소설가로 알려진 金來成114)은 당시의 淺草
를 다음과 같이 그리고 있다.

"이 아사쿠사라는 발음을 귀에 담을 때마다 나의 심장은 마치 고무 풍선
처럼 부풀려 올음을 깨닫는다. 아사쿠사의 이상한 냄새가 나의 굶주린 코를
무한히 자극하는 것이다. 긴자(銀座)나 신주쿠(新宿)나 신바시(新橋)나 가구
라사카(神樂坂) 등이 도저히 갖일래도 갖일 수 없는 아사쿠사 독특한 냄새란
일언으로 이것을 표현한다면 '양귀비의 시취'라고나 할 수 있을까."115)

일부의 在日朝鮮人은 朝鮮料理店에 가서, 朝鮮에서 받은 돈이나 번
돈을 遊興費로 蕩盡하는 이른바, 花柳病에 걸려 健康을 잃은 경우도 있

111) 樋口雄一,「在日朝鮮人部落の積極的役割について」『在日朝鮮人史硏究』
(1), 1977年 參照.
112) 張赫宙,「朝鮮人村落を行く」『改造』, 昭和 12年 6月 참조.
113) 三田登美子,「ハルメのうち―在日一世女性の聞き書き―」『在日朝鮮人
史硏究』(26), 1996年, 64~66쪽.
114) 김정동,『일본을 걷는다』, 한양출판, 1997년, 301~302쪽.
115) 金來成,「淺草 劇場街」『조광』, 1938년 6월호.

었다.116)

그런가 하면 『在東京朝鮮人協和會會報』는 1935년 당시의 조선인의
생활을 비참함으로 표현하고 있다.117) 구체적인 내용을 보면, 自由勞動
者인 '우리'가 농촌에서 살 수 없어서 고향과 친척을 버리고 도시로 올
라 온 것은 최후의 수단이었는데, 도시도 역시 배척을 하고 있기 때문
에, 싸워 살 수 밖에 없다는 것이다. 집세를 못 내서 거리로 쫓겨나고,
거리에는 슬픔에 쌓인 사람들이 넘치고 있는 것이 현실이라고 했다.

재일조선인에게 겨울은 원수 같았다고 한다. 애들은 놀지도 못하고
공장에서 일하며, 지카다비로 밤낮을 버텨야 했다는 것이다. 엄동설한이
와도 이것과 싸울 수 없다고 통탄하고 있다.118)

## 3. 在日朝鮮人 文化의 組織과 樣相

### 1) 단체를 통한 문화운동

재일조선인의 문화 활동은 단체를 통해 계속된 것이 주목된다.119) 이
러한 단체는 민족운동의 성격을 띠면서 출판과 연극 등의 문화활동을
통해 반일투쟁을 선도했다. 이러한 문화 활동은 학생·청년들을 중심으
로 전개되었는데, 주목되는 것이 카프120) 東京支部이다. 이 조직의 演劇
部는 재일조선인 연극운동을 주도했는데, 순회 공연을 통해 민족운동을
선도했다.121) 이 카프 東京支部 演劇部가 在日朝鮮人을 대상으로 한 연
극 가운데 주목되는 공연은 1927년 10월 29일 오후 6시 上野公園 自治

---

116) 「京阪神朝鮮人問題座談會」 『朝鮮日報』, 1936年 4月 29日.
117) 『在東京朝鮮人協和會會報』(제3호, 昭和 10年 11月 10, 早稻田大學 소장).
118) 『在東京朝鮮人協和會會報』(第3號, 昭和 10年 11月 10日, 早稻田大學 소장).
119) 특히 1920·30년대의 在日朝鮮人의 演劇運動은 다음의 論文이 槪觀하고 있
　　다(仁木愛子, 「1920~30年代の演劇運動」 『在日朝鮮人史研究』(12), 1983년).
120) 朴慶植, 『在日朝鮮人運動史』, 三一書房, 1979年, 138쪽.
121) 巡廻 公演은 朝鮮 內와 日本 內에서 展開되었다. 本稿에서는 日本 內의
　　公演에 注目한다.

會館에서 열린 공연이었다.[122] 이 공연은 在日本朝鮮勞動總同盟 東京朝
鮮勞動組合 主催로 新幹會 東京支會와 각 사회단체가 후원했는데, 東京
地方朝鮮勞動者慰安會로 열렸다. 무료 입장으로 시작된 이날 公演은 정
각부터 대만원이었다. 1·2·3부로 진행된 공연은 1부에서 먼저 朝鮮短歌
獨唱 등이 있었고, 2부에서는 洋琴, 絃琴合奏 등이 있었다. 그리고 3부는
카프 東京支部 演劇部가 出演하여, 싱클레어(Sinclaire)의 '二階의 男'을
上演했다. 한편 公演 後에는 感想會가 열려, 조합원이 熱辯을 토했다. 이
후 대중 속에서 이 모임을 노동자대회로 전환하자는 발의가 있고, 이것
이 가결되어 在東京朝鮮勞動者大會가 열렸다.[123] 이 모임은 사전에 준
비가 있어 2층에서 朝鮮暴壓政治反對同盟의 선전삐라가 살포되었는데,
곧바로 경찰의 檢束으로 모임은 解散되고 말았다.[124] 1929년 2월 17일에
도 東京 三多摩勞動組合慰安會에서 카프 동경지부 연극부는 싱클레어
作 '二階의 男', 그레고리(Lady Gregory) 作 '月出'을 공연했다.[125]

　카프 東京支部는 이후에 無産者社[126]로 발전되었다. 無産者社는 1929
년 5월 합법 출판사로 출범하는데, 김두용, 이북만, 성기백 등이 주도하
여 조직했다.[127] 여기에는 1929년 11월 카프 東京支部가 해체를 선언하
고 가입했다. 이 조직은『無産者』를 기관지로 정했으며, 기관지의 내용
은 고경흠, 김삼규, 김치정 3명이 협의하여 게재하기로 결정했다. 이북
만, 김삼규가 편집책임이 되어 무산자사 팜플렛을 발행했고, 문건은 조
선과 일본지역에 배포되었다.[128]

---

122) 李北滿,「朝鮮勞動者慰安會の記」『プロレタリア藝術』, 1927年 12月, 52쪽.
123) 이러한 모습은 다수의 연극 공연에서도 볼 수 있었다(崔丙漢,「勞動者慰
　　安會雜感 音樂＝演劇＝感想』『藝術運動』, 1927년 11월, 56～57쪽).
124) 金無敵,「푸로레타리아劇場 公演을 보고」『藝術運動』, 1927년 11월, 56～57쪽.
125) 이병찬,「移動劇場」『無産者』, 1929년 5월 참조.
126) 朴慶植,『在日朝鮮人運動史』, 三一書房, 1979年, 140쪽.
127)「朝鮮人の共產主義運動」, 金正明 編,『朝鮮獨立運動』(4), 1054쪽. 한편
　　산하에 專門劇團으로 無産者劇場이 있었으나 별다른 성과가 없었다(양왕
　　용 외,『일제 강점기 재일 한국인의 문학활동과 문학의식 연구』, 부산대
　　학교출판부, 1998, 227쪽).

한편 무산자사의 후신으로 '노동예술사준비회', '노동계급사', '동지사' 등이 있었다. 이 가운데 노동계급사는 조직의 목적대로 東京에서 출판활동을 수행했다. 노동계급사가 東京에 존재하게 된 것은 출판 활동의 용이함 때문이었는데, 구체적인 이유는 다음과 같이 정리할 수 있다.[129]

첫째, 일본제국주의의 폭압으로 조선에서는 문화영역까지 완전히 봉쇄되어 있었는데, 일본은 합법 공간이 열려 있었다. 예를 들면 조선에서는 메세지 한 장도 읽을 수 없고 삐라 한 장에 징역 3년을 언도하고, 만화를 그려서 일본제국주의를 희롱한 어린이를 극형에 처하는 상황이었다. 그러나 일본에서는 혁명적 출판물이 홍수처럼 대중에게 유입되고 있었다.

둘째, 조선에서는 문서활동 및 프롤레타리아트의 문화활동이 대단히 불충분했던 것에 반하여 일본은 독일과 함께 자본주의 열강 가운데 프롤레타리아트 문화투쟁과 문서활동이 활발하게 전개되고 있었다.

셋째, 조선에서는 원고 검열제도를 실시하여 일체의 혁명적 원고를 몰수, 삭제하며 여기에 통과하지 못하면 출판되지 못했다. 그러나 일본에서는 납본제도이기 때문에 출판 상황이 전연 달랐다.

넷째, 일본은 해외의 다른 지역보다도 배포, 통신이 용이했다. 당시 조선에서는 출판물을 간행하는데 지리적 관계가 불리할 뿐만 아니라 이용할 수 있는 인쇄물이 거의 없었다. 이에 반해 東京은 지리적 관계 및 조건에 따라 출판 활동을 수행할 수 있었다.

한편 동지사는 1931년 11월 결성되었다. 이 가운데 연극부문은 카프 演劇研究會가 改稱한 東京朝鮮語劇團[130]이 주도했다. 東京朝鮮語劇團은 移動劇場의 형식으로 활동을 시작해서, 1931년 11월 23·24일에는 築地 小劇場에서 공연을 갖기 위해, '下車', '盜賊놈', '森林' 등을 레퍼토리로

---

128) 金仁德,『植民地時代 在日朝鮮人運動 研究』, 國學資料院, 1996年, 261쪽.
129) 金仁德,「朝鮮共産黨再建鬪爭協議會 日本出版部의 組織과 活動」『韓日民族問題研究』(3), 2003年, 44쪽 참조.
130) 자세한 내용은 다음의 글을 참조(신고송,「在日本 朝鮮勞動者 演劇運動」『演劇運動』, 1932년 5월).

선택했다. 그리고 1932년 1월 이후에는 土木勞動者 集會에 이동 공연, 소공연을 가졌다.

그런가 하면 1930년 10월 프로핀테른 제5회 대회 선전선동부 협의회가 '프롤레타리아문화 · 교육조직의 역할과 임무에 관한 테제'를 발표하자, 일본의 진보적 예술단체는 같은 해 11월에 일본프롤레타리아문화연맹(KOPF 코프)으로 새롭게 창립되었다.[131] 그런가 하면 코프 중앙협의회 서기국은 1932년 2월 朝鮮協議會[132] 설치를 결정했고, 재일조선인 노동자를 문화를 통해 획득하는 것을 주요한 활동의 목표로 했다.

본격적인 연극단체를 통한 조선인의 문화 활동을 보면, 먼저 거론할 수 있는 것이 일본프롤레타리아연극동맹 東京지부 소속의 3 · 1극장이다.[133] 3 · 1극장은 1931년 6월에 조직된 '東京조선프롤레타리아예술연구회'가 10월에 '조선어극단'으로 발전되고, 1932년 2월 일본프롤레타리아연극동맹에 가맹함과 동시에 3 · 1극장으로 개칭된 조선인 극단이었다. 가맹 당시의 회원은 20여명이었는데, 위원장은 이홍종이었다. 결성 이후 3 · 1극장은 국제연극데이에 파견하기 위해 준비된 東京地方 경연회에 참가했으며, 이동공연을 활발히 전개했다.[134] 3 · 1극장 이외에도 스코프극

---

131) 박명용, 『한국프롤레타리아문학연구』, 글벗사, 1992년, 233面. 코프는 강령으로 '식민지 속령에서 제국주의의 문화지배 반대, 민족문화의 자유'를 내걸었고, 재일조선인 문화인들은 코프 산하의 일본프롤레타리아예술동맹(프로토), 일본프롤레타리아미술가동맹(야프), 일본프롤레타리아작가동맹(나프), 일본프롤레타리아영화동맹(프로키노)에 가입하여 활동했다.

132) 朴慶植, 『在日朝鮮人運動史』, 三一書房, 1979年, 276~277쪽 참조.

133) 물론 그 이전부터 각종 연극단체의 움직임이 있었고, 築地小劇場, 新築地劇團, 築地座, 新協劇團, 文學座 등을 중심으로 하는 일본 무대에 홍해성, 안영일, 주영섭 등이 가담해서 신극 훈련을 받았다. 특히 주영섭은 1934년 6월 24일 東京學生藝術座를 창립하여 재일조선인 연극운동을 주도한다(양왕용 외, 『일제 강점기 재일 한국인의 문학활동과 문학의식 연구』, 부산대학교출판부, 1998년, 216~225쪽).

134) 이와 함께 연극써클을 중심으로 극장 공연 8회, 지구 공연 16회, 이동공연 수 백회를 기록했다(전일검, 「재동경 조선극단」 『조선일보』 1936년 5월 15일, 양왕용 외, 『일제 강점기 재일 한국인의 문학활동과 문학의식 연

단, 名古屋革新劇團, 京都朝鮮語劇團準備會 등의 활동이 있었다. 이들 극단의 특징은 조선인 거주지역을 찾아다니면서 조선어 연극을 상연했던 점이다. 이들의 활동으로 인해 1932년과 1933년에 東京·大阪·九州·京都·名古屋 등 조선인 밀집지역에서는 조선협의회가 주최하는 조선어 연극이 상연되었다.

자료상 확인되는 3·1극장의 공연을 보면, 먼저 전술했던 1932년 국제 노동자 연극데이(2월 14일~23일)에서 조선어 연극으로 '荷車'를 무대에 올렸으나, 1933년 2월 23·24일 3·1극장은 築地小劇場에서 열린 '노동자 소인연극대회'와 2월 25·26일 '극동민족 연극의 밤'을 주최하여, '굶은 날', '국경', '외쳐라 중국'을 가지고 참여하기도 했다.[135] 같은 해 12월 6·7일에 築地小劇場에서 열린 汎太平洋革命演劇交換週間 記念 公演을 目的으로 하는 '조선연극의 밤' 행사에서는 '江南의 燕', '砲艦코크체펠'을 상연했다. 이틀 동안의 공연에 956명이 왔고 이 가운데 90%가 조선인이었다.[136]

1934년 2월 15일 芝浦會館에서 3·1극장은 '在京 朝鮮人 慰安의 밤', '飼豚', '万頃村'과 5월 25일·26일 築地小劇場에서 공연한 '빈민가', '아편전쟁' 等을 上演했다.[137] 1934년 9월 프로토가 해산하게 되자, 3·1극장은 「프로토의 해산 후 우리 3·1극장의 새로운 출발에 즈음하여」를 발표하고 순수한 연극예술자 집단으로서, 또한 在日朝鮮人 民族演劇의 先頭로서 '高麗劇團'으로 재출발했다.[138] 그리고 崔丙漢과 金善洪은 1935년 2월에 별도로 '東京新演劇研究會'를 결성했다.[139]

구』, 부산대학교출판부, 1998, 232쪽 재인용).
135) 포서구, 「3·1극장과 국제연극 10일간」『조선일보』, 1933년 3월 3일, 양왕용 외,『일제 강점기 재일 한국인의문학활동과 문학의식 연구』, 부산대학교출판부, 1998년, 233쪽 재인용.
136) 「特高月報」(昭和 8年 12月), 朴慶植 編,『在日朝鮮人關係資料集成』(2), 三一書房, 1975年, 858쪽.
137) 朴慶植,『在日朝鮮人運動史』, 三一書房, 1979年, 279쪽.
138) 姜徹,『在日朝鮮人史年表』, 雄山閣, 1986年, 102쪽.
139) 이 단체는 1935년 3월 16, 17일 이틀 동안 東京 本所에서 公演을 준비하

그런가 하면 1935년 5월 東京新演劇研究會에 참가하지 않은 金斗鎔, 金波宇 등은 순수한 興行劇團의 창립을 준비하고, 준비과정으로 5회에 걸쳐 공연을 하며 朝鮮藝術座를 결성했다. 조선예술좌가 무대에 올린 공연 작품은 '울릉도', '普通學校先生', '선술집' '서울의 지붕밑(原題:빈민가)' 등이었다. 그리고 공연 장소는 芝浦會館, 玉子區 宮仲俱樂部 등지였다.[140)

조선예술좌의 창립 공연을 알리는 문건은 공연할 작품으로 '鼠火'(3막 7장)와 '토성낭'(1막)을 들고, 간단한 작품 해설과 작품의 문학사적인 의미를 널리 소개하고 있다. 오후 6시 반부터 공연은 시작되며, 회원권은 청:1엔, 백:0.5엔이었고, 판매소는 神田 三省堂과 朝鮮食堂 等地였다. 당시에도 후원은 東亞日報, 朝鮮日報 東京支部에서 했다.[141)

1936년에 3·1극장은 地區 公演으로 柳致眞 原作 '소', 韓秉泰의 '토성낭'을 公演했다.[142) '소'와 '토성낭'을, 1월 29일 浦田 谷演劇場에서, 그리고 같은 달 30일 神奈川 鶴見岩戶館에서, 같은 달 31일 神奈川 玉川高津館에서, 2월 4일 芝浦 靑年會館에서 공연했다.[143)

한편 3·1극장의 일원이었던 東京 朝鮮人 留學生은 3·1극장의 해산 이후 1934년 6월 24일, 회원 상호간 종합적 예술적 연구와 조선 방문공연 및 일본에서 조선 향토예술을 소개한다는 등의 규약을 정하고 學生藝術座를 결성했다. 이 學生藝術座는 '조선의 新劇 수립은 創作劇에서' 라는 슬로건 아래, 1935년 6월 4일에는 築地소극장에서 '나루', '소'를 상연했

다가 '우옥의 춘향'이 상연 중지 당했고, 이후에는 거의 활동이 없다(金政明 編,『朝鮮獨立運動』(4), 560쪽).

140) 전일검,「재동경 조선극단」『조선일보』1936년 5월 15일 ; 양왕용 외,『일제 강점기 재일 한국인의 문학활동과 문학의식 연구』, 부산대학교출판부, 1998, 237쪽 재인용.

141)「朝鮮藝術座 創立大公演」(no.482, 早稻田大學 소장) 참조.

142)『朝鮮新聞』, 昭和 11年 3月 1日.

143) 박영정,「일제 강점기 재일본 한국인 연극운동 연구」『한국극예술연구』(3), 1993년, 129쪽 ; 양왕용 외,『일제 강점기 재일 한국인의 문학활동과 문학의식 연구』, 부산대학교출판부, 1998, 238쪽 참조.

다. 그리고 1937년 6월 22, 23일에는 '춘향전'을, 1938년 6월 4, 5일에는 '지평선' '벌판'을 공연했다. 아울러 1939년에는 '문', '幽明'을 준비했으나, '문'이 공연 금지당하여 상연되지 못했다.

이상과 같이 일본프롤레타리아연극동맹 東京지부 소속의 3·1극장이 해산된 뒤 재일조선인들의 연극 활동은 東京에서 東京新演劇硏究會, 朝鮮藝術座 그리고 學生藝術座, 高麗劇團등에 의해 전개되었다.[144] 한편 일부의 學生藝術座 단원들은 日本大學 藝術科 학생들과 함께 形象座를 결성했으나,[145] 특별한 활동이 확인되지 않는다.

지금까지 살펴 본 연극 활동은 대중의 의식 제고와 민족 의식 고양에 기여했다. 이와 함께 재일조선인의 계몽과 문화 향상, 그리고 민족·계급적 각성을 위해 일부의 선진적인 조선인은 신문을 통해 문화투쟁을 전개했다. 특히 주목되는 것이 『民衆時報』와 『朝鮮新聞』의 역할이었다.

大阪에서 1935년에 창간한 조선어 신문인 『民衆時報』는 大阪지역 조선인의 구심체로서 역할을 담당했다. 발간 동인은 대표간사가 金文準이었다. 『民衆時報』는 발행취지문에서 '일본 關西지역에 거주하는 30만 조선인의 독자적인 언론기관으로서' 사명을 다할 것임을 밝히고, 발행취지문과 함께 발표된 강령에서는 주로 생활개선과 문화 향상에 주목적을 두고 있었다.[146]

『民衆時報』의 내용을 분석해 보면,[147] 당시 주된 기사가 도일제도, 인권을 무시한 경찰의 단속, 고용 및 주택차별 등이었다. 특히 『民衆時報』

---

144) 1936년 시기 재일조선인에 의한 예술단체로 연극단체 이외에 음악분야에는 音樂家協會가 있었다(金性洙, 「在東京朝鮮人의 近況」『生きた新聞』(8) (1-8), 三一書房, 昭和 11年 8月, 33쪽).

145) 坪江汕二, 『朝鮮民族運動秘史』, 高麗書林, 1968年, 398쪽.

146) 1. 우리는 일본내에 거주하는 조선인민중의 생활진상과 여론을 보도하는 不偏不黨의 언론기관으로서의 존립과 성장발전을 기한다. 1. 우리는 일본내에 거주하는 조선인민중의 생활개선과 문화적 향상을 촉진함을 기한다. 1. 우리는 일본내에 거주하는 조선인민중의 생활권 확립과 그 옹호 신장에 투자할 것을 기한다.

147) 外村大, 『在日朝鮮人社會의 歷史學的硏究』, 早稻田大學 博士論文, 184~185쪽.

는 정치적 입장을 반영하여, 矯風會의 행정적인 통제에 비판을 가하고
있다. 구체적인 내용을 보면, 재래의 옷을 버리고 의복을 바꿔 입으라고
하는 것은 경제적으로 불가능함에도 불구하고 어용단체가 강제하는 것
은 기상천외한 정치적 현상이라고 했다.[148] 조선 민족이 있는 곳은 조선
정신이 있고, 조선인의 감정과 같이 옷은 조선옷이었다고 한다. 이와 함
께 정주 조선인의 생활권을 옹호, 반봉건적 유습 철폐와 함께 조선어 교
육을 강조했다. 1936년 1월 1일자에서는 「각계인사의 연두소감」이라는
지면에서 李民善과 金善嬉는 「한글을 직히자」와 「자녀에게는 조선문과
조선어를」이라는 글을 통해 국어 교육의 필요성을 강조하고 실천을 촉
구했다.[149]

한편 『朝鮮新聞』이 1936년 2월 東京에서 발행되었는데, 대표는 이운
수였다. 여기에서는 국제 관련 기사도 다루고 있으며, 당시 재일조선인
의 생활을 기사로 많이 취급하고 있다.[150]

## 2) 積極的인 鬪爭文化

재일조선인은 한일합방과 함께 혁명적인 사고를 실천에 옮기기 시작
했다. 이 가운데 먼저 거론할 수 있는 것이 사상단체이고, 北星會이다. 북
성회는 黑濤會가 분화되어 만들어졌는데, 조직원들은 조선 내에서 순회
강연회를 개최하고, 土曜會, 北風會 등을 만들었다. 이와 함께 북성회의
뒤를 이어 一月會가 조직되었다. 일월회의 구성원은 대중 단체의 간부를
겸하면서, 조직을 지도했다. 이들은 정치운동만 하지는 않았을 것이다.
조직의 강화와 계급의식의 고양, 반일사상의 고취에 중점을 두었다. 그리
고 선전활동을 통해 조직원의 획득과 당세의 확대에 노력했다.[151]

---

148) 『民衆時報』, 1935년 10월 15일 사설.
149) 『民衆時報』, 1936년 1월 1일.
150) 金贊汀, 『在日コリアン百年史』, 三五館, 1997年, 77쪽.
151) 金仁德, 『植民地時代 在日朝鮮人運動 硏究』, 國學資料院, 1996年, 53面,
58~75쪽 참조.

1910·20년대와 달리 1930년대의 재일조선인 사회에는 민족주의적 경향을 띤 독자적인 형태의 재일조선인 투쟁도 있었다. 우선 東亞通航組合의 자주운항운동을 들 수 있다.[152] 大阪 제주도 출신 사람들은 자유도항과 운임 인하를 요구하는 대회를 열고, 배 삯을 내리도록 선박 회사에 요구했다. 당연히 선박 회사는 배삯 인하 요구를 거절했다. 이에 따라 신간회 대판지회는 제주도민대회를 열고, 배삯 인하와 승객에 대한 대우 개선을 요구하기로 결의했다. 대판 제주인들의 배삯 인하 움직임을 감지한 고순흠은 자주운항운동을 전개했다. '제주항해조합'과 '기업동맹기선부'를 설립하고, 제주-大阪 간의 독립 항로를 개설하겠다고 천명했던 것이다. 물론 1928년에는 임대한 第二北海丸을 출항시켰던 역사적 경험이 있었다.

투쟁적인 재일조선인 문화는 시위를 통해 확대 생산되었는데, 이 시위문화는 어떻게 설명할 수 있을까. 먼저 투쟁문화를 선도였던 역사적 사건으로 2·8 독립운동을 통해 그 내용을 보자. 이 운동은 학우회와 조선청년독립단 등 유학생 단체가 주도했는데,[153] 조선청년독립단은 2월 7일 東京의 한 인쇄소에서 「민족대회 소집 청원서」를 日文으로 1천 부 인쇄하고, 「선언서」와 「결의문」은 영문으로 600부를 등사해서, 2월 8일 아침 10시 東京에 있는 각국 대사관과 공사관, 일본 정부와 국회의원 및 조선총독부, 그리고 각 신문·잡지사에 보냈다. 오후 2시 東京基督敎靑年會館에서 學友會 역원 선거를 명목으로 유학생 대회를 개최하여, 역사적인 독립 선언식을 거행했다. 그래서 600여 유학생들의 열광적인 지지 속에 역사적인 「2·8 독립선언서」가 발표되었다. 그러나 관할 경찰서에 의하여 강제로 해산되고, 실행위원 10명 등 27명이 출판법 위반으로 실형을 언도 받았다. 東京 유학생들은 「2·8 독립선언서」에서 조선의 유

---

152) 金仁德, 「1920年代 後半 在日濟州人의 民族解放運動 硏究」 『濟州4·3硏究』, 歷史批評社, 1999年 참조.
153) 金仁德, 「日本地域 留學生의 2·8運動과 3·1運動」 『韓國獨立運動史硏究』 (13), 1999年 참조.

구한 자주 독립국의 역사를 강조하고 조선 독립의 정당성을 주장했다. 그리고 일제의 조선 합방이 조선 민족의 의사를 무시한 군국주의적 야심과 폭력에 의한 것이었음을 규탄했다. 일제의 국권 침탈과 이에 대항했던 독립 운동의 이유 및 일제의 노예적 통치 정책을 비판하고 독립과 자유를 향한 조선인의 독립 운동이 계속될 것임을 천명했다. 끝으로 조선 민족의 독립 국가는 민주주의에 입각하여 세계 평화와 인류 문화의 발전에 기여하게 될 것임을 분명히 밝혔다.[154]

가두투쟁 형태의 시위문화로는 1928년 8월 29일 오후 약 150명의 조선인 노동자와 유학생들이 東京 武藏屋百貨店 옆 공터에서 혁명가를 부르고 삐라를 살포하며 거리를 행진했던 사건을 들 수 있다. 이때 '국치일에 즈음하여 전조선 2천 3백만 동포는 일제히 무장하여 일대 폭동을 일으키자'는 격문이 배포되었다.[155] 여기에서는 국치일의 의미를 되새기고, 동시에 독일과 러시아의 혁명세력들과의 단결을 강조하는 등 국제연대를 피력했다.

또 다른 시위문화로는 감옥에서 야수적인 일제의 탄압에도 불구하고 옥내 투쟁이 있었던 사실을 거론할 수 있다. 金天海는 감옥에서 각종 기념일을 맞이하여 계기투쟁을 벌렸는데, 1930년 3·1운동 기념투쟁, 메이데이투쟁 등이 그것이다. 金天海를 비롯한 반일투사들은 간수들의 눈을 피해, 통방하여 만세를 불렀다. 그리고 『감방新聞』을 발간하여 이론적으로 무장하고 선전·선동을 도모했다.[156]

그런가 하면 각종 모임은 재일조선인에게는 반일투쟁의 장이었다. 국내 강연회를 비롯하여 육상운동회·연설회·졸업축하회·웅변대회 등을 통해 학우회는 조선의 독립과 계급 해방을 대중적으로 선전하고 조직의 강화를 도모했다. 특히 학우회는 조선 내에 지속적으로 강연단을

---

154) 柳永烈, 「1919년 2월 8일 일본 유학생의 독립선언」『재일조선인 그들은 누구인가』, 삼인, 2003년, 85쪽.
155) 金仁德, 『植民地時代 在日朝鮮人運動 硏究』, 國學資料院, 1996年, 171쪽.
156) 金仁德, 『日帝時代 民族解放運動家 硏究』, 國學資料院, 2002年, 24쪽.

파견하여 강연회를 개최하고 대중적인 선전·선동 활동을 전개했다. 1920년부터는 총 7회에 걸쳐 유학생 강연단이 국내에 들어왔고, 연사는 주로 학우회의 간부가 맡았다. 그리고 열차선에 따라 강연단의 구성원을 선임하여 지역을 순회하면서 강연을 진행했다.157)

재일조선인은 반일 투쟁을 기념일을 통해서도 실현했다. 재일조선인은 국내와 달리 민족적 문제를 실감하면서 살았다. 따라서 어떤 계기가 주어지면 그 응집력이 국내보다 훨씬 강했다. 기념일은 바로 이런 조선인에게 투쟁의 날이었다. 전전 재일조선인은 단체를 중심으로 다수가 조직화되어 활동했다. 대표적인 재일조선인 대중 단체인 재일본조선노동총동맹은 다양한 기념일 투쟁을 전개했다. 특히 산하의 東京朝鮮勞動組合, 大阪朝鮮勞動組合, 三多摩朝鮮勞動組合, 兵庫縣朝鮮勞動組合, 東京朝鮮勞動組合 北部支部 등은 다른 노동조합보다 적극적이었다.158) 이들 노동조합은 지역의 독자성을 유지하면서 기념일투쟁을 전개했는데, 시시각각으로 변하는 정세에 대응하여 대중을 선동했다. 재일본조선청년동맹의 경우도 기관지『청년조선』을 통해 보면, 국치일·국제청년데이·관동대지진 날·간도공산당 공판 등을 투쟁으로 적극 견인하고자 했다. 특히 함흥고보의 맹휴사건이 있자 식민지 교육의 본질적인 문제를 지적하고 민족 차별 교육의 철폐를 주장했다.

재일조선인 민족운동 단체가 주도한 주요 기념일은 1920년대의 경우, 3·1기념일, 메이데이, 국치일, 관동대지진 기념투쟁, 6·10만세기념일, 반전데이, 국제무산청년데이 등이 있었다.159) 원래 3·1운동은 전 민족적 운동으로, 이후 각종 기념일투쟁에 참가한 모든 집단에게 소중하고, 대단히 인상적인 사건이었다. 따라서 그 역사상은 빠른 속도로 정치적 영

---

157) 金仁德,「學友會의 組織과 活動」『國史館論叢』(66), 1995年 참조.
158) 金仁德,「1920年代 後半 在日朝鮮人 記念日 鬪爭」『史學硏究』(62), 2001年 참조.
159) 특히 1930년의 記念日 鬪爭은 다음의 資料 참조(「特高月報」, 昭和 5年 3·5·8·9月分), 朴慶植 編,『在日朝鮮人關係資料集成』(2), 三一書房, 1975年, 220~232쪽).

향력을 확대해 갔는데, 일본에서 3·1운동 기념일투쟁은 1919년 이후 거의 매년 열렸다.160) 특히 1927년의 3·1운동 기념일투쟁은 조선인단체협의회의 주도로 열려 조직적 강화가 적극 도모되었다. 이후 1930년부터는 운동의 방향전환과 연동하여 3·1운동 기념일 투쟁이 조·일 공동투쟁과 지원투쟁으로 변해 갔다. 1930년에는 재일본조선노동총동맹이 전협으로 해소되는 과정에 있었기 때문에 3월 1일을 맞이해서는 신문과 단체가 조·일 공동투쟁과 지원투쟁을 선동하는 내용으로 일관하고 있다.161)

1931년에는 2월 하순부터 일본반제동맹, 일본노동조합전국협의회 등은 '3·1기념일을 간담회, 직장대회, 사보타지, 태업으로 싸우라'는 표어를 내걸고 선동했다. 大阪의 경우 吉川제화공장에서는 2월 23일부터 쟁의가 진행 중이었는데, 쟁의단에서는 3월 1일을 기념해 1백명의 노동자가 동원되어 공장을 습격하려고 준비하다가 주모자가 검속되었다. 兵庫縣에서는 2월 28일 전해건이 우리 협친회 간부들과 3·1기념 간담회라고 칭하고 투쟁을 모의하다가 검속되었다.

또 하나의 중요한 기념일인 메이데이도 재일조선인에게 끊임없는 투쟁의 장이 되었다. 그리고 곧바로 일본인과 연대의 장이기도 했다. 본격적으로 재일조선인이 메이데이 집회에 참가한 것은 1922년이었다. 이날 집회는 일본노동총동맹이 주최했는데,162) 여기에는 송봉우, 백무를 비롯해 흑도회의 회원 30여명이 참가했다.163) 이후 재일조선인은 단체와 개인 자격으로 메이데이를 기념했다. 1926년 메이데이와 관련해서 일본

---

160) 內務省警保局,「社會運動の狀況」(昭和 5年), 朴慶植 編,『在日朝鮮人關係資料集成』(2), 三一書房, 1975年, 345쪽.

161) 주요한 기사 내용을 보면, '피의 3월 1일을 맞이하여 노동자제군에게 격한다'(동경조선노동조합), '잊을 수 없는 삼일독립만세사건의 날'(『無産靑年』), '만세사건기념일 일선노동자 제휴하여 공동의 적을 타도하자'(『第二無産者新聞』) 등이었다(『在留朝鮮人ノ運動狀況』(昭和 5年 12月), 59~60쪽).

162) 『大正十五年中ニ於ケル在留朝鮮人ノ狀況』, 71쪽.

163) 金熙明,「メーデーを前にして」『文藝戰線』(4-5), 1927年 5月, 132쪽.

경찰은 東京의 경우 재일본조선노동총동맹 쪽의 260명, 大阪의 참가단
체 10개 조합, 400명, 堺市 150명 등이 참가한 것으로 추산하고 있다.[164)

### 3) 多樣한 文化 活動

#### (1) 美術·音樂界 等에서의 活動

재일조선인 문화 활동 가운데 미술분야가 우선 주목된다. 초기 재일
조선인 사회가 유학생이 주도한 것처럼 미술분야도 유학생이 주도했고,
조선인이 정주하는 시기에도 그 현상은 마찬가지였다. 전전 일본에 유
학한 미술학도는 대부분 귀국했는데, 우리나라 서양화가의 첫 세대들이
주로 공부한 곳은 日本의 東京美術學校였다.[165) 중요 인물들을 보면, 高
義東은 1915년 동경미술학교 서양화과를 졸업하여 우리나라 최초의 서
양화 화가가 되었다. 또한 이 학교에는 金觀鎬, 金瓚永, 金復鎭 등이 들
어갔다. 이와 함께 孔鎭衡, 李濟昶, 都相鳳 等이 西洋畵科에, 李漢福이
日本畵科에, 任瓚宰가 圖案科에 입학했다.

金觀鎬는 1916년에 강변에서 머리를 감고 있는 누드 여인 두명을 그
린 <夕暮>라는 작품으로 일본의 관전인 문전에서 특선했다. 한편 김복
진은 형성예술 이론에 기초하여 부문운동으로서의 예술, 미술운동을 전
체 민족운동 속에서 사고했다. 그는 다른 작가들과 달리 조선의 독립과
해방에 많은 관심을 갖고 있었다. 김복진은 카프의 창립을 주도한다. 그
리고 기관지『예술운동』의 표지를 장정하며,「주제강조의 현대미술」이
라는 글을 발표했다. 그리고 서열 1위로 중앙위원이 되었고, 강령과 규
약을 기초하면서 정력적으로 활동했다. 그러면서 외곽조직인 창광회에
관여하여, 카프 내의 독자적인 미술가그룹을 형성해서, 미술계에서의 세
력 강화도 도모했다. 당시 프롤레타리아 미술가들은 선전활동과 유기적
으로 결합되어 있었고, 노동·농민운동에 관여했다. 그것은 당시에 살

---

164)『大正十五年中ニ於ケル在留朝鮮人ノ狀況』, 71쪽.
165) 고휘동을 비롯한 한국 근대미술의 초기 작가들의 일본 유학은 다음의 글
을 참조(김영나,『20세기의 한국미술』, 예경, 2001년, 70쪽).

포되었던 포스터, 전단 등을 이들이 주로 제작했던 사실에서 확인할 수 있다.

당시 김복진은 형성예술단의 조직과 동맹으로의 결합을 조직론 상에서 피력할 정도의 예술운동에 대한 선진적인 조직론을 갖고 있던 인물로, 문화에서 운동을 발견한 몇 안 되는 사람이었다.[166)

그런가 하면 1930년 일본은 프롤레타리아 미술운동이 최고조에 도달했다. 당시 동경미술학교 졸업생 가운데 약 3분의 1정도가 프롤레타리아 미술로부터 영향을 받고 있었다.[167) 당시 나프가 개최한 프롤레타리아 미술전람회에도 유학생들이 출품하고 있었는데, 鄭河普가 그 중 한사람이다. 鄭河普는 1930년 1월부터 나프에 소속되어 있던 유일한 외국인으로, 어릴 때부터 일본에서 신문배달을 했다. 그는 1930년 수원에서 열린 제1회 프롤레타리아 미술전을 주도하는데, 여기에는 정하보의 <조선공산당의 공판일>이나 矢部友衛의 <직장에서 오는 길>이 포함되어 있었다.[168)

미술분야에서 유학생이 일본과 교류했던 것은 잘 알려져 있지만, 일본에 건너간 조선인 유학생들이 프롤레타리아 단체에 소속하여 활발하게 활동한 것은 전술했던 코프에서였다.[169) 그것은 코프가 출범하면서 카프 동경지부가 코프의 조직 내로 발전적으로 해소해 들어갔기 때문이었다. 이 때 주목되는 사람이 박석정, 윤상열 등이다.

박석정은 1929년 10월에 일본으로 건너가서, 1931년부터는 프롤레타리아 미술가동맹 城南지구에 소속되었다. 1932년에는 프롤레타리아 미술가동맹 식민지위원회 위원장을 맡았다.[170) 그는 코프에 가맹하는 동

---

166) 金仁德, 「金復鎭小考」『近現代史講座』(10), 1998年 참조.

167) 喜多惠美子, 「韓・日프롤레타리아 美術運動의 交流에 관하여」『美術史論壇』(12), 2001, 上半期, 66面. 물론 1930년은 구본웅이 이과회 미술전람회에서 입선했던 해이기도 하다(『조선일보』, 1930년 9월 5일).

168) 崔烈, 『韓國 近代 美術의 歷史』, 열화당, 1998年, 264쪽.

169) 喜多惠美子, 「韓・日프롤레타리아 美術運動의 交流에 관하여」『美術史論壇』(12), 2001, 上半期, 72쪽.

시에 카프에도 소속되어 있기에 조선과 일본을 연결시켜주는 인물이었다. 박석정은『프롤레타리아미술』(2호), 1932년의「긴급 동의 조선위원회 강화를 위하여」,『프롤레타리아미술』(3호)의「탄압하의 조선 프로미술」, 삽화「한일노동자 단결하자」등의 글을 썼다. 또한 그는 윤상열과 코프 조선협의회가 발행한『우리동무』와『붉은주먹』의 발행에도 관여했다.『붉은주먹』은 주로 재일조선인의 계몽을 목적으로 발행되었던 출판물이었다.171)

1930년대에도 한국미술사의 중요한 자리를 차지하는 사람들이 일본에 유학한다.172) 이 가운데 이중섭은 주목되는 인물이다. 그는 神田에 하숙을 하며 東京帝國美術學校에 입학해서 공부했다.173) 이중섭은 1940년 자유미협전에 '소'를 출품하여 협회장 상을 수상하기도 했다.174)

그런가 하면 일본 문단에서 본격적인 재일조선인 문학 활동은 1932년에『改造』의 현상공모에서 2위로 입상했던 張赫宙의「餓鬼道」부터라고 한다.175) 이 소설은 기아와 절망상태에 빠져 있는 농촌을 배경으로, 가재도구를 처분하고 만주로 야간 도주하는 농민들의 모습을 통해, 일제의 제도적인 수탈과 착취를 고발하고 있다. 그리고 농민들 스스로 일제의 수탈과 착취에 저항해야 한다고 했다. 이러한 재일조선인 문학은 張赫宙를 넘어, 金史良을 만날 수 있다. 1939년 김사량은 芥川賞 候補作家에 올랐던「빛 속에서」에서, 일본인 아버지와 조선인 어머니를 둔 혼혈

170) 內務省警保局,『社會運動の狀況』1933年, 1487쪽.
171)『特高月報』(昭和 7年 7月), 朴慶植 編,『在日朝鮮人關係資料集成』(2), 三一書房, 1975年, 564쪽.
172) 이들은 각종 그룹에 참가하여 미술적 역량을 축적했다. 자세한 내용은 다음의 책을 참조(김영나,『20세기의 한국미술』, 예경, 2001년 참조).
173) 김정동,『일본을 걷는다』, 한양출판, 1997년, 288쪽. 그는 典型的인 藝術家의 모습을 보이며, 銀座의 술집과 吉原의 遊廓에도 出入했다. 배급 가스가 들어오는 자취방 겸 아틀리에가 그가 살던 기시조지(吉祥)에 있었다.
174) 崔烈,『韓國 近代 美術의 歷史』, 열화당, 1998년, 454쪽.
175) 李漢昌,「해방전 재일 조선인의 문학 활동」『재일조선인 그들은 누구인가』, 삼인, 2003년, 162쪽.

아의 심리를 묘사하고 있다.[176) 여기에서 그는 일본사회 속의 조선인의
고뇌와 억압과 차별이 어떻게 인간성을 왜곡시키는가를 조명하고 있
다.[177)

張赫宙와 金史良 말고도 金達壽가 식민지 백성이라는 숙명을 짊어지
고, 차별과 멸시를 받으며 살아가는 조선인의 모습을 그렸다.[178) 그는
일본인의 우월감과 위선을 고발하고, 피지배계급인 조선인의 자리를 확
인했다. 그리고 자립과 향학의 뜻을 불태우던 젊은 시절의 자신을 소설
속에서 표현하고자 했다.

문학과 미술분야와 마찬가지로 재일 유학생에 의해 음악 활동이 적극
전개되었다. 재일 유학생의 음악을 거론할 때 먼저 지적할 수밖에 없는
인물이 洪蘭坡이다. 그는 1918년 일본에 가서 東京音樂學校에 입학하여
정규 음악 교육을 받았다.[179) 여기에서 그는 우리나라 최초의 예술잡지
인 『三光』을 창간했다. 음악, 미술, 문학을 주제로 한 잡지로 在日本東
京朝鮮留學生 樂友會의 機關誌였다.

한편 조선의 민족무용을 근대적, 창조적으로 발전시킨 崔承喜가 있다.
東洋의 대표적인 舞踊家였던 崔承喜에 대해 川端康成은 일본의 여류 신
진무용가 가운데 그녀를 최고라고 꼽았다.[180) 그녀는 1926년에 일본의
石井漠舞踊硏究所의 연구생으로 도일하여 근대 무용을 연수하고 전통
적인 조선 민족 무용을 창조적으로 계승하여 새로운 朝鮮 舞踊을 만들
어냈다. 그리고 東京에 舞踊硏究所를 개설하여 활약했는데, 일본적인 것
과 동양적인 것을 조선 예술에 접목하려는 시도를 했다.[181)

---

176) 金贊汀, 『在日コリアン百年史』, 三五館, 1997年, 80쪽.
177) 李漢昌, 「해방전 재일 조선인의 문학 활동」 『재일조선인 그들은 누구인
    가』, 삼인, 2003년, 164쪽.
178) 정대성, 「8·15 전후 재일조선인 생활사의 階調」 ; 홍기삼 편, 『재일한국인
    문학』, 솔, 2001년 참조.
179) 朴容九, 「울 밑에 선 봉선화」 『音樂·演藝의 名人 8人』, 新舊文庫, 1975年,
    참조. 이후 1926년 재차 도일하여 東京國立高等學院에서 공부하기도 했다.
180) 『文藝』, 1939年 11月号 참조.
181) 金贊汀, 『在日コリアン百年史』, 三五館, 1997年, 81~82쪽.

## (2) 스포츠계에서의 活動

재일조선인의 각종 스포츠 활동은 초기는 주로 유학생 단체에 의해 주도되었다고 해도 과언이 아니다. 유학생들은 스포츠 활동을 건강의 증진이라는 본연의 의미에서 적극 추진했고, 한편 정치적으로도 활용했다. 유학생 조직 가운데 대표적인 단체인 學友會[182]의 경우, 정기적으로 운동회를 개최했다. 최초의 운동회는 1915년 5월 7일 靑山練兵場에서 500명이 참가하여 성대히 열렸다.[183] 1916·17년의 운동회[184] 이후에 1918년 4월 3일에는 운동회가 대규모로 열렸다. 400~500명이 참가한 운동회는 운동 경기와 함께 假裝行列이 진행되었다. 가장행렬에는 朝鮮地圖를 그려 놓고 朝鮮語로 檀君의 所有라고 쓰고, 李舜臣, 論介, 鄭圃隱, 乙支文德 等을 가장하여 행진했다.

이후에도 學友會의 운동회는 주로 봄에 열려 각종 운동 경기가 진행되었다. 1人 1脚, 2人 3脚, 100미터 달리기, 提燈 競走, 障碍物 競起, 騎馬競走, 여학생 달리기, 릴레이, 各 大學 同窓會別 競走 등이 진행되었다. 그리고 1921년 경기 때는 紅, 白, 靑, 黃 등으로 나누어 운동회가 진행되었다.[185]

1923년 4월 22일의 運動會는 駒場의 東京帝國大學 運動場에서 朝鮮人勞動者와 聯合하여 擧行되었다. 1,500명이 모인 이날 운동회는 獨立運動을 위한 大會였다. 실제로 各種 檄文이 撒布되고, 고무풍선에 朝鮮獨立萬歲라는 標語를 써서 날려보내기도 했다.[186] 이후에도 學友會가 주최한 운동회는 매년 정기적으로 열렸다.[187]

---

182) 金仁德, 「學友會의 組織과 活動」『國史館論叢』(66), 1995年 참조.

183) 姜徹, 『在日朝鮮人史年表』, 雄山閣, 1983年, 20쪽.

184) 「學友會陸上大運動會寫眞」『學之光』(10), 1916年 9月, 「消息」『學之光』(13), 1917年 7月, 83쪽.

185) 「春期陸上大運動會スケッチ」『學之光』(22), 1921年 6月 참조.

186) 姜徹, 『在日朝鮮人史年表』, 雄山閣, 1983年, 40쪽.

187) 孫煥, 「戰前の在日朝鮮人留學生のスポーツ活動に關する歷史的硏究」, 平成 10年, 筑波大學 博士學位論文, 217쪽.

그런가 하면 관서지방에서는 1935년 7월 7일 生野小學校 운동장에서는 關西大學 朝鮮人留學生會 主催로 제1회 關西蹴球大會가 열렸다. 여기에서는 東成郡이 우승을 했다고 한다.[188] 같은 해 11월 15일 침체되어 있는 사회 분위기를 개선하기 위해 京都朝鮮人留學生學友會의 歌劇大會가 준비되었다.[189] 11월 15일 阪神消費組合 靑木出張所가 주최하여 야학운동회가 열려 8세부터 18세까지의 80명의 학생이 모여서 하루를 보냈고, 이 자리에서는 어려운 노동자를 위한 기금이 모여지기도 했다.[190]

今宮共勵靑年會에서는 朝鮮日報 大阪支局과 YMCA大阪聯合會의 후원으로 1936년 1월 10일 오전 8시부터 住江公園에서 庭球와 蹴球大會를 개최했다.[191] 결과는 庭球에서는 中央敎會, 蹴球에서는 北區敎會가 우승을 차지했다.[192]

在京都朝鮮人留學生學友會는 1936년 6월 17일 同志社大學 정구코트에서 親睦庭球大會를 열었는데, 리그전에서는 聖峰中學팀이 個人戰에서는 李耿年, 金性煥 조가 우승했다고 한다.[193]

學友會는 자체적으로 준비한 운동회말고도 일본 국내의 경기대회에도 참가했다. 주로 體育部에 蹴球部, 陸上競技部, 庭球部 等의 경기 단체를 조직하여 참가했다. 아울러 조선 내의 원정시합을 통해 스포츠의 질적 향상과 건강증진 등을 도모했다.[194] 학우회나 동경 YMCA가 운동회를 개최하는 것은 비상한 관심의 대상이었다. 마치 유학생들에게는 명절인 것으로 느껴졌다.[195]

---

188)『民衆時報』, 昭和 10年 7月 15日.
189)『民衆時報』, 昭和 10年 11月 15日.
190)『民衆時報』, 昭和 10年 11月 15日.
191)『民衆時報』, 昭和 11年 1月 1日.
192)『民衆時報』, 昭和 11年 1月 11日.
193)『民衆時報』, 昭和 11年 6月 21日.
194) 孫煥,「戰前の在日朝鮮人留學生のスポーツ活動に關する歷史的硏究」, 平成 10年, 筑波大學 博士學位論文, 218~236쪽.
195) 白南薰,『나의 一生』, 신현실사, 1973, 118쪽.

한편 재일조선인 사이에서는 생활의 곤란함을 거론하면서, 공장주들이 서적과 오락, 스포츠를 통해 노동자의 불평을 불식시키려고 한다면서, 명예나 오락이 무슨 의미가 있는가 하고 반문하고 있다.196) 당시 일본문화의 표상인 터널, 아스팔트길, 거대한 철근 콘크리트 建物, 港口의 岸壁 등은 조선인 근육노동자의 고혈의 결정이었다. 그럼에도 불구하고 日本人 勞動者와 朝鮮人 勞動者를 동일하게 대한 企業主는 한 사람도 없었다. 무제한의 노동 조건에서 탐욕스러운 공장주에게 착취를 당했다. 결국은 민족적 편견과 다른 여러 가지 편견으로 2중·3중으로 고통을 당했던 것이다.197)

그런데 각종 소식지에는 운동경기대회를 소식란에 싣고 있다. 예를 들면 『황천친목회뉴쓰』는 三友구락부에서 蹴球大會를 개최하여 荒川東光蹴球團이 參加했다고 한다.198)

한편 日本에는 스모를 하다가 레슬링으로 돌아 전설적인 인물이 된 力道山이 있다. 力道山의 본명은 金信洛으로 13세 때인 1940년 도일했다.199) 이후 일본 스모계에 뛰어, 세키와케(關脇)가 되었다. 그는 26세 때에 조선 사람으로서의 한계를 느끼고 스모를 그만두었다. 이후 1951년 프로레슬러로 전향하여 전세계 챔피언인 보비 브란즈와 데뷔전을 치르고, 이후 강적들을 차례로 제압하면서 북미 대륙을 석권했다. 역도산은 '일본의 빛나는 별'이 되었다.

아울러 일본의 戰前 프로야구에 조선인 선수로 朴賢明이 있었다. 그는 1938년 阪神타이거즈에 입단하여 投手로 활동했다. 또한 明治大學을 卒業하고 巨人球團에서 활동한 李八龍(藤本英雄)이라는 선수도 있었다.200) 그리고 日本 卓球界에서 刮目할 만한 成果를 낸 崔根恒이라는 사람이 있었다.201) 1939년 4월 關西學院大學에 입학하여, 全日本學生卓球選手

---

196) 『民衆時報』, 昭和 10年 7月 15日.
197) 『民衆時報』, 昭和 11年 1月 1日.
198) 『황천친목회뉴쓰』 제일호, 早稻田大學 마이크로 필름실 소장.
199) 裵昭, 「プロレスラー力道山傳說」 『ほるもん文化』 (6), 1996年, 3쪽.
200) 梁泰昊, 「「在日」プロ野球列傳」 『ほるもん文化』 (6), 1996年, 28쪽.

權大會에 출전하여 여러 차례 우승했던 인물로202) '關學의 黃金時代'를 만들어냈던 사람으로 有名했다.

이렇게 재일조선인은 각종 일본의 예술 문화계에서 뛰어난 활동을 보였다. 문제는 이런 과정에서 차별을 경험하고 현실의 높은 벽에 새롭게 민족적 모순을 인식해 갔다는 것이었다.

### (3) 강연회 및 공연 관람

재일조선인의 문화 활동 중 다수가 참가하여 대중성을 띤 것이 운동회와 함께 강연회, 특히 공연이었다. 이러한 활동은 초기에는 유학생 단체가 중심이 되었는데, 시간이 지나면서 각종 대중 단체와 함께 전개된다.

이 가운데 東京의 초기 재일조선인 사회에서는 東京YMCA가 대중 활동의 중심적인 역할을 했다. 운동회·독서회·강연회는 일상적으로 東京朝鮮基督敎靑年會館을 중심으로 하여 열렸고, 특히 독서토론회는 지속적으로 열려 젊은 청년들의 민족의식을 고취하는데 큰 역할을 했다.

1910년대의 경우 東京의 조선인은 다수가 유학생이었다. 이들은 각각 학교에서 수학을 하나 모교의식은 희박한 편이었다. 따라서 이들에게 모임의 자리는 학교 교육에서 충족되지 않은 동료애 충족의 장이었다. 따라서 학우회나 東京YMCA가 운동회를 개최하는 것은 비상한 관심의 대상이었다. 마치 유학생들에게는 명절인 것으로 느껴졌다.203) 아울러 동경YMCA는 해마다 12월 25일에 성탄축하회를 가졌다.204) 또한 청년회에서는 방학 기간을 이용하여 춘령회, 하령회를 개최하고 종교적 수양과 친목을 도모했다. 이 자리에서는 종종 특별 강연도 준비되었는데 阿部磯雄, 吉野作造가 연사로 초청되기도 했다.205)

---

201) 兵庫朝鮮關係硏究會, 『在日朝鮮人90年の軌跡-續·兵庫と朝鮮人-』, 神戶學生靑年センター出版部, 1993年, 90쪽.
202) 『神戶新聞』, 1941年 7月 10日, 13日.
203) 白南薰, 『나의 一生』, 신현실사, 1973年, 118쪽.
204) 白南薰, 『나의 一生』, 신현실사, 1973年, 120쪽.
205) 白南薰, 『나의 一生』, 신현실사, 1973年, 122쪽.

그런가 하면 關西學院大學 朝鮮人同窓會는 1936년 신년에 재류동포를 위한 음악, 연극대회를 열었다. 여기에서는 제1부 공연으로 鄭愛羅의 바이올린 독주, 李景淑의 독창, 白昌盛의 피아노 독주 등이 있으며, 제2부는 연극공연으로 田榮澤 각색의 '人生', 위고 원작, 朴泰鎭 脚色의 '噫無情'을 상연하게 되었다고 한다. 회원권은 한 장에 30전이었다.[206]

재일조선인이 문화와 만나는 공간은 演劇公演이나 演奏會 등이었다. 이러한 모임은 東亞日報, 朝鮮日報, 中央日報의 支局를 통해 後援을 받았는데, 1936년 在留同胞慰安音樂大會는 東亞日報, 朝鮮日報, 中央日報의 大阪支局과 民衆時報社가 支援하여 開催되었다. 주요 내용을 정리해 보면 다음과 같다.[207]

출연자는 오케이레코드사의 전속인 崔虎永, 李蘭影, 高福壽, 江南香, 林生員, 林芳蔚, 金蓮月 등과 세계적인 수준의 오케이째즈밴드와 무용의 천재 임마사양이 함께 한다고 했다. 첫 演奏會는 大阪에서 2월 8, 9일 이틀 동안 大阪國民會館에서 열리고, 入場料는 오케이레코드 1월짜리 音盤 交換券을 갖고 오면 無料라고 했다. 특히 大阪에서는 40전짜리 蓄針을 더 준다고 했다. 첫날은 우천임에도 불구하고 1천 여명이 모였고, 둘째 날은 2회 공연에 3천여 명이 모였으며, 째즈밴드의 방아타령과 양산도를 연주할 때는 악사와 관중이 함께 춤을 추었다.[208]

이후 京都에서는 2월 10일 朝日會館에서, 神戶에서는 2월 13일 昭和館에서 공연이 열릴 예정이라고 했다. 특히 京都에서의 공연을 본 일본사람은 적은 극장에서 보는 것은 아까운 일이라고 했다. 한편 귀로에는 名古屋에서 2월 23일 公演할 豫定이라고 기사는 전하고 있다.[209]

그리고 1936년 2월 16일과 22일에는 오케이레코드會社의 專屬 歌手가

---

206)『民衆時報』, 昭和 11年 1月 1日.
207)『民衆時報』, 昭和 11年 2月 1日.
208)『民衆時報』, 昭和 11年 2月 21日.
209)『民衆時報』, 昭和 11年 2月 21日.

레코드 吹入을 위해 東京에 가는 機會에 '流行歌實演의 밤'을 東京의 軍人會館과 本所公會堂에서 열었다.210) 後援은 在東京基督敎靑年會에서 했다.

한편 夜學을 후원하기 위한 演劇과 舞踊公演도 있어, 1936년 1월 20일 東京의 朝鮮藝術座와 裵龜子樂劇團(少女歌劇團)이 공연하여 125원의 기부금을 모았고,211) 5배에서 20배의 관객을 동원했다.212)

재일조선인에게 조선 예술인의 공연과 극단의 일본 공연은 특별한 일이었다. 특히 裵龜子나 崔承喜의 무용은 누구나 보러 가기를 희망했다. 裵龜子樂劇團은 少女歌劇團으로서 1930년 10월부터 일본 순회공연을 했다.213)

전술했던 최승희는 1933년 다시 東京으로 가서, 여류무용대회에 출연해서, '에헤라노아라'를 추어 무서운 신인 무용가로 호평을 받았다. 그리고 1934년 日本靑年會館에서 신작발표회를 열어 승무·칼춤·부채춤·가면춤 등 고전무용을 현대화하는데 성공하여, 격찬을 받았다. 그리고 1936년 영화 '半島의 무희'에 주인공으로 출연해서 4년 장기상영이라는 흥행기록을 남겼다. 大阪의 玉造座에서 1936년 4월 10일 上演을 豫定했다.214) 그리고 石井幕로부터 독립하고, 첫일본 소재 작품 <달밤의 곡>을 발표했으며, 1937년에 미국을 비롯한 유럽전역과 중남미를 순회하는 공연을 했다. 이후 세계적 무희로서 東京 歌舞伎座에서 공연했다. 이와 함께 東京帝國劇場에서 세계 기록인 24회의 장기 독무 공연을 해냈다.215)

---

210) 『朝鮮新聞』, 昭和 11年 3月 1日.
211) 『朝鮮新聞』, 昭和 11年 3月 1日.
212) 金斗鎔, 「朝鮮藝術座의 近況」 『テアトロ』, 1936年 5月, 107쪽.
213) 당시의 레퍼토리는 주로 악극, 촌극, 慢劇, 무용극, 소녀관현악단의 무대 연주, 조선무용, 독창, 합창 등으로 이루어진 '버라이어티 쇼' 형식이었다 (金性希, 「한국 초창기 뮤지컬 운동 연구」, 한국극예술학회, 『한국극예술연구』(14), 2001년 10월 참조).
214) 『民衆時報』, 昭和 11年 4月 11日.
215) 최승희에 대해서는 다음의 책을 참조(이애순, 『최승희 무용예술연구』, 국

그런가 하면 재일조선인도 新年會의 의미를 특별히 생각했다. 그런 이유로 살기도 힘든데 신년이 무슨 의미가 있고, 신년회는 왜 하냐는 분위기가 있기 때문에 나온 얘기로, 한 사람의 즐거움을 '동포'의 즐거움으로 만들자는 얘기였다. 돈도 없고 장소도 충분치 않지만 성대히 지내자면서, 그렇게 하기 위해서는 모이자고 했다.[216] 그리고 광고로 회장집에서의 新年會 모임을 알리고 있다.

이상과 같이 재일조선인은 조선의 영화나 연극을 볼 기회가 적지만 있었다. 조선사람들은 자신의 연화와 연극을 갈망하나 현실은 일본 영화나 연극을 보는 것이 보편적이다. 따라서 조선에서 단체가 오거나 영화가 오면, 경제적인 부담·내용과 무관하게 보러갔다. 그래서 10전, 15전이면 볼 2류, 3류의 영화를 40전 이상을 지불하고 보는 경우가 대부분이었다. 이와 함께 조선어 연극은 예술성이나 사상에 무관하게 선호되어 관람객이 증가하는 경향도 보였다. 이것은 일본이라는 특수한 지역에서 표출되는 민족의식에 대한 정치·문화적 현상이라고 할 수 있다.

## 4. 맺음말

필자는 재일조선인에 대한 역사의 연구가 재일조선인 운동과 사회사에 집중되어 왔다고 생각한다. 따라서 그들이 어떻게 살고, 생각했는지에 대해 보다 면밀한 연구가 필요하다고 생각한다. 단순히 반일 민족운동을 하거나 일본 당국의 지배에 순응을 하면서 존재 자체를 몰가치하게 만들었던 것은 아니기 때문이다.[217]

---

학자료원, 2002년).

216) 『재동경조선인협화회보』(제4호), 昭和 10年 12月 15日, 早稻田大學 所藏.

217) 아직도 생존해 있는 1세, 그들이 살아있을 때, 지금 생활과 문화적 양상을 보다 구체적으로 정리할 필요성을 생각하면 재일조선인에 대한 다양한 접근이 반드시 시도되어야 한다고 생각한다.

오늘날 재일조선인의 문화는 분명, 이주의 역사에서 출발했다. 조선인의 이주는 철저히 일본 자본주의 경제의 필요에 따른 것이었다. 그리고 조선인은 일본 사회의 최하층민으로 편입되어, 제국주의 일본의 민중과 함께 했다. 따라서 재일조선인의 삶은 민중적, 도시적이었다. 결국 재일조선인의 문화도 이러한 규정적 요소에 의해 좌우되어 도시·민중적 요소가 내재되어 있다.

재일조선인의 문화 생활은 기본적으로 이주민의 생활이었다. 따라서 각종 일본 문화와 충돌할 수밖에 없었다. 여기에는 이질적인 생활문화와 접촉하면서 생기는 독특한 모습을 띠었다.

이러한 재일조선인의 문화는 정치적·동화적·예술적 내용을 동시에 갖고 있었다. 이 요인들은 혼재되어 일상적인 생활 문화를 규정하기도 했는데, 본질적으로는 조선과 일본의 사이에 존재했다. 특히 여기에서는 생활적인 요소가 중요하게 작동하여 문화적 양상을 표출했다고 생각한다.

식민지민, 이주민이었던 재일조선인의 삶은 조선촌으로 대변할 수 있다. 재일조선인이 조성한 조선촌은 조선인의 '해방구'였다. 일본어도 제대로 모르는 채 낮 동안의 노동에 시달린 조선인이 밤이 되어 돌아갔을 때 아무 거리낌없이 쉴 수 있는 곳이 바로 조선촌이었다. 고추가루, 김치, 조선어가 있어 그 가운데만 있어도 위안이 되는 장소였다. 조선촌에서는 지연과 혈연적 상호부조가 잘 이루어졌으므로 취직 등 생활상의 편의를 쉽게 얻을 수도 있었다.

전전의 일본 정부가 파악하듯이, 재일조선인은 일본에 와 있는 동안에는 무엇보다 돈(金)이 중요했기 때문에, 먹을 것이나 위생, 생활의 즐거움에 대해서는 무관심했을 가능성이 없지 않다. 식사는 주로 밥과 소금, 야채로 해결하고, 부식은 장, 츠케모노, 생선 말린 것 등이 전부인 경우도 있었다.[218] 그러나 朝鮮村은 먹을 것과 생활의 고통을 슬기롭게 해결할 수 있는 공간이었다. 그 속에는 조선의 文化가 있었던 것이다. 이

---

218) 大阪市社會部調査課,「朝鮮人勞動者問題」(大正 13年), 朴慶植 編,『在日朝鮮人關係資料集成』(1), 三一書房, 1975年, 378쪽.

와 함께 조선촌 밖의 또 다른 동화의 문화가 존재했다. 그러나 이 문화
는 구체적인 틀이 존재하지 않았고, 조선적인 틀으로서는 설명이 불가
능한 독특한 이주민의 문화를 갖고 있었을 것이다.

그런가 하면 제국주의 본국인 일본에서 조선문화의 예술적인 다양성
을 느끼는 것은 쉬운 일이 아니었다. 교육의 경우, 소학교를 들어간 수
를 보면, 100명 중에 25명에 불과했고, 중학이나 대학교에 들어가는 수
를 비교하는 것은 무의미하다고 한다. 조선의 경우 7할이 글을 못 읽는
데, 일본의 조선인은 그 수가 더 적다고 한다. 그리고 실제로 읽을 수 있
는 잡지의 수가 극소수이고, 이것도 구입하기가 힘들었다. 언어생활도
반 조선어, 반 일본어가 통용되는 수준으로, 조선어를 써야 할 경우에도
일본어를 쓰는 것이 가능했다고 한다. 아동의 경우는 일본 아동과 놀기
때문에, 일본어의 사용이 보다 일상적이어서 집안에서도 일본말을 썼다.
이것이 전전 재일조선인이 처했던 객관적인 현실인지도 모른다. 물론
이러한 현상은 조선 지향적, 정치적 모습과 다른 내용이었다.

한편 조선에서 온 각종 공연은 내용과 무관하게 재일조선인의 관심을
집중시켰다. 경제적인 부담에도 불구하고 조선 문화를 즐기는 것은 큰
기쁨이었다. 특히 조선어 연극은 예술성이나 사상에 무관하게 일본이라
는 지역에서 표출되는 민족의식에 대한 정치·문화적인 표현이었다.

결국 재일조선인의 문화는 민족적·동화적 요소와 함께 공생적 부분
까지도 어느 정도 내포하면서 일본 속의 조선 문화로 존재했던 것이다.
여기에는 민족적 문제와 계급적 문제가 동시에 고민되었고, 동시에 새
로운 시대를 지향하는 역동성도 갖고 있었다. 특히 일본이라는 지역적
인 특수성에 기인하여 '혼합적'인 요소들이 배태되어 있었다. 그러나 이
러한 재일조선인의 문화는 일본 정부의 정책적 요소와 일본 문화의 강
렬함에 절대 자유스럽지 못했다. 물론 일제의 지배 문화가 이주자 집단
인 재일조선인의 문화를 전면적으로 흡수하지는 못했지만, 제한과 한계
상황을 연출했던 것은 부정할 수 없는 사실이다.

재일조선인의 생활과 문화는 식민지 문화의 보편성과 함께 전술했던

이주민의 문화적 특수성을 동시에 배태하고 있었다. 그것은 오늘날 재일조선인의 문화와 한국과 일본 사이의 문화적 접촉의 원점인지도 모르겠다.

# Ⅱ. 조선총독부박물관(사)에 대한 연구사 검토

## 1. 序

韓國 國立中央博物館 홈페이지의 朝鮮總督府博物館에 對한 敍述 가운데 다음과 같은 內容이 있다.

"1908년 9월 기울어져 가는 國運 앞에서 大韓帝國의 마지막 皇帝 純宗은 昌慶宮 內에 皇室博物館을 發足시켜 우리나라 博物館의 始初를 이루었다. 皇室의 財政的 支援으로 三國時代 以後의 佛敎工藝品, 高麗瓷器, 朝鮮時代의 繪畵, 歷史風俗圖 等을 主로 蒐集하여 1909년 11월 昌慶宮을 公開하면서 植物園, 動物園과 함께 皇室博物館도 一般에게 公開하였다. 그 후 總督府博物館이 設立되면서 皇室博物館은 李王家美術館으로 格下 改稱되었다. 1910년 日帝强占 以後 日本은 朝鮮總督府의 施政 5년을 大大的으로 宣傳하기 위하여 物産共進會를 景福宮에서 開催하고 1915년 12월 1일 共進會 當時의 美術館 建物을 本館으로 하여 總督府博物館을 發足하였다. 이곳에서는 主로 古蹟調査에 의한 蒐集品과 埋藏遺物의 國庫歸屬品, 購入品, 그리고 各 寺刹의 寄託品 等을 中心으로 歷史, 美術工藝에 關한 資料들이 展示되었다. 建物 以外에도 修政殿, 思政殿, 勤政殿과 廻廊 等 景福宮의 殿閣을 利用하여 時代別 歷史的 展示方法으로 展示 活動이 시작되었다."

一般的으로 近代 博物館이 前近代의 것과 質的으로 다른 点은 博物館이 特權 階層에게만 制限的으로 公開된 것이 아니라, 모든 市民에게 開放되었던 事實이다. 市民社會가 成立되면서 博物館의 觀覽客으로서 '公衆'이 登場하게 되었다.

日本의 경우, 明治維新 以後에 近代 博物館이 設立되었다. 實質的인 近代的 博物館의 設立은 1882년으로, 이때에 上野公園 內 附屬 動物園과 植物園, 그리고 新館이 設置되었다. 그리고 이것은 1900년 帝室博物館으로 改稱되었다.[1] 이러한 日本의 近代 博物館은 政策的인 次元에서

準備된 機關으로, 一般 大衆에 對한 普及과 啓蒙施設로, 때로는 行政上의 倉庫로 政策을 支援하는 施設로 利用되어 갔다.[2]

大體로 近代의 博物館은 經濟的, 敎育的인 理由에서 出發한 경우가 많다. 韓國의 경우는 政治的인 意圖에서 出發했다고 볼 수 있다. 그리고 1910년 以後 本格的으로 植民地性이 들어 나는 空間이 되었고, '植民政治'의 側面이 보다 부각되었다. 그것이 朝鮮總督府博物館이었다.

이 朝鮮總督府博物館에 對한 硏究는 1990년대 以後에 硏究가 本格化되었다. 주로 人類學과 美術史學, 考古學 等을 공부하는 사람들에 의해 硏究가 主導된 것이 現實이다. 지금까지는 博物館史的인 視覺에서 그리고 博物館 自體의 硏究는 그리 많지 않다고 하겠다.

## 2. 主要 테마의 硏究와 關聯 論考

### 1) 朝鮮總督府博物館

李蘭暎은 그의 책에서 博物館의 歷史를 古代부터 現代까지 包括的으로 敍述하여, 이 分野에서 礎石을 놓았다. 具體的으로 그 內容을 보면, 三國時代의 類似 博物館부터 李王家博物館, 朝鮮總督府博物館과 각 分館의 設立 經緯와 活動을 簡略하게 說明했다(李蘭暎, 『博物館學入門』, 三和出版社, 2001). 한편 姜友邦은 宣言的 性格의 글에서, 朝鮮總督府博物館이 考古調査에 偏重되어 博物館의 機能에 充實하지 못했던 점을 指摘하고 있다(姜友邦, 「國立博物館 50年 略史」 『國立博物館의 役割과 位相』, 國立中央博物館, 1996).

全京秀는 朝鮮總督府博物館의 經營方針, 陳列室의 配置 等을 說明하면서 朝鮮總督府博物館이 갖고 있는 우리 歷史에 대한 縮小, 隱蔽의 論理를 强調했다. 또한 우리의 文化財가 原籍地에서 分離되어 現在의 景

---

1) 『帝室博物館略史』, 帝室博物館, 昭和 13年, 89쪽.
2) 金子淳, 『博物館の政治學』, 靑弓社, 2001, 31쪽.

福宮 內에 存在하는 것을 朝鮮總督府博物館의 役割에서 찾고 있다. 그리고 이 過程에서 朝鮮總督府는 새로운 支配者로서 過去의 支配者가 그 支配者의 支配를 받던 對象物들로 하여금 支配당하도록 하는 脈絡의 再構成을 試圖했다고 한다(全京秀, 「韓國 博物館의 植民主義的 經驗과 民族主義的 實踐 및 世界主義的 展望」, 서울대학교 人類學研究會, 『韓國 人類學의 成果와 展望』, 集文堂, 1998 參照).

목수현은 朝鮮總督府博物館의 機構 變化에 注目하여, 博物館은 처음에는 總督官房 所屬이었다가 1922年에는 古蹟調査課로, 1925年에는 宗教課로 다시 1932年에는 社會課로, 이어 1937年에는 社會教育課로 擔當 部署가 계속 바뀌었다고 한다(『朝鮮總督府及所屬官署職員錄』 1916～1942년 博物館 業武 分析에 의한다). 따라서 朝鮮總督府博物館에는 官長의 職責이 따로 없었으며, 主任의 職位로 博物館 業務를 擔當했다는 것이다(有光教一, 「私と朝鮮考古學」 (2), 『季刊三千里』 41호, 1985. 2, 157쪽). 또한 그는 朝鮮總督府博物館의 組織과 運營에 對해 本格的으로 研究하여, 運營에 있어서는 囑託制度와 協議會制度가 주된 方針이라면서 '博物館協議會'에 注目하고 있다. 아울러 '博物館協議會'의 議員이 古蹟調査委員會 委員과 대부분 一致하고 있는 事實을 밝혀 朝鮮總督府가 實施한 古蹟調査事業과 博物館 設置, 運營이 無關하지 않음을 指摘하고 있다. 또한 목수현은 朝鮮總督府의 博物館 政策이 日鮮同祖論, 任那日本府說 等의 操作的 歷史 認識을 證明하기 위한 것임도 強調하고 있다(목수현, 「일제하 박물관의 형성과 그 의미」, 서울대학교 대학원 석사학위 논문, 2000, 참조).

崔錫榮은 『朝鮮總督府博物館陳列品圖鑑』의 分析을 通해, 時代別 展示遺物의 比率, 文化別 展示遺物의 比率 等을 밝히고, 朝鮮總督府의 對照와 比較를 通한 展示方法을 強調했다. 이를 通해 朝鮮總督府는 朝鮮人에 대해 동화이데올로기를 強化했다고 한다. 또한 個別的으로 각 府立博物館의 設立經緯와 展示內容을 言及하면서, 地方 分館들의 成格이 朝鮮總督府의 名分 찾기와 關聯된 發掘 調査의 成果를 그들의 解釋을

통해 一般人들에게 보여주고자 했던 事實을 指摘하고 있다(崔錫榮,「조선총독부박물관의 출현과 '식민지적 기획'」『湖西史學』, 崔錫榮,『韓國近代의 博覽會‧博物館』, 西京文化社, 2001).

또한 崔錫榮은 扶餘古蹟保存會에 對해서도 整理한 글을 發表하여, 日本과의 關聯性 속에서 '聖地 扶餘'의 位置를 說明하고, 扶餘古蹟保存會의 設立과 變化를 논하고 있다. 특히 1939年 扶餘古蹟保存會의 이름이 扶餘史蹟顯彰會로 바뀐 것에 注目하여, 以後에는 遺物과 古蹟의 保存뿐만 아니라 百濟 史蹟의 顯彰과 內鮮一體의 俱現에 盡力했던 事實을 指摘하고 있다(崔錫榮,『文化觀光과 博物館』, 民俗苑, 2002 參照).

千田剛道는 慶州古蹟保存會와 陳列館에 注目한 論文을 썼다. 이 保存會의 設立은 植民地政策의 進展과 關聯이 되어 있고, 事業의 內容이 遺跡의 保存, 寫眞과 資料의 蒐集, 遺物의 保存을 위한 陳列館의 設置로 連繫된다고 한다. 勿論 이러한 展示는 1916年 以後의 朝鮮總督府의 古蹟調査, 保存事業과 無關하지 않다고 한다(千田剛道,「植民地朝鮮の博物館－慶州古蹟保存會陳列館を中心に－」『朝鮮史硏究會論文集』(35), 1997 참조).

金度亨은 國立中央博物館에서 發刊한『國立中央博物館 保管 古文書 目錄』(1996)과『光復以前 博物館 資料 目錄集』(1997) 중의 一部의 文書를 對象으로 글을 整理하고 있다(金度亨은 一部의 關聯 文書를 飜譯했다). 具體的으로 그 內容을 보면, 먼저 朝鮮總督府博物館의 機構變遷을 植民地 支配政策의 變化와 關聯해 整理하고, 朝鮮總督府博物館에서 만들어낸 文書의 內容과 그 體制를 詳述했다. 그에 따르면, 當時에 發刊한 文書에는 保存, 發見, 陳列, 寄附 等의 文書가 있었으며, 이를 通해 日帝의 文化財政策, 博物館 業務, 遺物의 移動 等을 상세히 알 수 있다고 한다. 특히 發見 文書의 體制를 통해 埋藏物 發見에서 發見者와 發見地 土地 所有者에게 支給하는 報勞金에 대해서도 記述하고 있다(金度亨,「日帝下 總督府 博物館 文書와 管理體制」『記錄學硏究』(3), 2001. 4).

국성하는 社會敎育學的 次元에서 朝鮮總督府博物館를 對象化하여 古蹟調査事業과 博物館의 關係, 展示遺物의 性格, 朝鮮總督府博物館의 社

會敎育的 內容 等에 注目했다. 具體的인 內容을 보면, 日帝强占期 博物館의 展示主體는 古蹟調査保存事業 속에서 행해진 發掘, 調査, 保存의 主體와 密接하게 連結된다면서 朝鮮總督府博物館과 각 分館 府立博物館의 展示主體는 古蹟調査事業과 關係된다고 했다. 그리고 博物館은 이름 그대로 朝鮮總督府의 直接 또는 間接的인 統制를 받고 있었다는 事實을 分明히 밝히고 있다.

계속해서 그는 朝鮮總督府의 古蹟調査保存事業 進行過程에서 많은 遺物들이 發見되었고, 이 過程에서 發見된 多數의 遺物들이 朝鮮總督府에 歸屬되었으며, 博物館 所藏 遺物들은 이 過程에서 얻어진 工藝品, 石器, 銅鐵器, 佛像 等이었는데, 이러한 遺物 收集은 朝鮮總督府의 關與 아래 計劃的으로 實施되었다고 한다. 특히 博物館은 文化領域에 該當하면서 博物館이라는 空間은 展示物이 中心이 된 敎育空間으로 機能했다고 한다. 그리고 朝鮮人은 博物館을 통해 日本化되는 段階를 거치게 된다고 했다(국성하, 「일제 강점기 박물관의 교육적 의미 연구」, 연세대학교 대학원 박사논문, 2002 참조).

李成市는 植民地化 過程에서 朝鮮에 設立된 博物館의 歷史的 性格에 對해서 言及하여, 李王家博物館이 朝鮮總督府博物館으로 改編되는 過程이 日本의 帝室博物館 設立 過程과 密接한 關係를 가졌다고 한다. 그러나 그것은 단지 日本을 모델로 設立되었다는 데 그치지 않고, 王朝權力의 解體와 權威, 神性의 剝奪過程이었다고 했다. 그것은 博物館에 陳列된 古美術品을 다루는 데에도 端的으로 나타난다고 했다. 예를 들면, 日本國內에서 東大寺 正倉院의 所藏品이 御物로서 隱匿된 것(高木博志, 「近代天皇制と古代文化―'國体'の精華としての正倉院・天皇陵」『岩波講座 天皇と王權を考える』(5), 岩波書店, 2002년)과 대조적으로, 古代 朝鮮의 美術品은 徹底하게 開放되어, 展示되었다는 것이다(李成市, 「조선왕조의 상징공간과 박물관」『제1회세계한국학대회』, 한국정신문화연구원, 2002. 7). 또한 展示에 이르는 過程에서는 日本 博物館에서는 이루어질 수 없는 調査・研究의 理想이 追求되었다고 한다.

　한편 日帝는 1915年 朝鮮物産共進會라는 이름으로 博覽會를 開催하고, 이를 植民地 朝鮮의 支配에 活用하였다. 그런 意味에서 植民地 初期 日帝의 支配政策을 理解하는데 朝鮮物産共進會는 매우 有用한 硏究 主題이다. 1915年의 朝鮮物産共進會에 대한 本格的인 硏究는 거의 없다고 할 수 있다(목수현은 朝鮮總督府博物館을 硏究하면서 朝鮮物産共進會를 紹介하고 있고, 崔錫榮은 韓國 近代의 博覽會와 博物館을 다루면서 朝鮮物産共進會에 關한 槪略的인 內容을 다루고 있다. 金晶東과 許榮燮은 朝鮮總督府 廳舍 建立에 關聯된 諸般 問題를 다루면서, 그 前史로서 朝鮮物産共進會를 檢討하고 있다(목수현, 『일제하 박물관의 형성과 그 의미』, 서울대대학원 고고미술사학과 석사학위논문, 2000, 崔錫榮, 『한국 근대의 박람회, 박물관』, 서경출판사, 2001, 金晶東, 「朝鮮總督府廳舍에 대한 기록」, 韓國建築家協會, 1991, 許榮燮, 『朝鮮總督府-그 廳舍建立의 이야기』, 한울, 1996)).

## 2) '李王家博物館'

　宋起炯은 『李王家美術館要覽』, 『全國博物館案內』 等의 資料를 中心으로 李王家博物館의 年代記를 作成하고, '李王家博物館'의 設立 經緯, 所藏品과 그 蒐集方法, '李王家博物館'의 變遷 等에 대해 記述하고 있다. 아울러 朝鮮의 古美術品과 日本의 近代美術을 連結하려는 意圖를 看過해서는 안 된다고 指摘했다(그는 '李王家博物館' 設立日을 1909년 11월 1일, 즉 一般 公開日로 比定했다(宋起炯, 「'창경궁박물관' 또는 '이왕가 박물관'의 연대기」 『歷史敎育』 (72), 1999 참조)).

　李美那는 1933年부터 시작된 德壽宮의 日本美術品 展示가 이루어진 經緯와 朝鮮 美術에 대해 注目했다. 특히 朝鮮美術 向上이라는 目的과 달리 別個로 植民地政策 내에서 이루어진 日本美術品의 展示의 役割에 대해서도 批判的으로 考察했다. 具體的으로 보면, 『李王家德壽宮陳列日本美術品圖錄』, 『朝鮮』, 正木直彦의 日記 等을 비롯한 各種 新聞 資料를 中心으로 日本美術品의 展示 經緯, 作品의 選定, 이를 主導한 人物들을

簡略하게 分析했다. 그리고 이 展示가 朝鮮美術 發展이라는 名目을 가지고, 日帝의 植民地 文化政策의 一環으로 이루어졌던 事實을 거론하고 있다(李美那, 「李王家德壽宮日本美術館展示－植民地朝鮮における美術の役割」『東アジア繪畫の近代』, 靜岡縣立美術館, 1999 참조).

목수현은 '李王家博物館'의 設立을 中心으로 博物館 職員의 構成과 事務 擔當, 所藏品과 그 入手經緯, 1910年代의 展示室 構成 等에 대해 서술했다. 아울러 '李王家博物館'이 昌慶宮 內에 動物園, 植物園과 함께 遊園地 施設物로 設立된 것을 强調하고 있다(목수현도 '李王家博物館' 設立日은 1909年 11月 1日로 보았다(목수현, 「일제하 박물관의 형성과 그 의미」, 서울대학교 대학원 석사학위논문, 2000, 목수현, 「일제하 이왕가 박물관의 식민지적 성격」『미술사학연구』(227), 2000. 9 참조)).

伊藤純도 '李王家博物館'의 흐름을 要約 整理하여 '李王家博物館'의 役割을 純宗의 玩賞用, 遺物의 流出 防止에 役割을 다했다고 본다(伊藤純, 「李王家博物館開設前後の狀況と初期の活動」『考古學史硏究』(9), 2001. 5).

朴桂利는 '李王家博物館'의 遺物 가운데 書畵類에 注目하여 '李王家博物館' 遺物이 단순히 朝鮮總督府의 政策에만 다르지 않았음을 證明하고자 했다(朴桂利, 「他者로서의 李王家博物館과 傳統館－書畵館을 中心으로」『第46回 全國歷史學大會 發表文集』, 2003. 5).

## 3) 朝鮮總督府의 文化, 文化財政策

양현미는 現在의 博物館政策을 分析하면서, 韓國 博物館사를 要約 敍述하여 博物館, 博物館史 認識에 一助하고 있다. 勿論 史料에 基礎한 硏究는 아니나, 現在 韓國 博物館政策의 前史로 朝鮮總督府博物館 및 朝鮮總督府의 文化政策을 언급한 점은 意味가 있다(양현미, 「박물관 연구와 박물관 정책－문화 연구의 관점에서 본 우리나라 박물관 연구와 정책－」, 홍익대학교 대학원 박사논문, 2001 참조).

吳世卓은 1919~1945年을 民族文化抹殺期라 하여 考察했다. 具體的인 內容을 보면, 日帝의 政策을 時代順으로 整理하여 植民統治準備期에 있

어서의 植民地 獲得을 위한 日帝의 帝國主義的 文化財政策은 어떤 制度的 基準도 없이 無法的인 事實上의 掠奪이 있었을 뿐이고, 그것은 또 植民地 經營에서의 組織的 掠奪을 위한 準備段階라고 할 수 있었다고 하며, 武斷統治의 構築期에 있어서는 憲兵警察制度를 道具化하고 形式的 法治主義를 制度的으로 내세운 總體的 收奪政策이라고 정리했다.

그리고 1930年代 以後는 懷柔策을 쓰면서 假飾的인 法治主義에 의한 文化財管理制度를 내세웠지만, 結局 强壓에 의한 文化財抹殺政策으로 돌아선 軍國主義的 이데올로기에 의한 破壞만이 있었다고 한다. 勿論 植民地下 日帝의 文化財政策 가운데서도 遺跡地調査나 圖譜의 作成 또는 寶物·古蹟의 指定과 保存措置 等에 관하여 약간의 肯定的인 면이 인정된다는 의견도 있을 수 있으나, 그렇다고 그것이 民族文化財의 無法的인 掠奪이나 民族文化를 抹殺하려던 文化財 破壞의 蠻行을 덮을 수 없다고 했다(吳世卓, 「日帝의 文化財政策-그 制度的 側面을 中心으로-」『文化財』(29), 1996, 吳世卓, 「植民地朝鮮に對する日帝の文化財政策-その制度的側面を中心にして-」『考古學研究』(452), 1998).

유승훈은 朝鮮總督府에 의한 文化財 管理의 特徵을 첫째, 日帝는 事前에 徹底하게 文化財 關聯 探問調査 및 發掘調査를 施行했고, 둘째, 日帝는 自國에서 施行한 文化財保護法의 制定 經驗을 土臺로 하여 植民地 朝鮮에서도 各種 法令을 만들어 文化財制度를 整備했으며, 셋째는 他國에 의한 文化財 管理의 根本的인 問題點을 보여주는 事項으로써 文化財 管理의 主管者가 공공연히 文化財 破壞에 앞장섰다고 한다. 그리고 日帝强占期 文化財 管理의 가장 큰 弱點은 無形文化財에 대한 保存對策이 전혀 없었다는 事實을 指摘하고 있다(日本에서도 1954年 文化財保護法의 1次 改定 時에 無形文化財의 指定制度가 생겼으므로, 無形文化財 保存對策은 1950年代 中盤이 되어 本格化되었다고 할 수 있다). 이것은 韓國에서 現在까지도 이어져서 有形文化財 中心의 文化財 管理가 이루어지는 問題點을 낳게 되었으며, 無形文化財는 朝鮮의 固有한 精神文化와 連繫되는 것으로서 日帝의 同化政策에 相馳되어, 日帝의 立場에서는 이

를 容認하기 어려웠다고 한다. 따라서 日帝는 有形文化財의 保存에 있어서도 文化財에 담겨있는 朝鮮의 精神文化를 排除한 채 形式的·技藝的 特徵만 强調하였다. 日帝의 文化財 管理는 결국 遺物이란 껍데기를 保存하는 方向으로 進行되었으며, 그 안을 채워야 할 內容들은 멸실시켰다고 지적했다(유승훈, 「일제강점기 '문화재 관리'에 대한 비판적 고찰」『歷史民俗學會 發表文』(2003. 5. 10)).

　李智媛은 日帝의 '植民文化政策'을 抹殺, 彈壓이라는 表現으로 單純化시키는 것은 實狀에 對한 穿鑿을 어렵게 만든다고 前提하고, 固有文化의 歪曲과 變形을 通한 改量化, 이데올로기적 活用이 文化政策의 骨幹으로 보고 있다. 그리고 日帝에 의해 操作된 朝鮮文化의 位相은 日本 國家 支配體制를 强固히 하는데 寄與했다고 한다. 당시 朝鮮의 固有文化는 民族文化로서의 國粹的인 性格을 喪失하고 歪曲된 傳統으로 變質되어 植民文化의 一部가 되었다는 것이다(李智媛, 「1920~30년대 日帝의 朝鮮文化 支配政策」『역사교육』(75), 2000).

### * 發掘調查事業

　崔錫榮은 홉스보움(E. Hobsbawm), 스미스(A. Smith), 앤더슨(B. Anderson) 등에 의하여 提起된 民族意識과 關聯된 所謂 '傳統文化創出論'으로부터 받은 一定한 影響 하에서 古跡調查事業을 整理하고 있다(최석영, 『일제의 동화이데올로기의 창출』, 서경문화사, 1997년). 그는 全體的인 遺物, 遺跡 가운데 특히 發掘 및 調查의 對象으로 選擇된 遺跡, 遺物의 背景을 살핌으로써 考古學과 植民政策과의 關聯을 論하고자 했다.

　內田好昭은 1909년부터 1916년까지의 國家事業으로 考古學的 古蹟調查가 展開된 內容을 年代順으로 整理하고 있다. 그는 發掘技術, 記錄作成法, 調查體制의 編成 等 전후 日本의 考古學界가 採用하게 되는 發掘調查의 基本的인 틀은 植民地 朝鮮에서 博物館이 遂行한 發掘 調查에 의해 準備되어 調查의 規範이 되었다고 한다(內田好昭, 「日本統治下の朝鮮半島における考古學的發掘調查」, 『考古學研究』(9), 2001. 5, 59~60쪽).

太田秀春은 日本 內에서의 城郭 保護政策과 달리 城壁 破壞政策에 專力을 傾注했던 점을 說明하고, 部分的으로 日本 歷史와 關聯되어 古蹟으로 評價된 것들은 積極 保存하는 二重性을 보였다고 한다. 그리고 1910年 以後에 本格化된 古蹟調查事業도 朝鮮支配의 正當性을 뒷받침할 根據를 얻고자 하는데 重點이 있었다고 한다. 아울러 植民地 初期의 古蹟調查는 武斷統治期에 對해 文化的인 色彩를 곁들이는 目的이 있었고, 文化統治期에는 文化的인 統治를 可視的으로 보여 주는 것에 目的이 있었다고 한다(太田秀春,「近代 韓日兩國의 城郭認識과 日本의 朝鮮植民地政策」『韓國史論』(49), 2003. 6).

裵炯逸은 日帝時代 植民地考古學의 成果를 擧論하면서, 그 遺產을 '侵略노이로제'라는 말로 表現하며 한일 양국의 學者가 2천년 전의 過去를 '帝國主義的', '植民地主義的'으로 解釋하고 있다고 한다. 具體的으로 敍述의 內容을 보면, 朝鮮考古學의 調查는 軍人, 學者, 官僚에 의해 國家的인 次元에서 進行되었고, 그 始點을 淸日戰爭 以後로 보며, 考古學的 調查와 發掘을 겸한 組織的인 필드워크는 關野貞부터라는 通說을 따르고 있다. 그리고 日帝時代의 考古學的 調查와 發掘의 技術은 오늘날의 韓國의 發掘報告에서 全體的인 形式과 內容을 그대로 볼 수 있다고 한다. 이러한 調查와 發掘에는 關野貞과 藤田亮策의 綜合的인 調查가 重要한 役割을 했으며, 이들의 考古學的 年代設定과 美術史的 데이터는 民族 解釋의 틀이 되었다고 한다(裵炯逸,「朝鮮の過去をめぐる政治學－朝鮮半島における日本植民地考古學の遺產」『日本研究』(26), 2002. 12).

## 3. 向後 研究의 主要 問題

### (1) 朝鮮總督府博物館의 監督機關

日帝는 일찍이 韓國의 文化財에 特別한 關心을 가지고 收集・調查하고 있었다. 예컨대 統監府時代 度支部가 關野貞을 招聘하여 古建築 調

查를 委囑하였다(李成市, 「黑板勝美(구로이타 가쯔미)를 통해 본 식민지
와 역사학」『한국문화』23, 1999, 251쪽).

1910년 이후 우리 문화에 대한 조사는 조선총독부에 의해 주도되었
다. 그리고 조선총독부 박물관이 첨병적 역할을 수행했다. 朝鮮總督府博
物館은 다음과 같이 朝鮮總督府 內에서 關聯 機構가 變更되면서 그 임
무를 다한다. 그 내용은 다음과 같다.

1921年 10月 日帝는 學務局에 새로이 古蹟調査課를 設置하였다. 學務
課 所屬이었던 博物館은 新設된 古蹟調査課에 屬하게 되었다. 古蹟調査
課에서는 博物館 業務뿐만 아니라, 古蹟調査事業, 古社寺古建築保存, 名
勝古蹟天然記念物에 關한 事務를 管掌하였다. 1923年 當時 古蹟調査課
의 課長은 小田省吾(編輯課長 兼任)가 맡았고, 古蹟調査課 事務는 主로
囑託으로 雇用된 사람들이 業務를 擔當하고 있었다.

古蹟調査課는 1924年에 斷行된 總督行政 整理 때 廢止되고, 이 業務
는 다시 宗敎課로 移管되었다. 當時 宗敎課 分室은 景福宮 內에 있어서
博物館 業務를 管掌하였다. 1924年 當時 課長에는 兪萬兼이었다. 宗敎課
는 宗敎事務 以外에 博物館, 古蹟調査事業, 古寺刹 保存、古建築 保存,
名勝古蹟天然記念物 管理 等의 事務를 管掌하게 되었다.

1926年 7月 13日부터 15日까지 學務局長 主宰 하에 開催된 道視學官
會議에서 總督은 學校關聯 事項 외에 '寺有財産保護監督에 關한 事項,
寺刹廢止에 關한 事項, 寺刹에 屬한 佛像・古器物・書畵類 保護 處理에
關한 事項, 財團法人 朝鮮佛敎中央敎務院 寄附金 出資方法에 關한 事項,
內地 各 宗派에 屬한 寺院 所有의 不動産과 寶物에 關한 規定'을 계출하
는 건 等을 지시하였다.

1932年 2月 13日 總督府 事務分掌 規定이 改正되었다. 學務局에는 宗
敎課가 廢止되고 內務局 산하 社會課가 새로이 學務局으로 移屬되었다.
그리고 廢止된 宗敎課에 속한 業務를 吸收・倂合하여 擔當하도록 하였
다. 이때 社會課의 管掌 事務는 다음과 같았다. ① 社會事業에 關한 事項,
② 濟生院과 感化院에 關한 事項, ③ 社會敎育에 關한 事項, ④ 靑年團과

靑年訓練所에 關한 事項, ⑤ 圖書館과 博物館에 關한 事項, ⑥ 經學院과 明倫學院에 關한 事項, ⑦ 鄕校財産에 關한 事項, ⑧ 宗敎와 祭祀에 關한 事項, ⑨ 寺院에 關한 事項, ⑩ 寶物古蹟名勝天然記念物 等의 調査와 保存에 關한 事項 等이다. 이에 따라 朝鮮總督府博物館은 社會課에서 管掌하게 되었다. 社會課는 學務局 部署 中 가장 많은 人員이 所屬되어 業務를 擔當하여 학무 행정기구 중 비중이 가장 큰 機構가 되었다.

1936년 10월 朝鮮總督府 事務分掌 規定이 改定되어 社會事業 業務와 社會敎育 業務가 區分되어 學務局에 社會敎育課가 新設되고, 社會事業 業務는 內務部로 移屬되었다(이명화, 「朝鮮總督府 學務局의 機構變遷과 機能」, 『韓國獨立運動史硏究』(6), 1992, 40~41쪽). 이에 따라 博物館도 社會敎育課 管轄에 속하게 되었다. 當時 社會課의 課長은 모두 朝鮮人으로 任命되었다. 이러한 措置는 社會課 業務가 다른 學務局의 業務와 달리 一方的 施行機構가 아니고 朝鮮의 鄕村社會에까지 파고들어 朝鮮人을 直接 對象으로 敎育次元이 아니라 對民業務의 次元에서 對民業務를 펼쳐야 했으므로 朝鮮 事情에 能通한 朝鮮人 課長이 必要했던 것이다.

본격적으로 전시동원체제가 되면 朝鮮總督府博物館은 所屬이 계속 移動되어, 社會敎育課 業務는 司政局 社會課로 移屬되었다. 그리고 日帝는 戰爭 遂行에 障碍라고 생각하고 本館을 閉鎖하였다. 아울러 朝鮮總督府博物館 職員과 遺物은 慶州分館과 扶餘分館으로 疏開되었다.

## (2) 朝鮮總督府博物館의 主要 職員

朝鮮總督府博物館은 1915년 12월 1일 開館했다. 이곳의 觀覽區域은 光化門부터 神武門에 이르기까지 景福宮 全部를 對象地域으로 했다. 展示는 共進會 美術館을 本館으로 하고, 陳列品은 共進會 引繼物品, 內務部 및 會計課 保管 古物, 內務部 編輯課에서 調査한 收集品, 參事官 分室이 保管한 活字, 拓本書類, 古蹟調査로 收集한 物品, 購入品 等이었다.

특히 朝鮮總督府 博物館의 業務는 學務局 傘下 古蹟調査課의 業務 內容을 통해 確認해 보면 다음과 같았다.

博物館係 : 所藏品의 陳列, 保管, 修理/ 陳列品의 購入, 寄贈, 寄託, 交換/
　　　　　陳列品의 評價, 解說, 案內/ 博物館 案內記, 圖鑑, 葉書 等의 出版
　　　　　/ 埋藏物의 處理/ 博物館協議員會에 關한 件
古蹟係 : 古蹟의 調査, 發掘, 遺物收集, 實測 等/ 古蹟의 保存, 修理/ 古蹟
　　　　의 登錄, 登錄事務/ 古蹟圖書, 古蹟 調査報告의 編輯, 印刷/其他
　　　　古蹟遺物의 保存事務
社寺係 : 古社寺와 特別保護 建造物의 調査/ 保存工事
名勝天然物係 : 名勝의 調査保存/ 天然記念物의 調査, 保存/ 名勝天然記念
　　　　　　　物의 案內記 編輯
庶務係 : 人事/ 豫算經理/ 物品會計/ 文書, 記錄, 圖書의 取扱/ 備品, 消費品
　　　　의 管理, 保管/ 其他 一般 庶務 事項

한편 朝鮮總督府博物館과 關聯된 朝鮮總督府의 關聯 課의 時期別 職
員 現況을 보면 다음과 같다.

〈朝鮮總督府 博物館 職員(1915년 11월~1921년 10월)〉
博物館 主任(事務官 兼 參事官, 中樞院 書記官) : 奏任 :小田幹次郎
(命:1915.11/辭:1921.9)
博物館 庶務 主任(博物館 囑記) : 奏任待遇: 是場是一郎(囑:15.11/辭:22.3)
古蹟調査 主任(古蹟調査事務 囑記) : 奏任待遇 : 谷井濟一(촉:16.9/사:21.4)
古蹟調査係(古蹟調査事務 囑記) : 判任待遇 : 小場恒吉(촉:16.9/사:24.11)
古蹟調査係 : 小川敬吉(촉:16.9), 野守健(촉:16.9), 沖島壽郎(촉:18.5), 林漢韶
(촉:18.5/사:23.3), 田中十藏(촉:19.6), 梁世煥(촉:19.6/사:24.12), 新明貞一郎
(촉:18./사:19), 長根葆, 山內廣衛(촉:20.9/사:24.4), 中村經太郎(촉:21.5/사:22.4)
藤田整助(촉:21.5/사:24.12), 梅原末治(京都帝國大學 文學部)(촉:18.9), 諸鹿
央雄(慶州)(촉:21.9), 雇員(兼) 編輯課 : 澤俊一(臨:16.7) 外 雇員 2명.

〈朝鮮總督府 古蹟調査課 職員(1921년 10월~1924년 10월)〉
課長 : 事務官 小田省吾(自:1921.10)
博物館 主任, 古蹟調査 主任 : 鑑査官 藤田亮策(囑:22.3/辭:23.6)
庶務係 : 屬 中島喜一郎(奏任)(자:21.10/사:23.3), 속(겸) 狩野善三郎(자:22)
古蹟係,博物館係/古社寺系 : 技手 小川敬吉(자:21.12),
古蹟係,技術係 : 技手 田中十藏(자:21.12), 囑記 野守健(자:21.12)
古蹟係,博物館係 : 囑記 藤田整助(자:21.12/사:24.12), 囑記 小泉顯夫(자:22.3)
博物館係 : 雇員 渡理文哉, 囑記 朴光烈(慶州郡守), 囑記 吉羽慶一郎(慶州

郡　庶務課長)
古社寺系 : 囑記 渡邊彰(奏任)(자:21.10)
古蹟係 : 囑記 林漢韶(자:21.12/사:23.3), 囑記 梁世煥(자:21.12/사:24.12), 囑記(겸, 在京都) 梅原末治, 囑記(겸, 在慶州) 諸鹿央雄, 囑記(겸) 加藤灌覺(자:22)
天然記念物係 : 囑記(겸) 森爲三
技術係 : 囑記 小場恒吉(奏任)(자:21.12/사:24.12)
庶務係 : 囑記 山內廣衛(자:21.12/사:24.12), 雇員(겸) 神田猪造
寫眞係 : 囑記(兼) 澤俊一(촉:21.12), 囑記 田野七三助(자:22./23.4)

〈朝鮮總督府 宗敎課 景福宮 分室 職員(1924년 12월~1925년 4월)〉
博物館 : 主任 藤田亮策
古蹟係 : 技手 田中十藏
古蹟係,博物館係 : 技手 小川敬吉
古蹟係,博物館係 : 囑記 野守健
庶務係 : 囑記 池田直然
博物館係,古蹟係 : 囑記 澤俊一, 囑記 小泉顯夫, 囑記(兼) 森爲三
京都在勤 : 囑記(兼) 梅原末治
慶州在勤 : 囑記(兼) 諸鹿央雄
博物館係 雇員 : 神田憁藏
慶州在勤 雇員 : 渡理文哉
慶州在勤 囑記(慶州郡守) : 朴光烈

〈朝鮮總督府 博物館 關聯 職員(1926년~1941년)〉
1926 學務局 宗敎課: 事務官 兪萬兼 課長, 技手 小川敬吉, 囑託 小泉顯夫, 囑託 野守健, 技手 田中十藏, 囑託 諸鹿央雄, 囑託 池田直熊, 囑託 澤俊一
1927 學務局 宗敎課: 事務官 兪萬兼 課長, 囑託 小場恒吉, 技手 小川敬吉, 囑託 小泉顯夫, 囑託 野守健, 技手 田中十藏, 囑託 諸鹿央雄, 囑託 池田直熊, 囑託 澤俊一
1928 學務局 宗敎課: 事務官 洪承均 課長, 囑託 小場恒吉, 技手 小川敬吉, 囑託 小泉顯夫, 囑託 野守健, 技手 田中十藏, 囑託 諸鹿央雄, 囑託 池田直熊, 囑託 澤俊一
1929 學務局 宗敎課: 事務官 李昌根, 囑託 小場恒吉, 技手 小川敬吉, 囑託 小泉顯夫, 囑託 野守健, 技手 田中十藏, 囑託 諸鹿央雄, 囑託 池田直熊, 囑託 澤俊一

1930 學務局 宗敎課 : 事務官 李昌根, 囑託 梶本龜次郎, 囑託 小場恒吉, 技手 小川敬吉, 囑託 小泉顯夫, 囑託 野守健, 技手 田中十藏, 囑託 諸鹿央雄, 囑託 池田直熊, 囑託 澤俊一

1931 學務局 宗敎課 : 事務官 李昌根 課長, 囑託 梶本龜次郎 囑託 小場恒吉, 技手 小川敬吉, 囑託 小泉顯夫, 囑託 野守健, 囑託 諸鹿央雄, 囑託 池田直熊, 囑託 澤俊一

1932 學務局 宗敎課 : 事務官 兪萬兼 課長, 囑託 梶木龜次郎, 囑託 小場恒吉, 技手 小川敬吉, 囑託 小泉顯夫, 囑託 野守健, 囑託 諸鹿央雄, 囑託 澤俊一

1933 學務局 宗敎課 : 事務官 兪萬兼 課長, 囑託 梶本龜次郎, 囑託 小場恒吉, 技手 小川敬吉, 囑託 小泉顯夫, 囑託 野守健, 屬 田中藤次郎, 囑託 諸鹿央雄, 囑託 佐瀬直衛, 囑託 澤俊一　.

1934 學務局 社會課 : 事務官 嚴昌燮 課長, 囑託 梶本龜次郎, 技手 小川敬吉, 囑託 小泉顯夫, 囑託 野守健, 囑託 有光敎一, 囑託 佐瀬直衛, 囑託 澤俊一, 囑託 米田美代治

1935 學務局 社會課 : 事務官 嚴昌燮 課長, 囑託 梶本龜次郎, 技手 小川敬吉, 囑託 野守健, 囑託 有光敎一, 屬 田中藤次郎, 囑託 佐瀬直衛, 囑託 澤俊一

1936 學務局 社會課 : 事務官 金大羽 課長, 囑託 梶本龜次郎, 技手 小川敬吉, 囑託 野守健, 囑託 有光敎一, 囑託 佐瀬直衛, 囑託 澤俊一

1937 學務局 社會敎育課 : 事務官 金大羽 課長, 囑託 米田美代治, 囑託 梶本龜次郎, 技手 小川敬吉, 囑託 野守健, 囑託 有光敎一, 囑託 齋藤忠, 囑託 田中十藏, 囑託 佐瀬直衛, 囑託 澤俊一

1938 學務局 社會敎育課 : 事務官 金大羽 課長, 囑託 大坂金太郎, 囑託 米田美代治, 囑託 梶本龜次郎, 技手 小川敬吉, 囑託 野守健, 技手 有光敎一, 囑託 齋藤忠, 囑託 田中十藏, 囑託 佐瀬直衛, 囑託 澤俊一

1939 學務局 社會敎育課 : 事務官 李源甫 課長, 囑託 大阪金太郎, 囑託 米田美代治, 囑託 梶本龜次郎, 技手 小川敬吉, 囑託 野守健, 技手 有光敬一, 囑託 田中十藏, 囑託 齊藤忠, 囑託 佐瀬直衛, 囑託 澤俊一

1940 : 學務局 社會敎育課 : 事務官 李源甫 課長, 囑託 大坂金太郎, 囑託 米田美代治, 囑託 梶本龜次郎, 技手 小川敬吉, 囑託 野守健, 技手 有光敎一, 囑託 佐瀬直衛, 囑託 澤俊一

1941 學務局 社會敎育課 : 事務官 桂珖淳 課長, 囑託 大阪金太郎, 囑託 米田美代治, 囑託 梶本龜次郎, 技手 小川敬吉, 囑託 野守健, 屬 有光敎一((兼)技手), 囑託 佐瀬直衛, 囑託 澤俊一

한편 博物館의 主要 業務를 決議했던 博物館協議員을 보면 다음과
같다.

### 〈博物館協議員(1916년~1925년)〉

協議員 : 總務局長 兒玉秀雄(임:16.4), 總務課長 荻田悅造, 事務官 小田幹次
郎, 囑記 關野貞(임:16.4), 囑記 黑板勝美(임:16.4), 囑記 今西龍(임:16.4),
囑記 鳥居龍藏(임:16.4), 李王職事務官 末松態彦(임:16.4), 鮎具房之進
(임:16.4), 囑記 小場恒吉(임:22.3), 鑑査官 藤田亮策(임:23.6)

### 〈古蹟調査委員(1916년~1925년)〉

委員長 : 政務摠監 山縣伊三郎(임:16.4.26), 政務摠監 水野鍊太郎, 政務摠監
有吉忠一, 政務摠監 下岡忠治(임:24.7)
위    원 : 總務局長 兒玉秀雄(任:16.4.26/免:16.10.9), 總務局長 荻田悅造
庶務部長 靑木戒三, 庶務部長 守屋榮夫(임:20.10.20)
學務局長 關屋貞三郎(임:16.4.25), 學務局長 榮田善三郎(임:21.10.22)
學務局長 長野幹(임:22.10), 學務局長 李軫鎬(임:25.3)
土木局長 持地六三郎(임:16.4.26/면:17.6.6), 總務課長 荻田悅造(임:16.4.26)
文書課長 工藤壯平(임:17.10.1), 文書課長 安武直夫(임:19.12.19),
文書課長 倉橋(임:22.11.24), 調査課長 大西一郎(임:23.4.16)
會計課長 郡山智(임:16.4.26), 會計課長 菊山嘉男(임:19.12.17)
會計課長 園田寬, 山林課長 上林敬次郎(임:16.4.26/면:16.10.28)
山林課長 岡崎哲郎(임:21.4.5), 山林課長 後藤(임:24.9.25)
高等警察課長 山口安憲, 高等警察課長 本壓祐次郎
地方課長 渡邊豊日子, 地方課長 石黑英彦, 秘書官 伊藤武彦(임:21.10.7)
秘書官 松村松盛(임:21.11.4), 秘書官 中村寅之助, 秘書官 小河正儀
秘書官 藤原喜藏
委員(囑記) : 東京帝國大學 工博 關野貞(명:16.4.26), 文博 黑板勝美
(명:16.4.26), 文博 鳥居龍藏(명:16.4.26), 文博 池內宏, 文博 原田淑人,
京都帝國大學 文博 今西龍(명:16.4.26), 文博 濱田耕作
委員 : 編輯課長(大學 豫科部長) 小田省吾(명16.8.2), 中樞院 參議 劉猛(명16.8.2)
中樞院 參議 柳正秀(명16.8.2), 中樞院 參議 具義書(명16.8.2)
中樞院 參議 金漢睦, 判事 淺見偏太郎(명:16.4.26/면18.3.8)
土木部 技師, 建築課長 岩井長三郎(명:17.8.25)
博物館 囑記 馬場是一郎(명:17.8.25/면:22.3), 古墳調査 囑記 谷井濟一
(명:17.8.25)

李王職事務官 末松態彦, 藤田亮策(명:22.3.31), 小場恒吉(명:22.3.31), 大
原利武

幹事 : 事務官 小田幹次郎(命:16.4.26/免:21), 事務官 小田省吾(명:21)

事務官 兪萬兼

### (3) 獨自的인 文化財 維持를 爲한 움직임

日帝는 個別的인 文化財 破壞作業도 恣行했다. 具體的인 內容을 보면,
朝鮮總督府는 우리 文化財에 대해 制度的인 破壞令을 내렸다. 그 가운데
는「儒林의 肅整 및 半時局的 古蹟의 撤去에 關한 件」이라는 文書가 注
目된다. 이 文書는 荒山大捷碑 爆破에 대한 具體的인 證據로, 當時 이 碑
는 學術的 保存價値가 있다고 判斷되었지만 一方的으로 毁損되었다. 以
後 荒山大捷碑는 우리의 눈에서 사라졌고, 1970年頃에 다시 세워졌다(黃
壽永 編,「日帝期 文化財 被害資料」『考古美術資料』(22), 1973, 251~252
쪽, 李龜烈,『韓國文化財 受難史』, 돌베개, 1996, 122쪽 참조).

寒松寺 터 石造菩薩 坐像에 대해서도 注目할 必要가 있다. 이 상은 現
在 國寶 124號로 指定되었는데, 韓日協定으로 日本政府가 過去 掠奪 및
不法 搬出 文化財에 對한 搬出 協定에 따라 오랜 被拉生活을 끝내고
1966年 歸鄕한 佛像이다(李龜烈,『韓國文化財 受難史』, 돌베개, 1996,
136쪽). 이 菩薩像이 日本으로 가게 된 經緯를 보면, 1911년 3월 江陵測
候所 技師였다고 하는 和田가 寒松寺 터에 白玉 菩薩像이 있다는 애기
를 듣고, 七成庵으로 찾아와 住持스님을 脅迫하여 奪取해 갔던 것이다.

이러한 日帝의 文化財 掠奪의 組織的인 움직임에 對抗하여 民族文化
를 지키려는 努力이 있었다. 代表的인 사람이 全鎣弼이다. 그는 民族魂
을 지킨다는 目的意識으로 財産을 아끼지 않은 民族文化財의 守護者였
다. 그는 書畵와 古書로부터 컬렉션을 시작하여, 차차 高麗 및 朝鮮時代
의 陶磁器, 기타 佛敎 彫刻品 등을 收集 對象으로 擴大했다. 그것은 私
的인 趣向과 單純한 獨占의 滿足感을 떠난, 民族文化財의 廣範圍한 保
護者로서의 使命感을 가진 收集이었다.

李智媛은 1930年代 前半期 民族主義系列이 主導하는 文化運動으로서

의 朝鮮古蹟保存運動을 檢討하여, 日帝의 文化政策에 대한 批判的인 立場에서 그 役割을 展開했다고 한다. 그들은 日帝의 古蹟保存政策이 朝鮮文化의 氣質的인 側面을 注力하고 精神的인 面은 排除했다고 批判하고 있다. 아울러 民族的 偉人으로 李舜臣, 權慄, 檀君을 들고 이들의 遺跡을 對象으로 古蹟保存運動을 展開했다는 것이다. 問題는 獨立이라는 政治的 目的과 距離를 두고 傳統文化의 保存이라는 文化運動으로서의 機能만이 浮刻되었다는 것이다(李智媛,「1930년대 民族主義系列의 古蹟保存運動」『東方學志』(77, 78, 79 합집), 1993).

## 4. 結

지금까지 살펴본 論文들은 주로 2차 資料들을 參照하여, 明確한 事實의 因果關係의 說明이 弱하며, 朝鮮總督府博物館의 全體의 모습, 예를 들면 組織, 運營, 遺物의 收集과 管理, 展示의 內容, 關聯된 各種 事業, 學術 活動 等에 대한 서술이 빈약하다.

특히 各種 調查事業의 過程과 地方에서의 각 地域 博物館과의 關聯性에 대한 硏究가 不足하다. 향후의 本格的인 硏究는 朝鮮總督府博物館이 生産한 1차 資料인 博物館 文書와 關聯 刊行物, 當時의 各種 新聞 記錄 等을 參考하면서 全面的으로 進行되어야 할 것으로 생각한다.

아울러 朝鮮總督府 關係部署와 關係者의 活動과 記錄에 대해서도 注目할 必要가 있다. 日本 內 博物館과의 비교도 事前에 반드시 생각해야 할 전제 조건이라고 생각한다.

# Ⅲ. '이왕가박물관'에 대한 시론적 검토

## 1. 머리말

박물관은 사회의 현상을 반영하며, 귀중한 문화적 요소를 수집·전시하여 공동체의 특성을 구현해 내는 공간이다. 특히 근대 사회에서는 문화적 정체성의 구심점이라고 한다. 18세기 후반 서구에서부터 박물관이 설립되기 시작한 이래,[1] 동양에서는 19세기 후반에 인도나 일본에서 박물관이 설립되었으며, 우리나라에서도 20세기 초에 박물관이 세워졌다.

근대적인 모습을 지닌 우리의 최초의 박물관은 언제부터인가. 우리나라에 근대적인 박물관이 최초로 만들어진 것은 1908년 8월 13일 御苑事務局[2]이 설립되고, 대한제국의 마지막 황제 순종이 창경궁 내에 박물관을 발족시킨 것이 시초였다고 할 수 있다. 이 박물관은 황실의 재정적 지원으로 삼국시대 이후의 불교공예품, 고려자기, 조선시대의 회화, 역사풍속도 등을 주로 수집하였다. 그리고 이것이 일반인에게 공개되었다. 이 날을 우리나라 최초의 박물관이 시작되었다고 보기도 한다. 뒤를 이어 1915년 12월 1일 경복궁 안에는 조선총독부박물관이 세워졌다. 1938

---

1) 일반적으로 근대 박물관이 전통시기의 것과 질적으로 다른 점은 박물관이 특권 계층만에게만 제한적으로 공개된 것이 아니라 모든 시민에게 개방되었다는데 있다고 한다. 시민사회가 성립되면서 박물관의 관람객으로서 '공중'이 등장하게 된 것이다. 이러한 공공박물관의 효시는 1683년 엘리아스 애쉬몰이 영국의 옥스퍼드대학에 컬렉션을 기증함으로써 만들어진 애쉬몰리안 박물관이다. 그러나 박물관에 대한 일반 시민의 점근성이 법적으로 보장된 것은 18세기부터로, 영국에서는 브리티시 박물관이 브리티시 박물관법에 근거하여 1753년부터 일반에 공개되었으며, 프랑스에서는 루브르 박물관이 국민의회의 결정에 따라 1793년부터 일반에게 공개되었다(양현미, 『박물관·미술관 중장기 발전방안 연구』(정책과제 2002-17), 한국문화관광정책연구원, 2002, 7쪽).
2) 여기에 대한 보다 구체적인 연구는 통감부 조직 속에서 필요하다.

년에는 '이왕가박물관'이 덕수궁으로 이전하면서 1933년부터 덕수궁 석조전에 전시되기 시작한 일본근대미술전과 결합해 '이왕가미술관'이라 불렀다. 그리고 1945년 해방 이후에 '조선총독부박물관'은 국립박물관이 되었다.

　필자는 일제시대 이전, 우리 국가 이름의 박물관, 최초의 국가단위의 근대 박물관인 '이왕가박물관'에 주목하고자 한다.[3] 선행연구에 기초하여 이 박물관이 왜 만들어졌고, 어떻게 불리는 것이 타당하며, 설립일은 과연 언제인지를 잠정적으로 비정해 보고자 한다. 아울러 설립 초기의 구성원과 유물 구입에 대해 개략적으로 확인, 정리해 보겠다.

　'이왕가박물관'에 대해 기존의 연구에서는 송기형, 伊藤純의 글이 주목된다.[4] 송기형은 '이왕가박물관'의 역사를 연대기식으로 정리하고, 설립일을 1909년 11월 1일, 즉 일반 공개일로 비정했다. 이것은 목수현도 마찬가지이다.[5] 伊藤純도 '이왕가박물관'의 흐름을 요약 정리하여 '이왕가박물관'의 역할을 순종의 완상용, 유물의 유출 방지에 역할을 다했다고 본다. 그리고 한국 최초의 박물관으로 '이왕가박물관'을 지적했다. 이

---

3) 필자는 '이왕가박물관'을 최초의 근대박물관으로 보는 통설에 따른다. '이왕가박물관'의 설립문제를 다루는 본고는 선행연구와 몇 가지의 1차 자료를 중심으로 시론적인 검토를 한다. 선행연구의 일반은 다음의 글을 참조. 송기형, 「'창경궁박물관' 또는 '이왕가박물관'의 연대기」『역사교육』(72), 1999 ; 목수현, 「일제하 박물관의 형성과 그 의미」, 서울대학교대학원 석사학위논문, 2000. 2 ; 목수현, 「일제하 이왕가 박물관의 식민지적 성격」『미술사학연구』(227), 2000. 9 ; 伊藤純, 「李王家博物館開設前後の狀況と初期の活動」『考古學史研究』(9), 2001. 5 ; 최석영, 『한국 근대의 박람회・박물관』, 서경문화사, 2001 ; 이성시, 「조선왕조의 상징공간과 박물관」『제1회 세계한국학대회』, 한국정신문화연구원, 2002. 7 ; 太田秀春, 「近代 韓日兩國의 城郭認識과 日本의 朝鮮 植民地政策」『韓國史論』(49), 2003. 6.

4) 송기형, 「'창경궁박물관' 또는 '이왕가박물관'의 연대기」『역사교육』(72), 1999, 伊藤純, 「李王家博物館開設前後の狀況と初期の活動」『考古學史研究』(9), 2001. 5.

5) 목수현, 「일제하 이왕가 박물관의 식민지적 성격」『미술사학연구』(227), 2000. 9, 83쪽.

밖에도 이성시,[6] 이구열,[7] 吳世卓,[8] 박계리[9] 등의 글이 있다.

## 2. '이왕가박물관'의 설립

### 1) 설립 목적

#### (1) 황제 완상용

무슨 이유로 왕이 기거하며 정사를 돌보는 곳인 궁궐 안에 박물관이
세워졌는지를 생각해 보자. 박물관의 창설 내력은 당시 왕실 사무를 관
장하던 기관인 궁내부의 차관이었던 小宮三保松가 1912년에 발간된『李
王家博物館所藏品寫眞帖』에 그 내용을 기록하고 있다.

> "명치 40년 겨울, 한국 황제 즉 현재 이왕전하가 덕수궁에서 창덕궁으로
> 별거하는 준비를 할 때 창덕궁 수선공사를 하면서 … 11월 4일 당시 내각
> 총리대신 이완용 씨 및 궁내부대신 이윤용 씨가 "황제께서 무료해하실 것
> 을 달래드릴 오락이 없겠는가"하고 물어서, 동식물원과 박물관 창설을 제
> 의하고 대략을 설명하니, 크게 기뻐하면서 찬성하여 건물의 수집에 착수해
> 서[10]"

이것은 1907년 순종이 경운궁에서 창덕궁으로 移御하게 되었을 때에
창덕궁의 수리를 맡은 小宮三保松의 제의로 설치되게 되었다는 얘기
다.[11] 여기에는 조선의 기울어 가는 국운이 밀접하게 관련되어 있었던

---

6) 이성시, 「조선왕조의 상징공간과 박물관」『제1회세계한국학대회』, 한국정
   신문화연구원, 2002. 7(「조선왕조의 상징공간과 박물관」『2003년 역사포
   롬논문집』) 참조.
7) 이구열, 『한국문화재 수난사』, 돌베개, 1996, 71쪽.
8) 吳世卓, 「植民地朝鮮に對する日帝の文化財政策－その制度的側面を中心に
   して－」『考古學研究』(452), 1998 참조.
9) 박계리, 「타자로서의 이왕가박물관과 전통관－서화관을 중심으로」『제46
   회 전국역사학대회 발표문집』, 2003. 5 참조.
10) 小宮三保松, 「緖言」『李王家博物館所藏品寫眞帖』(1912).

것으로 생각되는데, 고종이 헤이그회의를 통해 세계 만방에 을사보호조약 체결의 부당성을 밝히려 밀사를 보냈던 일이 탄로가 나자, 일본은 고종을 강제로 퇴위시키고, 순종을 황제로 등극시켰다.[12] 또한 순종을 고종에게서 격리시키기 위해 함께 거처하던 경운궁(덕수궁)에서 순종만을 창덕궁으로 이어하게 만들었다. 순종이 이어하던 1907년 7월 19일은 아직 양위가 이루어지기도 전으로, 순종의 창덕궁 이어로 창덕궁을 수리하게 된 小宮三保松은 당시 총리대신이던 이완용과 궁내부 대신이던 이윤용이 순종이 새 궁궐에 적응할 수 있도록 할 일이 없겠느냐고 의논해 오자, 자신이 박물관과 동물원, 식물원을 만들면 어떤가 하고 제의했고, 그 제안이 받아들여져서 박물관이 세워지게 되었다는 것이다. 결국 11월 4일 논의하고 11월 6일에 계획을 제의했다고 한다.

末松熊彦도 小宮三保松이 이왕가 일가에게 취미를 제공함과 동시에 조선의 고미술을 보호, 수집하려는 희망을 가지고 박물관 설립을 건의했다고 한다.[13]

그런가 하면 이난영의 『개정신판 박물관학 입문』은 순종의 이어를 준비하면 취미생활을 위한다는 구실로 박물관의 설립이 추진되었다고 한다.[14] 김용국은 『서울6백년사』(3권, 1979)에서 황제 위안을 위해 시설이라면서 황제가 국가와 민족에 대한 생각을 잊어버리게 하자는 일종의 정략적인 시설이었다고 한다.[15] 이구열은 황제 위로와 더 나아가 문화

---

11) 이하의 후대의 각종 조선총독부의 발간 문건에서는 모두 완상 내지는 황제 위로용으로 기록하고 있다. 『李王家美術館要覽』(1938) 참조.

12) 고종의 양위식은 경운궁 중화전에서 1907년 7월 20일 오전 8시에 있었다. 그러나 주인공인 고종과 황태자인 순종은 참석하지 않았다. 양위에 반대했던 사람들은 면관되거나 체포되었고 박영효는 제주도로 추방되었다. 그리고 8월 27일 황제 즉위식이 있었다. 순종은 정상적인 절차를 밟아 황제에 즉위한 것이 아니라, 일제의 강요로 고종이 쫓겨나면서 내키지 않는 자리를 이어받은 것이다(이민원, 『한국의 황제』, 대원사, 2001, 41쪽).

13) 末松熊彦, 「朝鮮の古美術保護と昌德宮博物館」 『朝鮮及滿洲』(69), 朝鮮雜誌社, 1913. 4 참조.

14) 이난영, 『개정신판 박물관학 입문』, 삼화출판사, 2001, 82쪽.

재의 조직적인 수탈을 위해서라고 했다.16)

## (2) 통감부의 정치적 의도

전술한 小宮三保松의 애기, 즉 순종의 생활에 취미를 위한 것이라는 것을 이성시는, "小宮의 박물관과 동식물원 설립 제의는 이완용 등의 의향에 의한 것이라기보다는 궁내성 소관 아래서 확립된 일본의 박물관제도를 염두에 두고 통감부측이 사전에 주도한 계획을 마련했던 것으로 보아야 하며, 실제로 1906년에 통감부가 설치된 이래로 伊藤博文은 통감으로서 먼저 궁내부의 분계를 분명히 하고 정부의 책임 소재를 확정시킴과 동시에 궁중을 숙정해 잡배를 구축하고 구폐를 일소할 필요 때문에 고종으로 하여 궁금령을 내리게 하는 등 궁중 개혁에 부심하고 있었다"고 한다.17) 그는 고종의 궁금령을 일제의 입김이 들어간 것으로 보고 있다. 그리고 박물관의 설치에 伊藤博文의 의지가 들어가 있던 것으로 생각된다.

한편 權藤四郎介의 『李王宮秘史』(朝鮮新聞社, 1926. 8)를 보면, 박물관이 왕의 위안이나 취미를 위해 지어진다는 내용은 없고, 오히려 박물관 출입과 관련해서 맹렬한 반대론이 당시에 있었다고 한다.18) 구체적인 내용을 보면 다음과 같다.

"萬難을 배제하고 완고한 궁정 내외의 사람들을 설득하였다. 그 때 전하는 좌우를 향해, "고례에 명군은 민과 함께 즐거움을 나누었다(諧樂). 이 諧樂이라는 두 글자를 능히 완미한다면, 궁원을 서민에게 개방하는 일의 깊은 뜻을 판단할 수 있을 터인데, 여등은 아직도 완고한 꿈에서 깨어나지 않은가." 이러한 왕의 말씀이 있었기 때문에 이 계획은 고장없이 예정과 같이 진척되었던 것이다.19)"

---

15) 김용국, 『서울6백년사』(3권), 1979, 233쪽.

16) 이구열, 『한국문화재 수난사』, 돌베개, 1996 참조.

17) 이성시, 「조선왕조의 상징공간과 박물관」『2003년 역사포롬논문집』참조.

18) 박계리, 「타자로서의 이왕가박물관과 전통관 — 서화관을 중심으로」『제46회 전국역사학대회 발표문집』 2003. 5, 381~382쪽.

또한 小宮三保松의『李王家美術館要覽』중의「이왕가미술관 연혁」에서 이완용의 지시를 확인할 수 있다.[20] 그리고 박물관의 설립을 둘러싸고 이완용을 중심으로 하는 세력과 수구파 사이의 논쟁이 있었음을 알 수 있고, 이러한 논쟁은 박물관의 기능과 의의에 대한 적극적인 홍보와 왕의 결단을 통해 극복되었을 알 수 있다고 한다.[21] 그리고 최근의 연구에서 오세탁은 伊藤博文의 문화재 수탈을 위한 목적에서 박물관이 설립되었다고 한다.[22]

한편 1907년 11월 13일 창덕궁으로 이사가 끝나자[23] 1908년 8월에는 어원사무국이 설치되면서 박물관, 동물원·식물원사업의 관장부국을 설치하고 사업의 완비를 도모했으며, 박물관 설립이 추진되었다. 이후에 순종, 伊藤博文 등이 박물관을 관람했다.[24]

실제로 신문에 나는 '이왕가박물관' 설립 관련 주요 기사를 보면,『大韓每日申報』1908년 1월 9일자 기사에는 다음의 내용이 있다.

"궁내부에서 본년도부터 계속사업으로 제실박물관과 동물원과 식물원 등을 설치할 계획으로 목하에 조사중이라더라."

『共立新報』1908년 3월 4일자의 기사에는 다음과 같은 내용도 있다.

"궁내부에서 제실 소속 박물관을 설치할 계획인데, 한국 고래의 서적과 미술품을 많이 구입하고 또 인민의 지식을 계발하기 위하여, 현금 세계의 문명적 기구 물품을 많이 모아 관람케 한다더라."

---

19) 權藤四郎介,『李王宮秘史』, 朝鮮新聞社, 1926. 8 참조.
20) 小宮三保松,『李王家美術館要覽』, 李王職, 1938, 1쪽.
21) 박계리,「타자로서의 이왕가박물관과 전통관-서화관을 중심으로」『제46회 전국역사학대회 발표문집』, 2003. 5, 382쪽.
22) 吳世卓, 「植民地朝鮮に對する日帝の文化財政策-その制度的側面を中心にして-」『考古學研究』(452), 1998 참조.
23) 小田省吾,『德壽宮史』, 李王職, 1938, 3쪽.
24) 이성시,「조선왕조의 상징공간과 박물관」『제1회 세계한국학대회』, 한국정신문화연구원, 2002. 7 참조.

『共立新報』의 이 기사는 『大韓每日申報』 1908년 2월 9일의 기사와 거의 동일하다. 또한 『皇城新聞』 1908년 2월 12일에는 이미 보도했던 기사에 기초한 확인 기사가 실려 있다. 이렇게 신문 보도는 박물관 건립에 있어 통감부 주도를 확인하게 해 준다.

그런가 하면 박계리는 '이왕가박물관·미술관'의 전시와 출판물을 고찰하면, 조선시대에 가지고 있던 중국 중심의 동아시아적 범위의 전통관이 이제 중국의 위치를 일본이 대신하는 일본 중심의 동아시아적 전통관으로 변환되어 전개됨을 확인할 수 있다면서도, 동시에 초창기 '이왕가박물관'의 서화콜렉션의 형성에 있어, 비록 실무적으로는 일본인이 개입했을지라도, 그 감식안에 있어서는 조선인의 협조나 조선시대의 여러 문집들의 참고에 힘입은 것이 적지 않았을 것으로 추측하고 있다. 즉 덕수품 서화류 콜렉션은 일제의 식민주의 이데올로기에 의한 조작과 무관하게, 조선시대부터 전래되어 오던 전통적인 명품과 명화가의 계보를 충실하게 따르고 있으며, 따라서 한국 서화전통이 '이왕가박물관'의 콜렉션을 통해 계승되었다고 한다.[25]

한편 최초의 근대적인 박물관은 설립 결정이 내려지자 1908년 초부터 시설을 서둘렀다. 먼저 경성 시내에서 사설 동물원을 운영하고 있던 兪漢性의 동물을 모두 인수하고 그를 관리자로 임명했다. 그리고 福羽內苑頭의 지도를 받아 식물원의 온실 설비 등을 갖추었다.

결국 '이왕가박물관'은 초기 준비와 운영에 있어 황실의 의사가 적극 반영되지는 못했던 것 같다. 만약 창경궁에 박물관과 동식물원을 설치하는 일을 주체적으로 지시했다면, 순종은 그 준비 기간 동안 관심을 보였을 것이고, 이는 어떤 식으로든지 실록 등에 기록이 남았을 것으로 판단할 수 있다.[26]

25) 박계리, 「타자로서의 이왕가박물관과 전통관 – 서화관을 중심으로」 『제46회 전국역사학대회 발표문집』, 2003. 5, 386쪽.
26) 목수현, 「일제하 박물관의 형성과 그 의미」, 서울대학교대학원 석사학위논문, 2002, 22쪽.

## 2) 명 칭

우리나라 최초의 근대적인 박물관27)은 대한제국기에 세워졌다. 이 박물관에 대해서는 '제실박물관',28) '황실박물관,'29) '왕립박물관'30) 등 대

---

27) 한국에서 근대적 의미의 박물관에 대한 인식은 박정양의 일본 견문보고서인 『日本國內務省職掌事務附農商務省』, 민종묵의 『見聞事件』, 박영효의 건백서 등에서 박물관의 사회교육적 기능에 대해 파악할 수 있다(목수현, 「일제하 이왕가 박물관의 식민지적 성격」『미술사학연구』(227), 2000. 9, 83~84쪽).

그런데 필자가 확인한 바로는 유길준의 『西遊見聞』에는 초보적이지만, 박람회와 박물관에 대한 서술의 내용을 확인할 수 있었다.

「博覽會 … 天下 各國의 技藝와 工作이 이로 加하며…泰西諸邦의 大都會에는 每數年間에 物産의 大會를 設하고 世界上에 布告하여 各國의 天造及人作의 名産과 便利한 器械와 古物及珍品을 蒐集하여 萬邦人의 觀覽을 供하나니…夫博覽會의 本意는 天下人이 相敎互學하는 趣旨로 他人의 長技를 取하여 自己의 利를 作한則 萬國의 智力及學識의 交易을 行함이며 又此會의 設備하는 節은 天下各邦의 來遊하는 者가 如雲한…」(471－472쪽)

「博物館은 天下各國의 古今物産을 大小와 貴賤을 無論하고 一齊 收聚하여 人의 聞見과 知識을 廣博키하기 爲하여 設備한 者니 金石의 博物館은 世界上金石의 種類를 蒐集하여 各其 名目을 區別하여 貯蓄한 處所며, 禽獸와 蟲魚의 博物館은 世界上 禽獸蟲魚의 種類를 蒐集하여 亦其名目을 分하여 披示하는 處所이니…醫士의 博物館은 專혀 醫士의 工夫를 위하여 設立한 處所니…博物館과 博物園에 各物을 蒐貯하기는 一人의 力으로 經營하기 不能한 者며 又 一朝一夕에 其功을 告成하기 難하고 其入費도 極夥하니 然한 故로 政府와 人民이 其心力을 同하여 收合한 財로 購致하기도 하며, 혹 國人이 外國에 出遊한 者가 其地의 物産을 携歸하여 呈納하기도 하여 歲月의 長久함을 閱하여 衆人의 合力한 事로 就하니 若是하게 財費를 不惜하며 積苦를 不惜하고 政府及人民의 勉行하는 자는 但其奇異한 物種을 收聚홈아니라. …(강조:필자)」(473~474쪽)

이상과 같이 박람회의 개최 현황과 기능에 대해 인식하고, 박물관의 기능과 종류, 박물관 조성의 어려움에 대해 자세히 기술하고 있다.

28) 『대한매일신보』, 1908년 1월 9일.

한제국 황실과 관련된 이름으로, 그리고 '이왕가 박물관', '궁내부 박물
관', '창덕궁 박물관', '창경원 박물관',31) '이왕직 박물관', '박물관' 등으
로 불렀다.32) 박물관이 있는 곳과 관련하여 '창경궁 박물관'이나 '창덕
궁 박물관' 또는 궁궐의 苑에 있는 박물관이라는 뜻의 '어원 박물관'이
라고도 했다. 당시 왕실 사무를 관장하던 기관의 이름을 채용하여 '궁내
부 박물관'이라는 명칭으로 부르기도 했다. 아울러 1909년 11월 1일 박
물관과 동식물원을 '창경원'이라는 이름으로 불렀다.33)

   1910년 이후에는 전술했던 '이왕직 박물관'으로 불렀다. 1911년에 창
경궁이 창경원이 된 뒤에는 '창경원 박물관'이라고도 불렀으나, 존속했
던 일제 시기 동안 주로 '이왕가 박물관'이라는 명칭으로 불렀다. 특히
'이왕가 박물관'이라는 명칭은 이왕직관제가 강제로 반포된 이후로
1910년 12월 이후의 명칭이다고 할 수 있다.

   한편 '이왕가 박물관'이 덕수궁으로 이전된 뒤에는 '이왕가 미술관'
또는 '덕수궁 미술관'으로 불렀다. 그런가 하면『이왕가박물관소장품사
진첩』은 그 박물관의 명칭을 '이왕가 박물관'으로 표현하고 있다.

   '이왕가'라는 명칭은 조선을 합병한 일본이 조선의 왕계를 일본 황실

---

29) 국립중앙박물관 홈페이지 참조.
30) 양현미는 '이왕가박물관'은 박물관을 포함한 창경궁 개편사업은 上野공원
    을 모델로 한 것이며, 제실박물관은 일본의 제실박물관을 모델로 한 입헌
    군주제 하의 왕립박물관이었다고 한다. 그리고 그는 이러한 시설들이 마치
    대한제국의 황실이 자발적으로 일본을 모델로 한 근대화를 지향하고 있다
    는 듯한 인상을 주기 위한 것이었다면서, 이는 통감부의 한일합방 전략, 즉
    조선인 스스로 한일합방을 원했다는 논리 하에서 이루어졌다는 것을 입증
    해준다고 한다(양현미,『박물관·미술관 중장기 발전방안 연구』(정책과제
    2002-17), 한국문화관광정책연구원, 2002, 9쪽).
31) 日本博物館協會,『全國博物館案內』, 1932, 262쪽.
32) 伊藤純,「李王家博物館開設前後の狀況と初期の活動」『考古學史硏究』(9),
    2001. 5, 91쪽.『대한매일신보』1908년 1월 9일자에는 다음과 같은 내용이
    있다. "宮內府에서 本年道부터 繼續事業으로 帝室博物館과 動物園과 植物
    園 등을 設置할 計劃으로 目下에 調査中이라더라."
33) 李王職 編,『李王家美術館要覽』, 1938, 3쪽.

안에 편입하여 황실보다 격이 낮은 여러 왕가의 하나라는 의미로 붙인
것이다. 따라서 일제의 입장이 그대로 반영된 용어로, '이왕가박물관'이
라는 명칭은 일본에 복속된 식민지 왕가의 박물관이라는 의미이다. 따
라서 역사주의적 원칙에서 볼 때, 일제가 만들어 낸 '이왕가 박물관'이
라는 명칭을 1910년 이전의 박물관에도 채택할 필요는 없을 것이다.

분명히 대한제국[34]이라는 공식 국호가 있는 상황에서, 비록 통감부의
정치적인 의도가 강하게 작용한 가운데 황실이 주체적으로 설립에 관여
하지 못했지만, 대한제국 최초의 근대적인 성격을 갖은 박물관이 만들
어졌기 때문에 1910년 이전 대한제국기의 박물관을 '대한제국 박물관',
'대한제국 황실박물관'이라고 할 수 있다. 그리고 '황실박물관'이라고도
부를 수 있을 것이다.

### 3) 설립일

국립중앙박물관 홈페이지의 '이왕가박물관' 설립일에 대한 내용을 보
면 다음과 같다.

> 1908년 9월 기울어져 가는 국운 앞에서 대한제국의 마지막 황제 순종은
> 창경궁 내에 … 우리나라 박물관의 시초를 이루었다. 황실의 재정적 지원
> 으로 삼국시대 이후의 불교공예품, 고려자기, 조선시대의 회화, 역사풍속
> 도 등을 주로 수집하여 1909년 11월 창경궁을 공개하면서 식물원 동물원과
> 함께 … 일반에게 공개하였다.

이 기록을 통해 보면, 1908년 9월 박물관이 만들어져, 1909년 11월 공
개되었다는 것이다.

목수현은 '이왕가 박물관'의 설립 경위를 애기하면서, 1909년 11월 1
일 일반 공개를 하여 우리나라 최초의 박물관의 모습이 드러났다고 한

---

34) 1897년 10월 12일 고종이 황제즉위식을 올림으로써 대한제국이 성립되었
　　으며, 1899년 8월 17일 大韓國國制를 제정 공포했다. 이에 따라 국호는 '대
　　한제국', 정체는 '전제군주제'가 되었다.

다.[35] 송기형은 "이왕가박물관"의 역사를 연대기식으로 정리하고, 설립일을 1909년 11월 1일 일반 공개일로 비정했다.[36]

이난영은 "1909년 11월 창경궁을 일반에게 공개하면서 식물원, 동물원과 동시에 '이왕가의 박물관'도 일반에게 공개함으로써 박물관 본연의 전시기능을 발휘하기에 이르렀다"[37]고 하여, 1909년 11월에 설립되었다고 한다.

이른바 '이왕가박물관'의 건립과 관련하여 사무국이 설치되어 공사가 완료된 것은 순종을 비롯한 권력자들이 관람한 1908년 9월경이었다. 그런데 조직의 시작이라는 사실에 주목해 보면, 1908년 8월 13일 어원사무국의 설립이나, 같은 해 9월 정도는 최초의 근대박물관 설립을 거론할 때 재고할 필요가 있는 날짜라고 생각한다.[38]

## 3. '이왕가박물관'의 초기 조직

### 1) 조 직

일제는 식민지 수탈뿐만 아니라 조선의 문화·예술품에 대해서도 그 우수성 때문에 많은 관심을 기울였다. 이것은 일제 자신도 공감하고 있었다. 즉,

"조선의 상고시대에는 공예·미술이 현저하게 발달해서 일본이 이를 모방하는 일이 상당히 많았다. 오늘날 실제로 보존하고 있는 공예·미술품 가운데 회화·그릇 등을 조선인이 만든 것이라고 학자들이 추정하는 것이나 혹은 조선예술을 모방해 제작한 것이라고 감정하는 일이 수없이 많다.

---

35) 목수현, 「일제하 이왕가 박물관의 식민지적 성격」『미술사학연구』(227), 2000. 9, 83쪽.
36) 송기형, 「'창경궁박물관' 또는 '이왕가박물관'의 연대기」『역사교육』(72), 1999, 194쪽.
37) 이난영, 『개정신판 박물관학 입문』, 삼화출판사, 2001, 83쪽.
38) 보다 구체적인 자료에 기초한 검토가 있어야 할 것이다.

아울러 이들을 일본이 수·당나라와 직접 교역을 맺기 이전에는 최고로 삼았다.39)"

이처럼 일제는 일찍이 한국의 문화재에 특별한 관심을 가지고 수집·조사하고 있었다. 예컨대 통감부 때 탁지부가 關野貞을 초빙하여 고건축 조사를 위촉했던 일도 있었다.40) 1902년부터 고적조사사업이 시작되었음을 생각하면 문화적인 분야의 식민지지배는 통감부 때부터 진행되었다고 하겠다.41)

이러한 통감부시대의 '이왕가박물관'의 조직은 제국주의적 발상과 무관하지 않을 것이다. 대체로 1908년 3월 7일 下郡山誠一을 주임대우로 박물관 조사사무를 맡긴 것이 박물관 사무의 시작이었다. 이어서 같은 해 5월 29일 末松態彦을 주임대우로 박물관, 동물원, 식물원 서무 및 회계를 맡겼다. 6월 18일 劉漢用에게 판임대우를, 7월 15일 野野部茂에게 박물관 사무를 맡겼다.42)

한편 1908년 대한제국 직원록을 보면, 궁내부에는 어원 사무국이 신설되어 있었다. 박물관 일은 이사이면서 동시에 박물관부의 부장으로 겸직하였던 末松態彦가 책임자였다. 그리고 촉탁에 下郡山誠一, 주사에 李鵬增, 이사실과 겸직하여 근무하는 林炳贊, 촉탁 野野部茂 등이 있었다.43)

---

39) 하종근 옮김,『1927년 조선총독부 대외비 조사자료 제20집 日帝 植民官僚가 분석한 朝鮮人－사상과 성격적 측면－』, 세종출판사, 1995, 237쪽.
40) 李成市,「黑板勝美(구로이타 가쯔미)를 통해 본 식민지와 역사학」『한국문화』23, 1999, 251쪽.
41) 이러한 논리는 전경수, 목수현도 생각하고 있는 논리이다.
42) 목수현,「일제하 이왕가 박물관의 식민지적 성격」『미술사학연구』(227), 2000. 9, 84쪽.
43)『職員錄』, 내각기록부, 1909년 6월. 이후 박물관의 체제는 1911년 2월 1일자의 이왕직 사무분장 규정에 더 정리되어 있는데, 장원계가 박물관 사무를 담당했다.

## 2) 유물 구입

'이왕가박물관'은 설립의 취지가 대한제국 황실을 위한 것으로도 보인다. 그리고 조선의 고미술을 보호, 수집한다는 이유로 도기, 청동기, 석기 등의 모든 고미술품에 주목했다.[44] 선행 연구에서 보면, '이왕가박물관'의 유물수집 방법을 한일합방 이후까지를 포함하여 구입, 발굴품, 왕실에 내려오던 물건 등으로 구분하고 있다.[45]

문제는 '이왕가박물관'이 유물을 구입하는 과정에서 조선의 것을 시작으로 하여 다른 나라의 것까지 구입한다는 취지는 있었지만, 실제로는 박물관이 물건의 가격을 올리고, 도굴을 조장하는 분위기였던 것이 사실이다.[46] 이에 따라 고분이 도굴되고, 석등이 뿌리채 뽑혔던 것이다.

개관에 앞서 '이왕가박물관'은 1908년 1월부터 대대적으로 박물관 건설을 준비하면서 유물 구입에 나섰다.[47] 이미 關野貞은 1902년에 조선의 고건축을 조사하여 문화재의 상황에 대해 많은 정보를 갖고 있었다. 이러한 그가 분묘의 도굴, 유물이 유출되는 것을 걱정하여 박물관을 설치하여 자료의 수집에 노력하려고 생각했다고 한다. 小川敬吉, 關野吉 등은 關野貞이 개성에서 능묘가 도굴되어 출토된 고려 자기편이 유실되

---

44) 末松李王職事務官談,「朝鮮の古美術保護と昌德宮博物館」『朝鮮及滿洲』(69), 京城朝鮮雜誌社, 1913. 4 참조.

45) 목수현,「일제하 이왕가 박물관의 식민지적 성격」『미술사학연구』(227), 2000. 9, 88~89쪽. 실제로 전래된 고미술품은 왕실의 가마, 깃발, 행렬 의장기구 등이 주종이었다.

46) 義和宮顧問 佐藤寬,「韓國博物館設立に就て」『朝鮮』(1-3), 日韓書房, 1908. 5 참조.

47) 小宮의 글을 통해 그 내용을 확인하면 다음과 같다.
「1908년 1월부터 먼저 진열품의 수집에 전력을 경주하였다. 이때 마침 경성에 고려시대의 분묘에서 나온 찬연한 고려문화를 볼 수 있는 다수의 도자기, 금속품, 옥석류가 많이 매매되고 있어서, 그것을 호기로서 그러한 출토품과 함께 삼국시대, 통일신라시대의 작품과 관련 있는 중요한 조상의 구입에 노력하고, 혹은 조선시대의 회화, 공예품 등도 수집했다(강조:필자)」(小宮三保松,「緖言」『李王家博物館所藏品寫眞帖』(1912)).

는 것을 애석하게 생각하여 수집과 보호보존을 당국자에게 얘기했고, 그리고 이것이 '이왕가박물관' 설치의 원인으로, 고려자기에 대한 대대적인 수집과 진열이 가능하게 되었다고 한다.48) 그러나 이것은 어디까지나 표피적인 사실만을 얘기하는 것이다.

'이왕가박물관'의 소장품은 박물관이 왕가의 이름을 띠고 있음에도 불구하고 조선 왕실에서 전해내려 온 유물을 바탕으로 한 것이 아닌 것으로 보인다. 서화류의 경우는 예외일지도 모르지만, 도자와 불상 등의 주요 유물은 당시 이미 시중에서 활발히 매매되고 있었던 것을 중개상이었던 鮎貝房之進 등을 통해 비싼 값으로 구입했다.49) 특히 고려자기 등은 1894년 청일 전쟁 이래 일본인들이 개성 근처의 고려 고분에서 도굴해온 것이 많았으며, 불상 등은 옛 절터에서 무단으로 반출해 내온 것도 상당수 있었다. 따라서 정식 발굴이나 조사를 통해 수집된 것이 아니었기 때문에 유물의 연역을 확인할 수 없는 것도 있었다.

이렇게 '이왕가박물관'의 소장품은 유물의 역사적인 맥락을 흐리고, 골동 수집의 입장에서 완상품으로 수집된 경향성이 있었다. 이러한 유물의 수집 경향은 小宮三保松이나 鮎貝房之進, 박물관 사무를 관장한 末松熊彦 등 일본인들의 취향에 따라 이루어진 측면이 많았다.50)

그런가 하면 당시 조선에 와 있던 서양인도 유물의 수집에 적극적이었다. 서구의 외교관들은 청일·러일전쟁 이후에 자국 정부에 조선을 소개하는 각종 토속품을 수집하여 유출시켰다. 프랑스 공사 콜랭 드 플랑시와 에밀 마르텔, 미국 공사 알렌 등이 그들이다. 특히 플랑시의 경우는 모리스 쿠랑이라는 동양학자의 협력을 얻어 조선의 서적을 다량으

48) 小川敬吉,「朝鮮に於ける關野博士の偉業」『夢殿』(14), 1935 ; 關野克,『建築の歷史學者關野貞』, 上越市立總合博物館, 1978 참조.

49) 당시 고려도자의 도굴과 매매에 관해서는 다음의 책이 참고된다. 황수영 편,『일제기 문화재 피해자료』, 한국미술사학회, 1973 ; 이구열,『한국문화재 수난사』, 돌베개, 1996.

50) 伊藤純,「李王家博物館開設前後の狀況と初期の活動」『考古學史研究』(9), 2001. 5, 95쪽.

로 구입해 갔다. 물론 이 때에도 다량의 독점적 수집과 매수자는 일본인
이었다고 한다. 일본공사관의 관리가 적극적으로 나선 경우는 쉽게 찾
아 볼 수 있는 일이었다.[51] 특히 1905년 이후에는 고려자기와 금은세공
품이 많이 유출되었다고 한다.[52]

한편 박물관이 설치되면서 대한제국의 궁궐은 권위의 상징이 아니었
다. 탈바꿈한 궁궐은 퇴락의 상징이었지만, 문명화된 시설로 이해되도록
유도되었다. 박물관을 포함한 창경궁의 개방이 공중의 지식개발을 위한
것이었다고 표명되었다.[53] 그리고 일반 공개도 있었다.

일반 공개의 기록을 살펴보면, 당시의 신문 기록에는 순종이 자신을
위해서는 목요일 하루를 배정하고, 다른 날을 대중들에게 관람하도록
했다고 한다.

> "명치 42년 11월 1일 이왕 전하가 대중에게 한편으로는 오락의 취의를
> 주고, 다른 한편으로는 공중의 지식개발에 투자하는 목적으로, 동물원, 식
> 물원, 박물관이 존재하는 궁원의 일부 창경원을 공개해서 일반에게 관람을
> 허락한다."[54]

그런가 하면 1909년 10월 이미『大韓每日申報』에 동물원을 관람한 사
람이 필명으로 관람기를 기고한 내용이 있고, 이후에 일본관광단이 자
주 들렀던 기사가 보인다. 실제로 궁내부 어원 사무국의 조직적인 협조
로 학생들의 단체 관람도 있었다.[55] 그 이전인 1909년 7월 2일에는 궁내
관인의 부인에게 입장표가 배포되기도 했다.[56] 특히 '이왕가박물관'은
설립 초기부터 일반 조선인보다는 조선을 시찰하는 일본 관리들, 조선

---

51) 이구열,『한국문화재 수난사』, 돌베개, 1996, 203~209쪽.
52) 藤田亮策,「歐米の博物館と朝鮮」『朝鮮』, 1929, 6 참조(『朝鮮學論考』(開明
    書院, 1963년에 실림).
53)『大韓民報』, 1909년 11월 3일.
54)『大韓民報』, 1909년 11월 3일.
55)『大韓民報』, 1909년 11월 4일.
56)『大韓民報』, 1909년 7월 2일.

에 투자하러 오는 이민자, 관광객 등 일본인들의 관람처로 이용되었던 사실도 주목해야 할 것이다.[57]

이상과 같이 설립될 무렵부터의 관람 형태와 당시 상황을 살펴보면, '이왕가박물관'은 일본인들의 골동 취미를 충족시켜 주는 유물을 모아 감상하게 해 주는 공간, 조선을 근대화시킨 일본의 업적을 과시하는 일종의 관광지로서 활용되었다. 또한 조선왕조의 중심이었던 궁궐을 유원지로 만들어서, 궁궐이 지니는 정치적 문화적 공간으로서의 의미를 희석시켰던 점도 부정할 수는 없다.

## 4. 맺음말

박물관의 역사적인 흐름을 살펴보면 보면, 초기 단계에는 우선 자료를 모으는 과정을 거치고, 모인 자료의 성격을 밝히기 위해 조사하며, 연구하다가 공개한다. 이러한 과정은 개인의 경우도 비슷한 경로를 거친다.[58] 식민지 본국 일본의 경우, 明治維新 이후에 근대 박물관 설립이 설립되었다. 일본에서 실질적인 근대적 박물관의 설립은 1882년으로, 이때에 上野公園 내 부속동물원과 식물원, 그리고 신관이 설치되었다. 그리고 이것은 1900년 제실박물관으로 개칭되었다.[59] 이러한 일본의 근대 박물관은 정책적인 차원에서 준비된 기관으로, 일반 대중에 대한 보급과 계몽시설로, 때로는 행정상의 창고로 정책을 지원하는 시설로 이용되어 갔다.[60]

대체로 근대의 박물관은 경제적, 교육적인 이유에서 출발한 경우가

57) 1909년 11월에 일본 실업학생 27명이 관람했으며, 1911년 3월 16일에는 조선산업시찰단 240명이 박물관과 동물원, 식물원을 관람했음이 기록되어 있다. 『대한민보』 1909년 11월 12일자 및 『순종실록』 부록 1911년 3월 16일자.
58) 이난영, 『박물관학입문』, 삼화출판사, 2001, 103쪽.
59) 『帝室博物館略史』, 帝室博物館, 昭和 13年, 89쪽.
60) 金子淳, 『博物館の政治學』, 靑弓社, 2001, 31쪽.

많다. 우리의 경우는 정치적인 의도에서 출발했다고 볼 수도 있다. 완전 식민지가 아닌 상황에서 만들어진 것이 '이왕가박물관' 즉 '황실박물관' 은 따라서 다중적인 성격을 갖고 있었다. 이러한 '황실박물관'은 1910년 이후 본격적으로 식민지성이 들어 나는 공간이 되었고, '식민정치'의 측면이 보다 부각되었다. '황실박물관'은 역사적인 한계를 갖고 출발했다고 할 수 있다.

21세기의 박물관이 단순한 기억의 장소에서 미래를 창조하는 공간으로서의 역할이 부여되어 있다고 해도, 우리의 근대 사회 최초의 박물관인 '황실박물관'은 설립의 주체가 우리가 아닌 아쉬움이 있지만, 새로운 시대의 산물이었음은 분명하다.

# 재일조선인 강계중의 삶과 투쟁

# Ⅰ. 머리말

일반적으로 시대가 인물을 만든다고 한다. 그러나 역사 속의 개인을
절대로 무시할 수는 없다. 어려운 고난의 시대일수록 한사람 한사람의
역할이 중요한 것이다.

우리의 선조는 지난한 고난의 시대일 때에도 부단한 노력으로 역경을
극복하고 삶의 통로를 개척해 왔다. 이 가운데에는 여러 가지 유형의 인
물이 존재하지만 두 지역을 통해 그 빛을 발한 경우는 그리 많지 않은
것이 사실이다. 특히 한일 두 나라를 넘나들면서 스스로의 존재가치를
후세에 남긴 사람은 극소수에 지나지 않다고 하겠다.[1]

민족사적으로 볼 때, 한국현대사는 고난의 시대사라고 할 만큼 엄청
난 시련이 지속되었다. 일본제국주의의 식민통치, 해방과 미소의 진주,
한국전쟁 등 몇 백 년의 우리의 삶을 일시에 규정할 정도의 사건들이 점
철되어 왔다. 이러한 가운데 자신에게 주어진 상황 속에서 욕심없이 민
족의식과 동포애, 국가의식을 실천한 인물은 소수라고 해야 할 것이다.
여기에서 인간 湖山 姜桂重에 주목할 필요가 있다고 생각한다.

강계중은 식민지시대와 험난한 해방정국 그리고 이후의 현대사 속의
사건들을 한국과 일본을 넘나들면서 거부하지 않는 실천으로 흔들림 없
이 맞이했다. 아니 그 사건들을 동포애, 나라사랑을 통해 돌파해 갔다고
해야 할 것이다.

---

1) 필자는 몇몇 일제시대 재일 조선인 활동가에 주목했다. 「1920년대 재일조
   선인운동과 金天海」『韓國民族運動史研究』(于松趙東杰先生停年紀念論叢
   Ⅱ), 1997, 8, 나남출판, 「재일조선인 운동과 김두용」, 1998, 『한국민족운동
   사연구』(18), 「金斗鎔의 '친일파' 인식에 대한 시론」, 1999, 『근현대 한일
   관계와 재일동포』, 서울대학교출판부, 「민족해방운동과 鄭南局」, 1997,
   『성대사림』(12·13), 「재일활동가 金容珪의 혁명론에 대한 시론」, 1999,
   『사학연구』「1920년대 후반 재일제주인의 민족해방운동」, 1999, 역사문제
   연구소 외 편, 『제주 4·3연구』, 역사비평사.

본고는 한국과 일본에서 한 인물의 동포와 나라사랑을 확인함으로 부
단한 고난 극복의 한 모습을 파악하고자 한다. 이에 평전2)과 관계자 인
터뷰, 그리고 관련 연구를 토대로 하여 가능한 범위 내에서 강계중의 삶
과 투쟁을 확인해 보겠다. 먼저 연보를 정리하고, 해방정국에서의 조직
활동을 개관하겠다. 아울러 한국과 일본을 넘나든 그의 '동포사랑·나
라사랑'을 정리해 보겠다.

이 글은 어디까지나 강계중 삶의 한 시기의 행적을 정리한 것임을 밝
히면서 부족함을 추후에 보강할 것을 약속한다.

# Ⅱ. 姜桂重 연보

한 사람의 생애는 개인사적으로 볼 때는 그 자체만으로도 중요하다.
그러나 이것을 전면적으로 정리할 필요는 없다. 역사적 사건, 개인사적
인 중요한 사항들 가운데 한 인물의 역할을 그려내는 것으로도 그 사람
의 역사적 역할을 충분히 그릴 수 있을 것이다. 강계중의 경우, 그 생애
를 전체적으로 정리하기보다는 역사적 사건들 속의 개인사적인 중요성
을 감안하여 4시기로 구분할 수 있는데 그 내용은 다음과 같다.3)

## 1. 출생과 도일(1914. 8. 15~1945. 8. 15)

· 1914. 8. 15(1세)　　：전남 순천시 황전면 수평리에서 강충원의 2남으로 출생.
· 1923　　　(10세)：부친에게서 국·한문을 수강함.
· 1930　　　(17세)：마을 젊은이들을 모아 국문을 가르침.
· 1938. 5　　(25세)：청진 일철공장(日鐵工場)에서 취업.
· 1940. 4　　(27세)：함경북도 성진 高周波軍需工場 항의사건에서 한국인

---

2) 정희선, 『湖山姜桂重』, 남해안정보문화센터, 1999.
3) 별도의 주가 없으면 정희선의 앞의 책을 참조.

노무자 3천명을 지휘하여 일본인의 압제에 저항.
· 1943. 5. 16(30세) : 징용으로 北海道를 향해 여수항을 출발.
· 1943. 5. 27(30세) : 한국인 징용노무자 학대에 분격, 八雲비행장을 탈출.
· 1943. 6    (30세) : 石崎村에 도착, 重內광산에 취업.
· 1944. 8    (31세) : 南方으로 징용가게 되었으나 新得에서 한국인 징용자
              들과 탈출.
· 1945. 4    (32세) : 한국인 노무자들과 留萌탄광으로 나옴.


## 2. 해방과 재일운동(1945. 8. 15~1961. 5)


· 1945. 8. 15 (32세) : 北海道 添牛內에서 해방을 맞음.
· 1945. 10    (32세) : 조선인연맹 旭川支部 결성을 주도함.
· 1945. 11    (32세) : 동포들의 권익을 위해 函館에서 봉기를 주도.
· 1945. 12. 28(32세) : 북해도에서 大阪로 이동함. 조선인보호협회와 합류
              한 국제노동동맹에 참가.
· 1946. 3. 10 (33세) : 국제노동동맹 大阪 生野지부 결성.
· 1946. 6.  4 (33세) : 신조선건설동맹 大阪, 京都지부 결성.
· 1946. 6. 20 (33세) : 신조선건설동맹 九州지방 본부 결성을 주도.
· 1946. 7. 10 (33세) : 大阪에서 신조선건설동맹 서일본총본부를 결성.청년
              행동대장으로 활약.
· 1957. 8    (44세) : 14년 만에 귀국.


## 3. 민단운동(1961. 5~ 1968. 5)


· 1961. 5. 16 (48세) : 순천시 황전면 수평리 저수지 공사를 지원함.
· 1961. 7.  9 (48세) : 대한반공순국단을 결성, 단장에 선임.
· 1961. 9    (48세) : 大阪 민단 임시대회에서 감찰위원장에 선임.
· 1962. 2    (49세) : 대한반공순국단을 이끌고 한일 국교정상화를 위한
              운동 전개
· 1963. 10. 26(50세) : 거류민단 大阪 본부 단장에 선임(제16대).
· 1964.  2.  3(51세) : 민단 近畿地區 협의회 사무국장으로서 법적지위 요구
              관철 민중대회를 주도.
· 1964.  4.  7(51세) : 동경올림픽 후원회를 결성하고 적극 협력.

· 1965. 1. 27(52세) : 민단 大阪 본부 제17대 단장에 재선.
· 1965. 4. 30(52세) : 한국어학본을 자비로 출판함.
· 1967. 4. 4(54세) : 민단 大阪 본부 제18대 단장에 3선.

## 4. 현해탄을 넘나든 나라사랑
### (1968. 5~ 1983. 8. 21)

· 1968. 5. 3 (55세) : 민단 大阪 본부 단장을 사임하고 상임고문으로 추대.
· 1969. 4   (56세) : 光日商事株式會社를 설립.
· 1969. 10. 5(56세) : 순천시 황전면 월등면에 전기 가설 지원.
· 1970. 1. 15(57세) : 光日獎學財團 설립.
· 1970. 7   (57세) : 전남출신 재일 조선인4)들의 농약공중살포용 헬리콥
      터 기증운동을 주도.
· 1971. 7. 4 (58세) : 在日本全南道民會 결성.
· 1972. 1   (59세) : 순천시 황전면 수평대교 가설을 지원.
· 1972. 3   (59세) : 경찰 특별기동대에 재일 조선인이 오토바이 1,100대
      를 기증하는데 주도하고 손수 100대를 기증.
· 1972. 4. 29(59세) : 민단 大阪 본부 단장에 4선.
· 1972. 6. 4(59세) : 민단 大阪 본부에 청년지도부를 발족.
· 1973. 4   (60세) : 재일 조선인들에게 조선이름 쓰기운동을 전개.
      재일 조선인 대학생 입시거부사건에 항의하여 응시할 수 있
      게 처리.
· 1983. 8. 21(69세) : 연대세브란스병원에서 간암으로 사망.
· 1993. 11. 20 : 민단 大阪 본부 추최로 추도회 열림.5)

## Ⅲ. 해방 전후 강계중

일본의 패전과 함께 우리 민족에게 주어진 해방은 새로운 국가를 만

---

4) 별도의 주가 없으면 재일 조선인 · 재일 한국인 · 재일 코리안이라는 표현
  을 통칭해 '재일조선인'이라고 한다.
5) 『統一日報』, 1993. 11. 25.

들어 낼수 있는 절호의 기회였다.

그것은 국내를 비롯해 국외의 동포들에게도 마찬가지였다. 특히 식민지 본국인 일본에서 이중적인 착취 아래 시달려야 했던 우리 동포들에게는 실로 신바람나는 일이었다. 이러한 가운데 강계중은 한 인간으로 개인적인 욕심을 버리고 신국가 건설과 동포를 지원하는 사업에 적극 나섰다.

## 1. 강제연행과 강계중

朴慶植은 『朝鮮人强制連行の記錄』을 발표하여 강제연행의 정책과 연행상황, 연행도중 도주의 상황 등에 대한 전반적인 검토를 통해 강제연행의 强制性을 밝혔다.[6]

조선인 강제연행의 역사는 연행방식에 따라 세 시기로 나누어 설명할 수 있는데 그 내용은 다음과 같다.[7]

제1기는 1939년 9월부터 1942년 2월까지의 이른바 '모집'이라는 방식을 쓴 시기이다. 1939년 7월 28일자 내무·후생 양차관 명의의 통첩 '조선인 노무자 내지(일본) 이주에 관한 건'에 의해 탄광, 광산, 토건업 등을 하는 업자에게 조선인 집단연행이 허가되었다. 일본의 회사는 필요한 조선인 노동자 수를 정해 일본 정부의 허가를 받아 모집책임자를 조선에 파견, 조선총독부가 모집할 지역을 배당해 주었다. 1939년 9월 중순부터 조선총독부가 할당한 지역으로 출장 간 모집책임자는 집단 모집을 자행했다. 모집지역은 경기도, 충청남북도, 전라남북도, 경상남북도 등 조선 남부 7개도였다.

제2기는 1942년 3월부터 1944년 8월까지로 '조선인 내지 이입 알선요

---

6) 朴慶植, 『朝鮮人强制連行の記錄』, 未來社, 1965.

7) 야마다쇼오지 외 지음, 샘기획 옮김, 『근현대사 속의 한국과 일본』, 돌베개, 1992, 193~194쪽 ; 한일문제연구원, 『빼앗긴 조국 끌려간 사람들―7백만 조선인 강제동원의 역사』, 아세아문화사, 1995, 28~29쪽.

강'에 의거하여 조선총독부의 외곽단체인 조선노무협회가 노동자의 알
선, 모집사업의 주체가 되었던 이른바 '관알선' 시기이다. 이 시기에 노
동자는 조선을 출발할 때부터 부대식으로 편성되었으며 모집지역도 평
안도와 함경도를 뺀 전지역으로 확대되었다.

제3기는 1944년 9월부터 1945년 8월 패전에 이르기까지의 시기로 '국
민징용령'이 적용되어 공공연히 무차별적으로 강제연행이 자행되었다.
이와 함께 학생과 여성노동자를 동원하는 일도 더욱 강화되어 8월에는
학도근로보국대와 여자정신대를 결성하여 조선인들을 전쟁에 강제동원
했다.

이 시기에는 조선민의 저항이 커져서 1944년 10월 16일부터 10월 25
일까지 불과 10일 만에 조선 전토에서 "징용령을 내렸으나 출두하지 않
는 자"가 2만 3,166명에 달했다고 한다.

이상의 내용에서 주목할 점은 이미 제1시기 모집단계에서부터 일본
정부와 조선총독부 및 그 하부조직이 강제동원 과정에 깊이 개입하고
있었을 뿐만 아니라 그 모양이 노예노동의 성격을 띠고 있었다는 사실
이다. 이러한 강제연행의 내용 가운데 숫자는 자료에 따라 일정치 않다.
그러나 일제가 스스로 만든 자료에 의한다 하더라도 일본으로 강제로
동원된 수는 150여 만명으로 추산된다.[8]

1943년 5월 강계중은 30세의 나이에 징용으로 北海道를 향해 여수항
을 출발했다. 당시 여수는 물자와 인력 송출의 통로로 개발된 곳으로 부
산, 군산, 목포, 원산 등지와 함께 그 역할을 수행했다.

당시 北海道의 강제연행은 어떤 것일까. 박경식은 앞의 책에서 北海

---

8) 『朝鮮時報』 1990년 12월 20일호에는 조선인 강제연행 진상조사단이 내무
　 성 경보국의 『특고월보』에 게재된 통계를 가지고 산출했는데 1939년부터
　 1945년까지 강제 연행당한 총수를 151만 8,806명으로 보고 있다. 그리고 琴
　 秉洞은 1939년부터 1945년까지의 총연행자 수를 151만 9,142명으로 추정했
　 고, 山田昭次는 1939년부터 1945년까지 총연행자 수를 119만 9,875명이라
　 고 한다.

道지역의 강제연행에 대해서도 다루고 있다. 가장 도망률이 높았던 곳이 北海道 탄광이라고 하였다. 특히 다꼬베야의 비참한 생활과 매달 5~6명의 조선인이 사망하였음을 밝히고 있다. 그야말로 북해도의 탄광을 '생지옥'으로 규정하였다.

北海道로의 조선인 강제연행[9]은 北海道石炭鑛業會가 주축이 되어 석탄광산으로 공동 수송을 하였다. 그러나 1942년 5월 11~12일에 걸쳐 下關에서 石炭統制會・鑛山統制會・鐵鋼統制會・土木工業會의 4개 통제단체 주최로 企劃院・商工省・厚生省・鐵道省・內務省・海務院・朝鮮總督府의 조선인 강제연행 관계 담당자가 모여 '수송협의회'를 개최하고 동년 7월 1일부터 실시할 계획수송의 방법을 논의하였다. 여기에서 조선인 연행사무를 '東亞旅行社'로 일원화하여 계획적이고 조직적으로 연행할 것을 결정하였다.

각 군청에 집합된 조선인 강제연행자는 가까운 철도역에서 부산・여수・목포・원산 등으로 끌려가 배로 직접 北海道의 函館・小樽・室蘭 등으로 연행되었다. 선박수송은 값이 싸고 열차수송에 비해 도주율이 적었기 때문에 1943년까지는 선박을 이용한 조선인 강제연행자의 수송이 많았다. 그러나 戰局이 불리해지고 선박의 수도 적어졌을 뿐만 아니라 미국의 잠수함 때문에 선박수송이 위험하게 되어 조선에서 北海道까지의 선박수송은 없어지게 되었다. 대부분의 경우 조선에서 모여진 사람들은 關釜聯絡船이나 關麗聯絡船으로 玄海灘을 건너 下關을 경유하고 下關부터는 열차를 이용하여 일본의 각지로 보내어졌다.

조선의 각 면사무소에 모인 조선인 강제연행자는 군청에 집합되어 신체검사를 받고 군청에서 가까운 철도역으로 이송되었다. 이후에 부산과 여수를 각각 출발하여 下關을 거쳐 大阪・名古屋・東京에서 靑森와 函館을 거쳐 北海道의 각 광업소에 강제연행되었다.

北海道로의 조선인 강제연행은 보통 1주일~보름이 걸렸다. 따라서 이

---

9) 자세한 내용은 노영종의 다음의 논문 참조. 노영종, 「일제말기 북해도지역 조선인의 강제연행과 저항」, 충남대학교 국사학과 석사논문, 2000.

경로를 따라 숙박시설과 휴게시설이 있었는데, 대부분 역앞에 위치하였다. 부산에는 김천·승령·경산·동아·금성·강원·동양·상순·김해 등의 여관이 있어 이곳에서 숙박하였고, 여수에서는 태양·완산·홍아·금강·제남 등의 여관에서 숙박하였다. 일본 지역에도 휴게시설과 숙박시설이 있었다. 下關에서는 竹崎町역에서 약 300m 떨어진 山口縣 社會課 靑年會館을 이용하였고, 大阪에서는 驛 서쪽의 神戶寄를 이용하였다. 그리고, 名古屋에서는 中央線 關西線 待合廣場, 東京에서는 下谷區 入谷町에 있는 석탄·광산·철강·토목 공업통제회 지정 휴게소에서 휴식하였다. 靑森의 경우 역앞에 있는 秋田屋여관에서 숙박하였고, 函館에서는 丸北 北海屋여관에서 숙박하였다.

일본에 간 강계중은 조선인들에게 가해지는 학대를 적극적으로 극복해 갔다. 그는 八雲의 비행장 건설현장을 탈출하여, 광산에 취업해 노동자로서의 삶을 계속 했다. 그러다가 남방지역의 징용에 선발되어 새로운 현장을 가야만 했다. 그러나 강계중은 징용의 과정에서 탈출했다. 이후 北海道에서 노동하며, 본격적인 노동자의 길을 갔던 것이다.

이상과 같이 강계중은 징용에 적극적으로 대항했다. 나아가 경제력을 갖고 삶의 터전을 준비하는 모습을 보이기도 했다.

## 2. 해방과 귀국사업

강계중이 8·15 해방을 맞이한 곳은 北海道 旭川의 添牛內였다. 어둡고 서러웠던 굴레를 벗어나 해방된 민족으로서 조국의 독립을 맞이할 마음의 여유를 가질 겨를도 없이 벅찬 감격과 기쁨이 밀어닥칠 뿐이었다.

해방과 함께 우리 동포들에게는 여러 가지 문제가 발생했다. 그 가운데 가장 우선적인 것이 고국으로 돌아가는 일이었다. 이들의 귀국을 알선해야 할 일본 당국은 패전의 쓰라림에서 해야할 일을 제대로 하지 못했다. 정확히 표현하자면 하지 않았다고 하겠다.[10]

강계중은 조선인 노동자의 귀국 알선을 해야 했고 주변에서 일어나는

많은 문제를 해결해야 했다. 그래서 그는 귀국선을 타기보다는 일본에
있는 우리 동포들을 위해 도움이 될 사업들을 하기로 했다.11)

우선 그는 인간 생지옥인 다꼬베야에 묶여있던 동포들의 실태를 조사
했다. 아직도 해방의 소식도 모르고 그대로 묶여있는 동포들도 많았다.
먼저 이들을 해방시켰다. 다음으로 그는 젊은이들과 함께 函館 항구에
서 동포들이 무사히 귀국할 수 있도록 주선했던 것이다.

## 3. 函館의 생존투쟁

해방과 함께 일본 내에서는 수많은 조선인 조직들이 생겨났다.12) 중
요한 조직들을 보면, 1945년 8월 「재류조선인 대책위원회」가 조직되었
고 같은달 23일에는 「재일조선동포 귀국지도위원회」가 결성되었다. 그
리고 板橋에서는 「재일조선인 대책위원회」가, 神田에 있는 YMCA 안에
「재일조선인연맹」이 결성되었다.13) 이밖에도 크고 작은 조직들이 300여
개 탄생되었다.14)

이러한 가운데 1945년 10월 4일 맥아더사령부는 치안유지법, 보안법
을 비롯하여 특별고등경찰을 폐지한다는 포고령을 내리고 정치범 석방
에 관한 각서를 발표했다. 당시 일본 내각은 이에 대해서 반발했으나 패
전국 일본에 있어서 절대적 권한을 가진 것은 맥아더였고 맥아더 사령
부의 포고령이었다.15)

---

10) 해방 후 본국 귀환은 다음의 책을 참조. 최영호, 『재일한국인과 조국광
    복』, 글모인, 1995.
11) 정희선, 『湖山姜桂重』, 121쪽.
12) 해방 후 재일 조선인 운동의 내용은 다음의 책을 참조. 朴慶植, 『解放後
    在日朝鮮人運動史』, 三一書房, 1989.
13) 전준, 『조총련연구』 (1), 고대아세아문제연구소, 1973, 483쪽.
14) 진희관, 「조총련 연구」, 동국대학교 대학원 정외과 박사학위논문, 1998, 33
    쪽.
15) 주일 미군의 재일 조선인 정책은 다음의 책을 참조. 金太基, 『前後日本政

조국을 그리며 자유를 갈망하던 수많은 재일조선인들이 우후죽순처
럼 간판을 걸고 나선 각종 단체들을 따라 우왕 좌왕하던 때에 강계중은
재일조선인의 복지향상을 위해서 대동단결하여 조선인연맹을 결성하자
는 격문을 받고, 旭川을 중심으로 한 조선인연맹 北海道지부 결성을 위
해 발벗고 나섰다.

그런가 하면 函館역 구내에서 장사를 하고 있던 재일조선인 청년들이
장사를 제대로 못하고 있다는 소식이 강계중에게 전해졌다. 그는 函館
로 가서 직접 도와주기로 하는데, 그 내용은 다음과 같다.16)

"그가 여관에 묵자 장사를 하는 한국인 청년 여러 명이 찾아 와서 아사
히가와에서처럼 장사를 할 수 있도록 해달라고 애원을 했다. 그래서 그는
조선인연맹 하꼬다데지부를 찾아가 그곳의 특별 보안대장인 미야모또에게
어떻게 된 일이냐고 물었고 미야모또는 잘 알았다고 대답하면서 지부장인
누마다에게 그를 소개해 주었다. 누마다도 모든 문제를 책임지고 노력하겠
다고 말했다. 이말을 듣고 안심을 한 그는 지부를 나와 다이몬도오리의 히
노데호텔에 숙소를 정하고, 동태를 살피고 있을 때 문제가 발생했다.

마침 그는 몇몇 청년들과 함께 호텔에서 숙박중이었는데 3일만에 또 젊
은 동포들이 찾아 와 이제는 장사할 자본도 없고 경찰에 물품을 모조리 압
수당하여 살 길이 막연하다고 호소했다. 이 말을 듣고 그는 하라다 하세까
와 아라이 무라이 등 그가 데리고 있던 젊은이들을 불러 다시 계획을 세우
기로 의논했다.

한편 그날로부터 이 고장에서 장사하는 젊은 동포 3명에게 암시장에 가
서 장사를 계속하도록 8백 엔을 주었다. 그는 3명에게 그것으로 주먹밥, 양
말, 엿 등을 가지고 장사하도록 하고 만약 경찰이 와서 몰수해 가고 마무
말 말고 그대로 돌아오도록 시켰다.

그러나 그날 오후 1시경 젊은 동포들은 모조리 몰수당하고 돌아왔다. 다
시 이튿날 6백엔을 주어서 같은 장소에서 똑같은 장사를 하도록 했는데 역
시 몰수를 당하고 돌아왔다. 그러자 이번에 강계중은 고인식을 비롯한 동
포들에게 지시를 내렸다. 그는 동포청년들을 2백명만 소집하고 트럭 2대를
암시장 뒤의 빈터에서 다음날 오후 3시까지 대기시키도록 했다. 그리고 트
럭 한 대에 1백명씩 타고 있다가 시장에서 연락이 있으면 그 가운데 한 대

治と在日朝鮮人問題』, 勁草書房, 1997.
16) 정희선, 『湖山姜桂重』, 130~133쪽.

는 하꼬다데역전으로 가서 역전파출소를 습격하도록 했다. 아울러 그곳에 주재하고 있는 미군헌병에게 고인식이 우리 동포들의 실정을 알리도록 했던 것이다.

고인식은 계획대로 미군 헌병에게 우리들이 들고 일어나게 된 원인을 상세히 설명을 했다. 그러자 그들은 우리 청년들이 일본경찰관의 멱살을 쥐고 두들겨주는데도 미군헌병은 고인식에게 사정을 들어서 아는지라 「코리언 오케이」라고 했다.

이것을 본 우리 동포들이 너나 없이 경찰들을 두들겨 패기 시작했다. 동포를 군중들은 이제껏 멸시만 받아오던 울화가 일시에 폭발했다. 마침내 그들은 폭동을 일으켰다. 그리하여 일본인 경찰이 양다리를 찢어서 두명이나 죽었다. 이 소식을 들은 일본인 경찰을 소방서원까지 동원하여 대대적으로 몰려와 역전광장은 수라장이 되었다. 일본 경찰은 소방서원도 모자라서 청년단까지 동원하였다. 이때 미군헌병이 공포 3발을 쏘았다. 그래도 군중들은 꿈쩍도 하지 않았다. 그러자 이번에는 사람에게 쏘았다. 일본인 경관이 총에 맞고 쓰러졌다. 그때야 비로소 군중들이 흩어지기 시작했다. 그런데 이 폭동에서 우리 청년들은 한명도 상처를 입지 않았다. 그리고 모두들 잘 피신을 했다.

이틀 후에 상황을 확인한 강계중은 우리 동포가 체포된 것을 알고 모두 석방시켰다. 이렇게 해서 函館사건은 마무리지어졌다.”

## 4. 재일조선인연맹에서의 탈퇴

函館사건이 마무리된 후 그는 다시 旭川로 돌아갔다. 강계중은 재일조선인연맹 특별보안대장일에 충실하려 했으나 정치적 입장의 차이로 내부에서 문제가 발생하게 되었다. 마침내 그는 1945년 12월 재일조선인연맹을 정식으로 탈퇴해 버렸다. 문제는 그가 탈퇴를 하자 旭川지부도 그만 해산이 되어버린 것이다.

1945년 10월 15일 전국 준비위원 대표 5천여명이 모인 가운데 정식으로 재일조선인연맹이 결성되었다. 결성 중앙준비위원장 조득성을 임시의장, 부위원장 권혁주의 경과 보고, 부위원장 김정홍의 동의로 조직의 결성을 만장일치로 선언하고 선언과 강령을 초안대로 채택하였다.

당시 채택된 강령 초안을 보면 다음과 같다[17)

1) 우리는 신조선건설에 헌신적 노력을 기함
2) 우리는 세계평화의 항구유지를 기함
3) 우리는 재류동포의 생활안정을 기함
4) 우리는 귀국동포의 편의와 질서를 기함
5) 우리는 일본국민과의 호양우의를 기함
6) 우리는 목적달성을 위해 대동단결을 기함

이 조직의 9월 10일경의 중앙준비위원회 명단을 보면, 위원장 조득성, 부위원장 권혁주, 김정홍이었고, 김여환(서무부장), 강경옥(지방부장), 권혁주(외무부장), 이능상(정보부장), 김정홍(재정부장), 김광남(후생부장), 남호영(문화부장) 등이었다.[18) 성격은 1) 동포의 귀국문제, 2) 생활상담, 3) 조선어학습 등을 민생의 주된 문제로 생각했다.[19)

재일조선인연맹은 1946년 3월 1일 새롭게 조직을 제2회 전국대회에서 중앙조직을 개편했다. 위원장 윤근, 부위원장 김정홍, 김민화, 총무부 한덕수 등이었다. 이후 조직 내부에서는 불만이 생긴다. 당시 제2회 대회에서 제명을 받은 김재화는 '재일동포를 공산주의에서 구하자'라는 성명을 3월 7일 발표하고, 전면적인 중앙에 대한 반박을 가했다. 이때 강계중과 김재화, 변영우, 오우영, 서상한 등이 재일조선인연맹을 탈퇴하고, 민단쪽으로 갔다. 이후에도 재일조선인연맹 내에서는 노선을 둘러쌓고 내분이 계속이었다.[20)

그는 탈퇴함과 동시에 1주일 동안 大阪로 가기 위해 준비를 했다. 이때 그를 따르던 1백 23명의 동포들이 그를 따라 大阪로 가겠다고 나섬

---

17) 坪井豊吉, 『在日朝鮮人運動の概況』, 80쪽.
18) 坪井豊吉, 『在日朝鮮人運動の概況』, 79~80쪽.
19) 전준, 『조총련연구』, 고대아세아문제연구소, 1972, 483쪽.
20) 한편 1949년 시기에 이른바 재일조선인연맹과 민단의 작풍이 전면 대립적
이지만은 않았다고도 한다. 카지무라 히데키 지음, 김인덕 옮김, 『재일조선
인운동 - 1945~1965 - 』, 현음사, 1994, 69쪽.

으로 인해 旭川지부는 자연히 해산하지 않을 수 없게 되었다. 그는 1백 23명의 젊은이들을 먼저 大阪로 가게 하고 1차로 東京에 들렀다. 1945년 12월말 上野역에서 내린 그는 조선인건국촉진청년동맹 고문으로 있던 박열을 찾아 갔다. 이 때 새롭게 조직사업을 하고 있던 박열로부터 건설 동맹 조직 준비를 위해 大阪가 중요하니 곧바로 내려가라는 지시를 받는다. 여기에 고무된 강계중은 1945년 12월 28일 大阪로 갔던 것이다.

# Ⅳ. 大阪의 조직운동가 강계중

## 1. 국제노동동맹에서

전술했던 것처럼 일본의 패전과 함께 일본의 우리 동포들은 귀국에 가장 큰 관심을 가졌다. 그러나 문제는 이 사업의 주체가 되어야 할 조선인연맹과 미군의 움직임에 한계가 있었다는 점이다.

이 광경을 목격한 강계중은 그대로 보고만 있을 수가 없었다. 그는 재일조선인연맹이 동포들을 구제하는 것이 아니라 오히려 죽게 하는 것이라고 판단을 했다.[21]

그는 조선인보호협회를 국제노동동맹으로 통합시켜 본격적으로 영주 귀국을 하는 동포들에게 귀국알선의 뒷바라지를 하려고 결심을 했다. 국제노동동맹의 결성준비위원회에는 강계중을 비롯 김성수, 김열, 신영숙, 고응권, 곽형수, 고인식, 정과구, 김수용 등이 참석하였다. 이들은 우리 동포들을 구하는 길은 조선인보호협회를 발전적으로 해산하고 국제노동동맹을 결성해야 한다는 의견의 일치를 보았다. 그날로부터 결성준비는 추진되었다.

국제노동동맹은 일정하게 귀국알선 사업을 주도했다. 미군측의 승낙

---

21) 정희선, 『湖山姜桂重』, 141쪽 참조.

을 받고 국제노동동맹은 영주귀국하는 동포들의 귀국알선사업을 맡았고 大阪역 구내에 있는 현 파출소에다 사무실을 마련했다. 그리고 국제노동동맹은 곽형수를 중심으로 건설대라는 명칭을 내걸고 알선임무를 시작했다.

## 2. 신조선건설동맹에서

한편 재일조선인연맹 결성대회에서 축출된 사람들은 1945년 11월 16일 조선건국촉진청년동맹을 결성했다. 그 주요 구성은 중앙집행위원장 김용태, 서무부 서종실, 이재동, 정보부 김상호, 이원우, 선전부 허운용, 문화부 박원순, 김옥환, 배기태 등이었다.[22]

秋田형무소에서 나온 박열과 일군의 재일 조선인들은 조선건국촉진청년동맹의 활동에 회의를 느끼고, 1946년 1월 20일 신조선건설동맹을 결성했다. 이 조직은 신탁통치를 반대하며, 민족의 자주와 재일 동포의 현실적 문제를 운동방침에 내걸고 출범했다. 그리고 다음과 같은 강령을 채택했다.[23]

1. 우리는 진정한 민주주의적 건국의식을 함양하자.
1. 우리는 세계대세와 호응하여 사해동포, 세계협동을 기약하자.
1. 우리는 민족의 자주성을 무시하는 신탁통치를 반대하자.
1. 우리는 근로대중의 전정한 동지가 되자.
1. 우리는 재일동포의 현실적 제문제를 민첩하게 해결하자.
1. 우리는 성실한 각분야의 운동을 지원하자.
1. 우리는 조국건설의 대강과 그 구체안을 하루 속히 완성하자.

임원은 위원장 박열이고, 이강훈, 김광남, 박노정, 정태성, 이옥동, 정조화, 전두주, 최팔, 권일, 조칠, 이호근 박준 등이었다.[24] 이 조직은 이

---

22) 坪井豊吉, 『在日朝鮮人運動의 槪況』, 259~260쪽.
23) 정희선, 『湖山姜桂重』, 161쪽.

후 기존의 재일조선인연맹, 조선건국촉진청년동맹과 대립구도를 형성하
는데, 1946년 삼일절 기념행사부터는 따로 행사를 거행했다.[25]

　이 조직을 주도한 박열은 이강훈, 전두수 등을 大阪로 보내서 김성수
와 강계중을 설득하기 시작하였다. 3월 중순 이들은 박열의 편지를 가지
고 와서 신조선건설동맹의 결성취지를 설명했다. 민족진영의 대동단결
을 호소하는 박열의 의도에 대해 강계중은 찬동했다. 마침내 국제노동
동맹을 발전적으로 해산하고 신조선건설동맹의 지방본부로서 丸山 공
원에서 결성을 준비했다.

　1946년 7월 10일에는 大阪 中之島公會堂에서 신조선건설동맹 서일본
총본부 결성대회가 열렸다. 이때 강계중은 박열의 계획에 아낌없는 찬
동과 협력을 했으며 강력한 조직활동을 통해 동포들과 일할 수만 있다
면 그것으로 만족한다고 했다.

　강계중의 위상과 능력을 믿는 것은 박열 위원장만이 아니었다. 김정
수, 이강훈, 이옥동 등 참모들이 모두 믿고 있었다. 강계중은 이들이 믿
고 있는 이상으로 힘을 기울였다.

　결성대회 준비위원장인 김성수의 개회사로 대회는 시작되었다. 이날
예정대로 위원장에는 이강훈, 부위원장에는 김성수가 선출되었다. 7월 1
일 국제노동동맹 본부 사무실에 새로이 신조선건설동맹 서일본총본부
간판을 달고 정식으로 일을 시작했다.

## 3. 민단[26]의 지도자 강계중

　1945년 8월 15일 일본의 패전 이후 조직된 재일 조선인 여러 조직 가
운데, 조선건국촉진청년동맹과 신조선건설동맹은 조직원의 중복이 많고

---

24) 坪井豊吉, 『在日朝鮮人運動の槪況』, 246~248쪽.
25) 전준, 『조총련연구』, 고대아세아문제연구소, 1972, 486쪽.
26) 민단에 대한 통사는 다음의 책을 참조. 『民團五十年史』, 在日本大韓民國
　　民團, 1997.

색깔이 유사했다. 그리고 조선 내의 정치적 정황이 바뀌면서 새로운 재일 조선인 조직을 요구하게 되었다. 1946년 10월 3일 재일조선거류민단이 발족하게 되었다. 대회는 당일인 10월 3일 열려 김용태의 개회선언, 고순흠의 경과보고가 있었고, 대회선언, 강령, 규약, 임원선출, 운동 방침 등으로 끝났다. 결성 선언은 동포의 민생안정과 문화향상, 국제친선을 도모하였다. 주요 임원은 다음과 같다. 중앙총본부 단장 박열, 부단장 이강훈, 사무총장 원심창, 내무부장 김종재, 재정부장 현희, 섭외부장 김정주, 문교부장 정철, 사회부장 배정, 지방부장 김재화, 중앙총본부의장 고순흠, 중앙총본부부의장 홍현기, 원심창이었다.27) 이후 이 조직은 1948년 10월 4·5일 열린 민단 제5회 전체 대회를 통해 대한민국거류민단으로 정식 개칭되었다.28)

일찌기 大阪에서는 식민지시대 재일조선인 운동이 그 어느 지역보다 활발했던 곳이었다.29)

재일조선인들은 일자리를 찾아 일본 각지에 흩어져 살았는데, 그들 가운데 다수의 조선인은 일본내에서 가장 많은 일터를 제공하는 大阪에 대규모 집단거주지를 형성하였다. 1910년대에 이어 1920년대에도 大阪 거주 조선인수는 증가하여 大阪은 1925년에 이르러 최대 조선인 거주지역이 된다. 특히 近畿지역에 속하는 大阪·兵庫·京都의 조선인 집중도는 이 지역이 갖는 일본내 경제적 위치와 밀접한 관련을 보인다.

大阪은 近畿지역 중에서도 최대의 공업 중심지이다. 일본의 자본주의가 확립기에 들어선 1909년『工場統計表』에 의하면 전 공업에서 大阪·東京·兵庫 등 3지역이 차지하는 비중은 42.3%에 달하는데, 이 세지역 가운데에서도 전체공업, 특별공업, 염직공업 모든 분야에서 1위는 大阪이 점하고 있다. 직공수에서도 전국 1위는 단연 大阪이다. 1896년부터 1919

27) 민단중앙본부,『민단20년사』, 1967, 25~26쪽.
28) 전준,『조총련연구』, 고대아세아문제연구소, 1972, 490쪽.
29) 大阪지역의 상황은 다음의 논문을 참조. 정혜경,「일제하 在日한국인 민족운동의 연구: 大阪지방을 중심으로」, 한국정신문화연구원 한국학대학원 박사학위논문, 1999.

년간 農商務 통계에 의하면 大阪은 줄곧 일본 전지역 가운데에서 최다 직공수를 보유한 지역이다. 이러한 大阪의 경제적 위치는 1920년대에도 변하지 않아 1925년 상공성의 공장통계는 직공 5인 이상 사용공장수의 전국 분포에서 최대의 공장 및 노동자를 보유하고 있는 지역으로, 大阪·東京·神奈川·兵庫의 순을 꼽는다.

大阪이 차지하는 위치로 인해 大阪거주 조선인은 해마다 증가 추세에 있었다. 도일자의 숫자로 보더라도, 1928년의 경우 도일 조선인이 153,708명인데 이 가운데 大阪으로 향한 조선인은 23,332명으로 15.17%를 차지하였다.

1910년부터 1938년 사이 大阪거주 조선인의 거주와 취업상황을 살펴보면, 大阪의 조선인들은 일본 경제가 1차 세계대전의 영향을 받는 1916년부터 증가하기 시작하여 1917년에 격증하였다. 이러한 추세는 일본이 물가폭등과 경제침체를 맞게 되는 1921년에 도리어 전체 조선인수의 11.9%에 이르렀고, 1923년과 1925년의 공황기에도 17.35%와 14.9%로 전년도에 비해 증가현상을 보였다. 1922년 大阪－제주도간 직항로가 개설되고, 1923년 關東대지진 직후 조선인의 학살을 피해 다수의 사람이 大阪으로 이주한 사건과 1925년 국내에서 일어난 대수해도 大阪거주 조선인수를 증가시키는데 일익을 담당했다. 본격적인 경제공황기인 1928년에는 더욱 조선인수가 증가하여 이후 10년간 大阪 거주 조선인수는 평균 25.3%를 유지하게 된다.[30]

특히 일반 재일조선인 대중들의 관심이 다른 지역보다 높아 조직율이 월등했던 일본지역 조선인 운동의 메카였다. 해방이 된 이후에도 역사적 전통은 그대로 이어져 이론보다는 실천을 중요하게 여기는 현실적인 투쟁이 강한 지역이 되었다. 여기에서 강계중은 지역의 지도자로 활동한다.

1961년 大阪 민단 감찰위원장, 1963년 16대 大阪 민단 단장으로 활동

30) 정혜경, 「일제하 在日한국인 민족운동의 연구: 大阪지방을 중심으로」, 한국정신문화연구원 한국학대학원 박사학위논문, 1999 참조.

하여, 大阪의 재일 조선인들의 권익을 위해 적극적인 활동을 전개했다. 특히 파벌간의 알력을 제대로 추스리지 못한 강택우 단장의 뒤를 이어 강계중은 1963년 10월 26일 제32회 임시대회를 통해 제16대 大阪 본부 단장으로 선임되었던 것이다.

단장에 선임된 강계중은 해야 할 일이 너무 많았다. 주요한 사업을 들면, 먼저 재일 조선인들이 한 자리에 모여 일을 할 수 있는 회관의 건설이었다. 둘째 청소년 지도사업이었고, 셋째 본명(한국명) 문패달기 운동과 한 가정 한 통장 갖기 신용조합 육성이었다. 그리고 경제인들의 모임인 한국인 상공회를 강화해서 재일조선인의 지위향상과 생활개선의 모체가 되도록 하는 일이었다. 이와 함께 중요한 일이 파벌의식과 지방색을 타파하는 것이었다.

1965년 1월 27일 거류민단 大阪본부 제33회 정기대회에서 강계중은 제17대 大阪 본부단장으로 재선되었고, 이후에도 22·23·24대를 맡는다.

재신임을 얻은 강계중은 제17대 거류민단 大阪본부 단장으로서 앞으로 2년 동안의 단무를 집행하게 된 것이다. 강계중은 인사말을 통해 이렇게 말했다.[31]

> "내가 있고 민단이 있는 것이 아니라 민단이 있고 내가 있는 것이다. 그러므로 민단은 우리 재일 조선인의 삶의 터전이며 또한 모체인 것이다. 민단의 육성 강화 없이 재일동포 각자의 번영은 기대할 수 없다."

위의 내용은 조직가로서의 모습을 보여주는 일면으로 강계중이 조직생활을 마칠 때까지 지켰던 신념이었다.

한편 大阪민단의 4선 단장으로 선출된 강계중은 東京로 올라가 중앙본부 고문단, 중앙본부 집행부와 각각 협의를 한 이후 1972년 5월 12일 취임후 처음으로 大阪 민단본부 산하의 각 지부의 합동회의를 소집했다.

이 자리에서 강계중은 본부내에 청년부를 설치하였다. 이에 따라 각

---

31) 정희선, 『湖山姜桂重』, 260쪽.

지부는 청년회를 조직하고 선량한 청년을 지도 육성하도록 지시했다. 특히 각 지부가 청년회를 조직하는데, 애로나 방해가 있을 경우 본부에 연락하도록 하면서 일체 본부가 책임을 지기로 하고 전면적으로 협력할 것을 당부했다. 이 청년부 신설의 문제는 강계중이 중앙본부의 정상화를 위한 실천 계획안의 주요 방침이었다. 일부에서는 이 지시에 대하여 반대를 하였으나 집행부 권한에 입각한 양해조치로서 처리가 되었다.

# V. 강계중의 나라사랑[32]

## 1. 일본에서

### 1) 반공순국단의 결성

1961년 7월 9일 오후 1시 大阪에서 반공순국단이 결성되었다. 이날 강계중은 만장일치로 반공순국단 단장에 선출되었다. 단장으로 선출된 그는 반공순국단의 전망을 다음과 같이 제시했다.

> 조국과 민단의 수호임을 전제하고 나라와 민족을 위해서는 자기의 목숨을 초개같이 버려도 후회없다는 각오로 전단원이 일치 단결해서 소기의 목적을 달성하도록 하자.[33]

반공순국단이 창단된 후 많은 어려운 문제를 해결할 수 있었던 것은 바로 강계중의 미래를 향한 판단력이었다고 해도 과언은 아니라고 한다. 이 조직은 반공의 선봉이었다.[34]

---

32) 별도의 주가 없으면 정희선 앞의 책을 참조.
33) 정희선, 『湖山姜桂重』, 236쪽.
34) 다음과 같은 내용을 내걸었다. 1. 우리는 반공 방첩에 선봉자가 된다. 1. 우리는 반공 정신으로 무장한다. 1. 우리는 반공통일전선에 공헌한다. 1. 우리는 대한민국 건설에 초석이 된다. 1. 우리는 동지 총의에 절대 따른다

## 2) 민단 조직 정비사업

1972년 7월 25일 大阪 그랜드호텔에서 민단 전국 지구협의회 사무국장 회의가 개최되었다. 이 회의가 大阪에서 열린 것은 이유가 있었다. 각 지구의 사무국장들이 강계중에게 중앙본부 단장을 맡아 달라고 하기 위해서였다.

각 지구 사무국장들은 강력히 권했으나 강계중은 大阪 민단이 더 중요하므로 중앙본부로 갈 수가 없다고 끝까지 거절하였다. 회의 석상에서 중앙임시 대회에 대한 대책이 서지를 못하고 그만 회의를 7월 28일로 속개하기로 하고 폐회를 했다. 28일 속개될 전국 지구 사무국장회의에는 11개 지방본부 단장을 더 참가시키기로 하고 大阪본부가 책임지고 소집하기로 한 것이다.

1972년 7월 28일 大阪의 신한규호텔에서 전국 지구협의회 사무국장을 비롯한 지방 본부인 大阪, 名古屋, 北海道 등지의 단장들이 추가로 참석하였다. 이날의 의제는 중앙본부 임시 대회를 8월 8일에 열기로 결정했다. 東京지역에서 3명이 중앙본부 단장에 출마하여 전국적으로 선거운동을 벌이고 있는데도 불구하고 이 회의에 참석한 대표들이 한결같이 강계중에게 중앙본부 단장을 맡아달라고 계속 권유했다. 끝까지 동의를 하지 않는 강계중에게 선거 없이 무투표로 당선시킬 것이라면서 무조건 승낙해 달라고 권고했다.

그러나 강계중은 끝까지 거절을 했다. 이러한 실랑이가 무려 2시간이나 계속되었다. 강계중은 별 수 없이 대안으로 자기를 대신해 인물을 추천하겠다고 말한 다음 김정주를 추천했다. 임시대회에서는 선거없이 세 기관장을 모두 단일 후보로 밀고자 제의했다. 여기에 참석자들은 찬성했다. 강계중은 현재 3명이 단장 출마를 하고 있는데 협의하여 좋은 방향으로 조치하겠다고 했다.

이렇게 해서 일단 단장을 비롯한 3기관장의 후보를 내정하고 중앙임

---

(정희선, 『湖山姜桂重』, 235쪽).

시 대회 때에도 역시 각 지방본부에서 책임을 지고 경비를 맡기로 하였다. 그래서 大阪에서 2백 명, 이밖에 전국 각 지방본부에서 3백 명, 총 5백 명으로 경비를 맡기기로 하고, 이날 회의를 끝냈다.

한편 1972년 8월 8일 민단 중앙본부 제 35회 임시대회가 東京에서 개최되었다. 大阪민단에서는 경비원 1백 70명을 동원하여 東京에 갔다. 임시대회 장소에는 다른 지방본부에서는 거의 동원이 되지 못하였다. 강계중은 大阪에서 동원한 청년들만으로 경비를 맡게 했다.

회의는 다음과 같이 진행되었다. 먼저 중앙본부 진행부의 보고를 승인하고 청년국의 신설에 따른 규약 개정이 논의되었다. 중앙본부 총무국장 이성남의 사회로 진행된 대회는 대의원 2백 89명이 출석하여 과반수 참석으로 대회가 성립이 되었다.

의제심의로 들어가 집행부의 보고를 승인하고 규약 개정 때는 사무총장 박성진이 취지를 설명했다. 그리고 산하단체의 항목 제26조 및 상임부서를 6국에서 7국으로 증설하고, 청년학생 담당국인 청년국을 설치할 것을 요구했다.

이에 앞서 近畿지구 협의회의 건의사항인 청년지도 전문위원회에 대해서는 京都 대의원인 유석준이 반대를 했다. 유석준은 청년국의 신설은 단체의 육성을 게을리 한 중앙본부의 책임이므로 규약을 개정할 필요가 없다고 했다.

이에 대하여 강계중은 격렬히 반대하고 규약개정을 적극 피력했다. 이날 대회의 의장인 장총명은 이 문제는 중앙위원회에서 논의된 것으로 질의 응답을 일단 종결하자고 했다. 청년국의 설치문제는 새로운 규약위원회에 일임할 것을 제안하여 만장일치로 가결되었다.

한편 오후에 대회가 속계되자 간부들의 총사직이 있었고, 3기 단장의 개선이 시작되었다. 전국 지구협의회 사무국장과 11縣 지방본부 단장회의에서 단일후보로 밀고 내정했음에도 불구하고 이날 단장 후보에는 세 사람이나 출마했다. 우여곡절 끝에 총투표 4백 11표 중 김정주 2백 86표, 최학부 1백 23표, 무효 2표로 김정주가 가반수를 획득하여 위원장에 선

출되었다. 결국 강계중이 추천한 김정주가 중앙본부 제35회 임시대회에
서 단장으로 선출되었다.

### 3) 조선이름 쓰기운동35)

1972년 민단 대판 본부의 단장을 네 번째 한 강계중은 민단 大阪 본부
문교부를 통하여 다음과 같은 사업을 전개했다. 즉 재일조선인 자제들
에게 올바른 민족 주체성을 심어주기 위하여 1973년도 신학기부터 大阪
시내의 각급 학교에 재학중인 동포의 자제들에게 조선이름을 사용할 것
을 계몽하고 요청했다.

당시 재일 외국인들이 취직을 하려고 하면 외국인이라는 사실이 밝혀
지면 현실적으로 곤란함이 많았다. 또한 학교에서도 친구들로부터 조선
인·한국인이라고 불리워지는 사이에 자기도 모르게 열등의식에 사로
잡히게 된다.

강계중은 어릴 때부터 조선이름을 사용한다면 민족적인 자각이 높아
져, 본인에게도 플러스가 되는 면이 많을 것이라고 생각했다.36)

이러한 실정을 감안하여 그는 새학기부터 조선이름 사용을 요청했다.
그리고 大阪市의 학교장회의에서도 같은 내용을 요구했다. 취학연령에
달한 아이들이 조선이름을 사용한다면 스스로 민족적인 자각도 생겨날
것이며, 이와 더불어 교육적인 자각을 통해 모국의 역사, 문화 등에 대
한 관심과 이를 흡수하려는 의욕이 강해질 것은 당연했다.

나아가 민단 大阪 본부가 주체가 되어 일본 전국의 민단에 이 취지를
전달하고 함께 운동을 벌이도록 했다. 이 운동으로 재일 조선인들의 민
족적 자각이 향상되고, 올바른 민족성을 회복하게 된 것은 부정할 수 없
는 사실이다. 반면에 현실 속의 부담도 없지는 않았을 것이다.37)

---

35) 일본에서는 '조선이름' 대신 '본성명'이라고 표현하고 있다.
36) 정희선, 『湖山姜桂重』, 342쪽.
37) 최근 젊은 재일 조선인의 아이덴터티는 다음의 글을 참조. 福岡安則, 『在
    日韓國·朝鮮人』(中公新書 1164), 中央公論社, 1997.

## 4) 입시거부 항의운동

1974년 1월 재일 조선인의 여고생이 입시수험을 거부당한 사건이 발생했다. 한·일조약의 기본 협정에 입각하여 영주권을 얻고 있는 재일조선인의 자제인 김수자가 大阪사립여자단기대학으로부터 '재일 한국인'이라는 이유로 해서 입시 수험이 거부당한 사건이 발생했다. 요즈음과는 상당히 차이가 있는 상황으로 강계중은 大阪 한국교육문화센터 임정운을 비롯 민단 大阪 본부의 김정환 문교부장, 송정모 선전부장, 홍성인 청년부장 등을 문제를 야기한 대학으로 보내 국적의 차별은 한·일협정에 의한 영주권을 무시한 처사라고 강력히 항의했다. 강계중이 보낸 항의대표들은 학교 당국과 나아가 일본 정부에도 강력히 항의했다.

## 5) 한국어 교본 발행사업

일본에서 태어나고 일본에서 자라난 재일 조선인 후손에 대한 민족교육 문제는 재일조선인 사회에 있어서 가장 큰 문제의 하나이다.[38)]

재일조선인 2세, 3세는 일본정부의 정책적인 동화정책에 영향을 받아, 점차 자기 자신이 '한민족'이라는 의식이 희박해져, 일본사회에 동화하려는 경향이 강해지고 있는 것이 일반적인 추세이다. 민족의 역사와 풍습, 더구나 민족의 국어를 모르는 2세 내지 3세의 재일조선인에게 민족교육을 실시한다는 것은 직접 교육을 담당하는 교육자만의 몫은 아니다.

강계중은 이 문제에 대해 경제적인 문제 이상으로 고심했다. 그래서 한국어 교본을 발행했다. 그는 한국어 교본이 필요함을 느끼고, 책자를 출판했던 것이다. 이응백의 저서로 된 한국어 교본은 일본말로 한국어를 배울 수도 있고, 일본말 없이도 한국어를 배울 수 있는 초등에서 중등과정까지의 훌륭한 교과서였다.

어려서 집안이 가난하여 학교도 다니지 못했던 강계중은 누구보다도

---

38) 小澤有作, 『在日朝鮮人敎育論』, 亞紀書房, 1988 ; 김대성, 「재일 한국인의 민족교육에 관한 연구」, 단국대대학원 박사학위논문, 1996.

교육의 참뜻을 이해하고 자라나는 새싹을 위해 선배나 지성인들이 무엇을 해야 하는가를 잘 알고 있었기에 가능하지 않았을까 생각한다.

## 2. 한국에서

### 1) 고향방문

효도는 도덕의 기본이라고 한다. 강계중의 효성은 향리에서 널리 알려져 있는데, 어려서부터 효성이 지극하였음은 아마도 그 가풍의 영향이었을 것이다.

조부모님의 별세 후로 갑자기 기울어진 집안 형편 때문에 어머님은 남의 집에 품팔러 다니게 되었다. 그 뒤를 따라 다닌 어린 강계중은 일찍부터 효심의 씨가 심어졌을 것이고, 조모님 품에서 어리광을 부리며 선조들의 무용담을 듣고 미래의 꿈을 키웠을 것이다.

수많은 어려움을 겪으며 항상 조국을 생각하던 강계중은 재일본 민단 청년 지도위원으로 한국의 정치훈련소에 훈련자 소집을 받고 1957년 8월 귀국했다. 그는 그리던 모국에 14년 만에 돌아 왔다. 당시 남쪽은 전쟁의 참화로 산야는 헐벗고 겨레는 도탄에 빠져 허덕이고 있어 새로운 설움을 복바치게 할 뿐이었다.

이후 강계중의 모국 방문은 빈번해졌다. 이것은 노모를 기쁘게 하여 드리기 위한 효심이 크게 작용했다. 강계중은 어머니의 명령이면 절대 복종하며 그 뜻을 거역하거나 싫어하는 법이 거의 없었다.

### 2) 모국 방문사업

'백문이불여일견'이라고 한다. 부모에게서나, 책에서 고국을 배워온 동포 2세, 3세에게 직접 고국의 참 모습을 보여 주는 것은 절대 필요한 일이었다. 지금은 상당히 자유스럽게 왕래가 되지만 1980년대 후반 이전가지만 해도 쉬운 일은 아니었다.

이러한 의미에서 1963년에 시작된 재일조선인 학생 모국방문은 의미가 크다고 할 수 있다. 강계중은 여러 차례의 모국방문을 통해서 윤천주 문교부장과 교섭하여 많은 학생을 모국에 보내서 모국의 발전상과 역사적 유적을 찾아 볼 수 있도록 합의했다. 이 일의 초기 추진과정에서 그는 지나치게 신경을 쓰다가 피로와 신경과민으로 죽음의 위기를 경험하게 된다. 이러한 그의 노력은 헛되지 않아 지금도 이 사업은 계속되고 있다.

### 3) 국가정책 지원활동

1943년 5월 16일 징용으로 고국을 떠난 후 강계중은 일본 北海道에 간지 14년만인 1957년 8월 13일 전술했듯이 연수를 받기 위해 귀국했다. 이후 그는 고향인 순천·승주를 여러 차례 방문하면서 고향의 발전을 위해 진력했다. 그 주요한 내력을 보면 다음과 같다.

(1) 1960년 8월 15일＝전남 순천·승주 진주강씨종친회에 전남 종자기금으로 60만원을 헌납
(2) 1961년 5월 10일＝승주군 황천면 수평리의 저주지 공사비용으로 85만원을 지원하여 4백 50여정보의 수리 안전답을 확보
(3) 1962년 8월 10일＝전남 승주군 황전국민학교의 운동장 확장공사에 10만원을 지원
(4) 1963년 2월 10일＝황전면과 월등면의 빈농가에 쌀 50가마(시가 35만원) 상당을 나누어 주다
(5) 1965년 7월 10일＝순천과 승주의 모범 청년 16명을 선발하여 일본 大阪 농업센터에 초청하여 6개월 내지 2년간을 농업기술을 연수하도록 했으며, 비용 일체를 부담
(6) 1966년 6월 10일＝한국 전역에서 모범농촌 청년 61명을 선발하여 일본 전국의 유명한 농업센터에 초청, 농업기술을 연수시켰으며 6개월에서 2년간의 비용 500백만엔 상당을 지원
(7) 1967년 7월 10일＝육군 제 1군단 보충대에 영사기 1대를 헌납(시가 40만원)
(8) 1967년 7월 15일＝내무부 방공강습소에 냉방용 에어콘 2대를 헌납

(9) 1967년 9월 10일=대한 체육회관 건립시에 전화교환대 헌납(당시 시가 2백 60만원)

(10) 1967년 10월=전남 승주군 황전면 수평리의 교량시설비용으로 4백원을 지원.

(11) 1968년 9월 10일=전남 순천경찰서 대공방위용 무전기 8대를 헌납(시가 40만원)

(12) 1968년 9월 10일=순천・승주의 각 양로원・경로당에 벽시계 20개 헌납(시가 20만원)

(13) 1968년 10월 5일=순천・승주의 모범청년 3명을 1년간 일본 大阪 농업센터에 초청하여 농업기술을 연수시키고 1백 20만 엔을 지원

(14) 1969년 10월 5일=전남 승주군 황전면과 월등면의 8백가호에 전기 시설비용을 3백 50만원을 지원

(15) 1969년 11월 2일=전남 승주군 황전면과 월등면의 경계에 위치한 원전중학교의 신축대지 및 운동장 비용으로 4백 20만원을 지원

(16) 1969년 11월 29일=승주군 황전국민학교에 금관악기 23개를 헌납(시가 90만원)

(17) 1969년 12월 5일=순천 경찰서 황전지서에 사이렌을 헌납(시가 30만원)

(18) 1969년=승주군 괴목에 전화 37대(현재 3백대)와 월등면에 역시 전화 30대(현재 1백 30대)를 가설하도록 지원

(19) 1970년 1월 5일=광일재단 장학생(대학생) 4명을 선발하여 1970년도에 1백만원의 장학금을 수여

(20) 1970년 3월 5일=승주군 송관면 송광중학교 운동장 확장 비용을 50만원을 지원

(21) 1970년 7월=재일 조선인 전남출신으로부터 염출된 비용으로 전라남도에 농약 살포용 헬리콥터를 기증하는데 모금운동에 앞장에 서서 활약. 헬리콥터 구입용 기금 4천 8백 50만원중 8백만원을 헌납

(22) 1970년 9월 13일=전라남도 경찰국의 대공경비용 헬리콥터를 기증하는데 있어서 1천만엔을 개인이 헌납

(23) 1970년 10월 7일=순천 철도국 축구팀에 20만원을 지원

(24) 1970년 10월 10일 =순천시 남국민학교에서 60주년 기념으로 기념관을 건립하는데 1백만원을 지원

(25) 1970년 10월 12일=승주군 별량중학교 운동장 확장 비용으로 50만원을 지원

(26) 1970년 10월 15일=순천 철도국 괴목역의 전기 가설과 대합실 확장공사 비용으로 50만원을 지원

(27) 1970년 12월 20일=승주군 월등초등학교의 정문확장 비용으로 20만원

을 지원

(28) 1970년 12월 22일=승주군 낙안 중학교의 운동장 구입비용으로 50만원
을 지원

(29) 1970년 12월 23일=승주군 황전면 용림국민학교의 운동장 확장기금으
로 50만원을 지원

(30) 1970년 12월 23일=재일 조선인 전남 완도출신들이 중심이 외어 완도
경찰서에 경비정을 기증. 비용 50만원을 지원

(31) 1970년 12월=승주군 황전면 외서중학교의 운동장 대지매입 비용으로
60만원을 지원

(32) 1970년 12월=승주군 쌍암면 상암중학교의 운동장 대지매입 비용으로
50만원을 지원

(33) 1971년 1월 15일=승주군 황전면의 빈농가에 쌀 30가마를 배부.(시가
20만원 상당)

(34) 1971년 1월 15일=순천시내의 가두 노동자들에게 작업복 3백벌을 기증
(시가 90만원)

(35) 1971년 3월=대한 체육회에 역도기구 이습을 기증(시가 95만원)

(36) 1972년=승주군 황전면 수평리의 대교 가설비용으로 1백만원 지원

(37) 1972년 3월 3일=경향신문 도서실에 벽시계 기증

(38) 1972년 3월=경찰기동대에 재일 조선인들이 오토바이 1천 1백대를 기
증하는데 1백대를 지원

(39) 1972년 4월 23일=승주군 새마을 사업으로 2백만원을 헌납

(40) 1972년 5월=승주군 월등면의 제2차 전화가설 비용으로 1백만원을 지원

(41) 1972년 5월=순천 여자고등학교에 피아노 1대를 기증(시가 1백만원 상당)

(42) 1972년 8월 24일=전남 해남 수재민 의연금으로 10만원을 전남지사에
게 기탁

(43) 1972년 9얼 29일=재일 거류민단 大阪 본부 산하 33개 지부로부터 모
국에 보내는 수재의연금 7백만엔을 주일 大阪 총영사를 통해 기탁

(44) 1972년 8월 28일=동아일보사에서 모금하는 수재의연금으로 10만원을
기탁

(45) 1972년 10월=순천 재건기술중학교 교재보조금으로 50만원을 지원

(46) 1972년 10월=순천 공업고등학교에 자동전화기 24대를 기증(시가 70만원)

(47) 1972년 11월 22일=순천 농업기술학교 신축비용으로 50만원을 지원

(48) 1972년 12월=새마을 자연부락에 라디오 4백 58대를 헌납(시가 2백만원)

(49) 1972년 12월=순천시의 근로자들에게 작업복 3백벌을 기증(시가 90만원)

(50) 1973년 1월 4일=순천시 근로자들에게 작업복 3백벌을 기증

(51) 1973년 1월 4일=승주군에 라디오 4백대를 기증

(52) 1973년 7우러 18일=순천여자상업고등학교의 신축용 대지를 기증
(53) 1974년 9월 4일=전남 영산강유역 수재민 구제 의연금으로 50만원을
    헌납
(54) 1975년 8월=승주군 황정면 신춘부락 소류지공사 비용으로 50만원을
    지원
(55) 1975년 11월=승주군 월등면에 전기 가설비용으로 1백 10만원을 지원
(56) 1976년 2월=승주군 황전면과 월등면의 전기 가설 비용을 8백만원을
    지원
(57) 1976년 6월=구리 화엄사의 범종 주조비용으로 1백 10만원을 지원
(58) 1976년 9월=승주군 체육대회 비용으로 1백만원을 찬조
(59) 1977년 12월=순천시 승주군·구례군등의 근로자들에게 작업복 5백벌
    을 기증
(60) 1978년 4월=순천여자상업고등학교에 장학금 2백만원을 기탁
(61) 1978년 7월=구례출신 故 양용근목사와 故 이선용목사의 추모비 걸립
    비용으로 1백원을 헌납

# Ⅵ. 맺음말

湖山 강계중은 우리 민족 해방의 날인 8월 15일에 이 세상에 태어나
일을 하기 위하여 산 행동파 인물이었다고 한다.[39] 그리고 그것은 '동포
사랑과 나라사랑'으로 귀결되었다. 일본 속의 한국인으로 또는 한국 속
의 '재일 동포'로 독보적인 사람이었다고 할 수 있다.

일찍이 당숙인 항일 의병대장 강진원으로부터 강인한 민족의식에 대
한 깨우침을 받고 성진 고주파군수공장에서 조선인 노무자 수천 명을
무장시켜 선두에서 일본인들의 차별과 학대에 항거했던 사람, 항일투쟁
을 감행했던 사람이 바로 강계중이었다. 뿐만 아니라 北海道에서 징용
에 끌려가 살인적인 혹사를 당하고 있던 조선인 노무자들을 구출하기
위해서도 활동했다.

그는 자기 개인의 일 보다 조직의 일과 동포의 일에 우선했던 사람이

---

39) 생년월일은 1914년 8월 15일이다.

었다. 어려운 해방공간의 힘든 민단 조직사업에서도 굴하지 않았다.

전후 재일 조선인 단체의 계보는 한 축이 재일본조선인연맹 - 재일조
선통일민주전선 - 재일본조선인총연합회로, 다른 축은 조선건국촉진청
년동맹 - 재일본조선거류민단 - 재일본대한민국거류민단 - 재일본대한
민국민단으로 이어졌다.[40] 그리고 일부는 일본공산당 조선인부 - 조국방
위원원회, 조국방위대로 계승되었다. 물론 여기에는 조직간의 인적 교류
가 전제됨은 당연하다.

이 가운데 조직 활동을 한 강계중은 8년여에 걸쳐 민단 大阪본부 단
장을 네 번이나 연임했다. 그리고 민단의 정상화는 물론 한국인 복지협
회를 조직하여 동포의 상호부조, 민단의 가장 큰 숙원인 민단회관의 등
기문제를 해결했다. 아울러 한국이 경제적으로 어려운 시기에는 물적
지원을 아끼지 않았다.

한동안 강계중은 사업가로 변신했다. 자본없이 새로운 아이디어로 도
전했고, 그는 고무공장을 시작하여 유기업을 하기도 했다. 성실과 근면,
신용으로 그는 사업을 크게 일으켰고 재기의 터전을 마련했던 것이다.

강계중은 1957년 8월 귀국했다. 20년 만에. 그리고 1981년 영주귀국을
계획한다. 재일조선인을 위해 그리고 모국에 대해서도 정성을 아끼지
않았던 사람, 시대적·사상적 한계를 갖고 있던 사람이 바로 강계중이
었다.

---

40) 朴慶植, 『解放後在日朝鮮人運動史』, 三一書房, 1989, 2쪽.

○ 저자소개

• 김인덕

성균관대학교 사학과 졸업(문학박사)

早稻田大學 외국인 연구원

國際日本文化研究센터 외국인 연구원

현재 일제강점하 강제동원피해진상규명위원회 조사총괄과장

저서 :『식민지시대 재일조선인운동 연구』(1996),『일제시대 민족운동가
연구』(2002),『강제연행사 연구』(2003),『우리는 조센진이 아니
다』(2004)

# 在日朝鮮人史와 植民地 文化

2005년 9월 26일 인쇄
2005년 9월 30일 발행

저　　자 : 김인덕
발 행 인 : 한정희
편　　집 : 권성순
발 행 처 : 경인문화사
주　　소 : 서울시 마포구 마포동 324-3
전　　화 : 02-718-4831
등록번호 : 제10-18호(1973.11.8)
http://www.kyunginp.com
E-mail : kyunginp@chollian.net

ISBN : 89-499-0335-0 93900　　　　　　　　　　　　　값 13,000원

*파본 및 훼손된 책은 교환해 드립니다.